网络环境下的
教与学

李锋 / 著

上海科技教育出版社

图书在版编目(CIP)数据

网络环境下的教与学 / 李锋著. —上海:上海科技教育出版社,2021.6
ISBN 978-7-5428-7485-6

Ⅰ.①网…　Ⅱ.①李…　Ⅲ.①中学—网络教学—教学研究　Ⅳ.①G632.0

中国版本图书馆CIP数据核字(2021)第027058号

责任编辑　韩　露
封面设计　杨　静

网络环境下的教与学
李　锋　著

出版发行	上海科技教育出版社有限公司
	(上海市柳州路218号　邮政编码200235)
网　　址	www.sste.com　www.ewen.co
经　　销	各地新华书店
印　　刷	常熟华顺印刷有限公司
开　　本	787×1092　1/16
印　　张	11.75
版　　次	2021年6月第1版
印　　次	2021年6月第1次印刷
书　　号	ISBN 978-7-5428-7485-6/G·4386
定　　价	45.00元

本书是教育部人文社会科学研究规划基金项目"中学生网络学习的伴随式评价及干预机制研究"(项目编号:17YJA880039)的研究成果

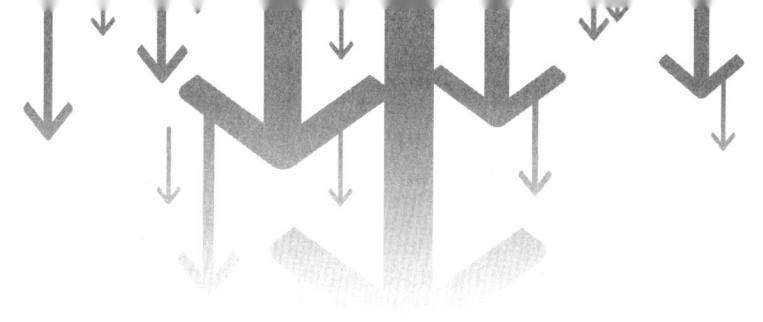

序 一

信息技术与社会各领域的深度融合推动了智慧社会的发展,它在改变人类生产生活方式时,也改变着人类学习与教育方式,促进了人类教育变革,加快教育从"集体性的大众化教育"向"个性化的大众化教育"转型。

一、以多模态交互技术创设未来教室,赋能课堂教学

多模态交互技术打破传统键盘输入和触模式交互模式,借助智能感知设备,通过语音、视觉、动作等多种方式实现人机交互。通过这种交互方式可实时跟踪、智能化分析学生的学习行为,提高师生互动效果。2020年9月,谷歌教育发布《教室的未来:全球K12教育的新趋势》报告,规划未来教室模型与结构:学生们通过智能终端分享观点;教师借助图像识别、自然语言分析等智能工具对学生学习结果进行分析与判断;智能化系统通过实时采集、分析和处理学生的学习行为信息,为教学提供针对性建议。

二、以智能载体支持数字教材改革,赋能课后学习

教师与学生在教与学过程中都需要长期阅读文字资料,使用书写工具。为提高师生阅读舒适度,近年来,一些教育科技公司在阅读设备上开展技术攻关,创新出像传统纸张一样轻薄、柔软、可擦写、有质感的新式电子纸张。这种"智能化电子媒介"可快捷方便地实现无线文件传输与管理,支持学校作业改革,既促进教材多形态发展,又加强学生视力保护;也可用于作业发布、提交和批改,赋能学生课后学习。

三、以在线备课工具改革备课模式,赋能教师备课

备课是每位教师教学开展前的一项重要工作。为减少重复书写教案,支持教师将更多时间应用于教学设计与教学分析上,加强备课实效性,一些教育科技机构开发出具有生成性的教师备课工具。这类备课工具分门别类提供学科教学所需要的数字化资源,允许教师补充个性化教学资源。教师可采用"拖拉"方式将数字化资源融入备课模块中,以"所想即所得"方式开展备课,并能将教案发布于"网络备课社区"进行共享与交流,提高备课质量。协同式在线备课工具优势良多:为教师提供海量课件资源和便捷的学科工具,节省教师备课时间;为教师提供多样化的课堂互动工具以及移动授课功能(例如作业实时评比),帮助

教师互动交流,提高授课效率;在集体备课活动中,还可帮助教师将个人网盘中的资源分享至"共享资源库",与其他教师共享优质资源,促进集体备课成效。

四、以"5G+全息投影技术"创设沉浸式学习情境,赋能双师课堂

全息投影技术是利用光学原理记录并再现物体真实的三维图像技术。随着计算机算力、联接与显示技术的升级,全息投影技术推进着数字世界和物理世界的相互融通,打造出具有"可视化三维学习空间"形态特征的全息课堂。基于全息投影技术的课堂改变着教学内容的组织与呈现方式,由于其具有的"面对面"全新交互、即时传输等特点,它可重新塑造"学习的现场感",为教师教学活动的跨时空开展提供可能,使师生、生生能在5G通信网络技术支持下,传输语言、音调、神态和微表情,实现极具现场感的"面对面"答疑、探讨等互动。5G与全息投影技术结合,使真实再现、自然交互、全息场景教学打破时间与地域限制,为学生提供可交互、沉浸式的三维学习环境,也为未来"双师"课堂提供了技术支持。

信息时代对人才的培养提出了新挑战,信息技术发展为教育变革创造了新引擎。《网络环境下的教与学》研究,切合信息时代教育发展需要,针对教师信息化教学中的问题,在线上线下融合教育的理论与实践层面进行了实践。在此基础上,希望作者在构建高质量教育体系的战略目标指导下,发挥数字化、网络化、智能化技术优势,实现实体教育与网络教育体系相结合,实体学校与虚拟学校相结合,真实老师与智能教师相结合,紧密结合一线实践开展更深入的研究,以此为序。

丁　新

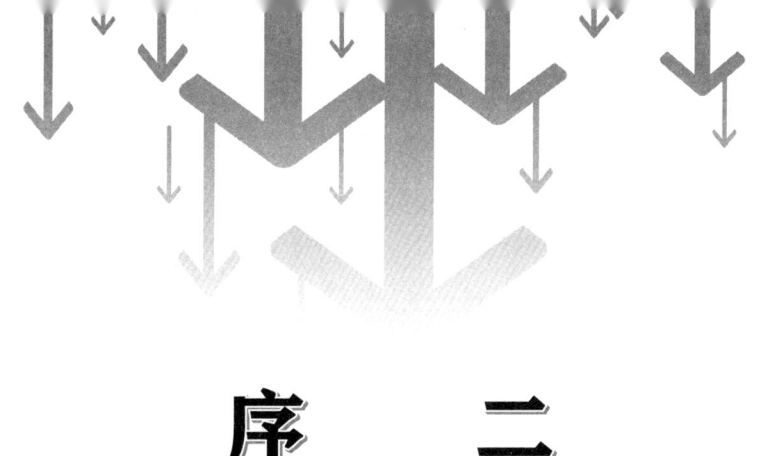

序 二

  移动通信、大数据、人工智能等信息技术的发展创造出一个全新的学习环境,它为教师贡献教育智慧搭建了平台,也为学生找到更适合的指导者提供了机会。全新的学习环境为教学带来了全新的视角。

  首先,要用跨时空的视角来看教学。现实空间与虚拟空间的深度融合拓展了学生的学习时空,为人人皆学、处处能学、时时可学提供了条件。课堂不再局限于教室,通过网络可以延伸至世界各个角落;教学不再局限于课堂45分钟,通过网络可以随时给予学习者帮助;学习不再是单向的接受,通过网络可以开展更多的学习交流与互动,并通过远程实验学习等方式解决现实世界的各种问题,实现做中学,最终用实践来评价学习的价值。"互联网+教学"在改变教学要素之间的关系时,也塑造出新的教学思维。

  其次,要用大数据的视角来看教学。全新的学习环境为学生提供了多样的学习资源。"数字孪生技术"可实时收集学习者的网络学习数据,通过网络学习大数据为每个学习者刻画出一个"虚拟学习者"。通过描绘"虚拟学习者"的特征,为真实学习者提供个性化学习指导,而学习者的学习大数据又为教学者的教学设计提供了证据支持,"大数据+教学"促使教学者从"基于经验"教学到"基于数据"教学的转向。

  最后,还要用人工智能的视角来看教学。人工智能作为新一轮社会发展的核心驱动力,赋能社会各领域。在人工智能环境下,学生不仅可以向真实的教师学习,也可以向"智能学伴"学习。"人工智能+教学"不只是改变了学习环境与学习方法,更引发了整个教育生态的变革,推动了智能化教育的开展。教师如何学会与人工智能打交道,利用人工智能辅助开展教学已成为教师专业发展的新挑战。

  本书作者在"网络环境下的教与学"研究中注意到了移动通信、大数据、人工智能引发的学习环境变化,并以"伴随式"评价为抓手,通过对学习环境与学习者学习行为的分析,对新环境下的教学进行了分析、设计与实践,为线上线下融合式教学的开展提供了可供参考的研究成果。当然,教学的有效开展也不只是受评价这一个因素的影响,同样还会受到教学资源、活动设计、学习方法等多个因素的影响,希望研究者以此为"突破口",在线上线下融合环境中,对现代教育教学进行更深入的研究。

王吉庆

前　言

近十年来，信息技术的快速发展，创生出"现实空间与虚拟空间"相互交织的信息化学习环境。为满足新时代学生的学习需要，"依托网络平台，开发网络课程，实施混合式教学"已成为学校教育改革的新特征。在全新环境中，如何发挥"网络评价促进学生学习"的功能，如何针对学生网络学习问题进行学习干预与指导，是网络课程建设与实施面临的挑战。本书针对网络学习过程中出现的问题，在本土调研和国际比较研究基础上，分析了网络学习伴随式评价和学习干预的方法与策略，并在教学实践中进行检验和完善。全书共分七章。

第一章　网络教学发展与创新：现实性与可行性

网络与通信技术的发展拓展了学习的时空，改变了人们的学习观念，创造出全新教学模式，为教育教学改革带来新机遇。本章从教学环境、教学取向、教学资源、教学管理等方面说明网络环境下教学要素的相互关系及发展变化，分析网络教学实施的现实性与可行性，为网络教学开展提供理论依据与技术支持。

第二章　中学生网络学习现状分析：本土调研

网络教学作为一种新的教学方式，丰富了教学资源，改变着师生教与学的方法，推动了学校教育教学改革。但是，调研结果显示网络教学实施中还存在着"课程学习注册率高，但流失率也高""学生网络学习持续性不强、课程学习完成率偏低"等问题。针对这些问题，本章总结了网络教学已有经验，提出"加强学习评价，注重过程监管""预判学习问题，及时进行干预""优化教学资源，提供个性化指导"等网络教学建议。

第三章　网络教学研究前沿动态：国际经验

为满足信息时代学生学习发展需要，"依托网络平台，开发网络课程，实现线上线下混合式学习"已成为学校教育改革的新特征。国际教育学界在网络教学模式、课程设计、学业评价、管理策略等方面都开展了研究。本章从"基于标准的微课程设计与开发""基于学习分析技术的网络学习诊断""基于数字徽章的网络学习评价"等方面梳理国内外已有网络教学研究成果，分析、评价促进教学的理念与实施方式，借鉴已有的网络教学实施方法、策略与案例，为进一步开展网络学习伴随式评价与干预研究提供新思路与实施路径。

第四章　旨在促进学习者发展的网络教学：伴随式评价的视角

评价作为课程与教学的重要环节，其作用已不再局限于甄别与筛选学生，同时还能帮助学生达成学习目标，促进自我发展。网络学习评价将"提高网络学习质量，促进学习者发展"作为评价的重要目标。本章通过比较国内外知名教育网站的学习评价方法，梳理出网络课程实施中采用的"结果认证""过程监控""知识自适应"等评价模式；阐释网络学习评价从"面向结果评价"向"促进学习评价"、从"基于技术工具评价"向"基于学习分析评价"、从"知识技能评价"向"综合能力评价"等方面的转向；从评价特征、评价内容和评价结果等方面分析伴随式评价理念与实施路径；依据教育目标分类学理论，从知识与技能、解决问题能力和学习态度等方面设计网络学习伴随式评价的过程与方法。

第五章　旨在促进学习者发展的网络教学：伴随式干预的视角

与线下面对面课堂学习相比，中学生网络学习环境、学习方式、学习资源与师生互动方面都有很大的变化，新的学习方式产生各种各样的学习问题。在解决这些问题的过程中，一方面可通过新的教学方法策略加强对学习者学习的指导，另一方面可通过技术工具支持对学习者学习的干预。本章依据课程与教学理论，发挥网络技术优势，整合面对面教学中具有可操作性的教学管理方法，形成"线上线下混合式教学""二次性微课程开发与学习""在线错题库应用"等网络学习干预策略与方法，并将这些方法应用于教学实践中；收集教学案例，指导学校网络教学开展，加强中学生网络学习的实效，提高网络学习质量。

第六章　网络学习伴随式评价与干预：实践与应用

网络学习伴随式评价与干预研究的最终目的是要将所研究的方法与策略应用于网络教学实践中，帮助教师与学生有效地管理教学，根据网络教学中的问题进行及时干预和调整。本章以案例研究方式，在实验学校开展网络教学实践，检验和完善伴随式评价与干预的方法和策略。主要内容包括：伴随式评价与干预的环境设计与开发、伴随式评价与干预的案例实施，以及对伴随式评价与干预效果分析及进一步完善。

第七章　网络环境下的教与学：走向融合式教学

线上线下相互融合的教学环境为网络课程开发、教学设计、资源建设、学习评价提供了新思路与新路径，推动了学习者个性化学习的开展。尤其是随着智能终端、移动通信、大数据等新技术的发展，现实与虚拟学习空间深度融合，使得线上线下学习可以随时转换、相互支持。本章针对新技术、新工具在教育教学中的应用，分析线上线下融合式教学特征，从资源建设、专业发展、学习模式、课程组织等方面对融合式教学进行了分析与展望。

由于本书涉及信息技术、课程与教学、教育心理学等多学科领域的内容，难免有不足和疏漏，恳请读者朋友批评指正。

第一章 网络教学发展与创新:现实性与可行性 / 001

第一节 网络教学环境:从"现实空间"走向"虚拟空间" / 001
一、两个学习空间深度融合 / 001
二、两类学习者相互塑造 / 002
三、两种教育工作者协同工作 / 003

第二节 网络教学取向:从"信息传递"走向"知识建构" / 005
一、对"信息传递"网络教学的反思 / 005
二、"知识建构"取向的网络教学策略 / 006
三、构建积极互动的网络学习共同体 / 008

第三节 网络教学资源:从"专用资源"到"生成资源" / 009
一、网络教育资源的发展与问题分析 / 009
二、基于SECI理论的知识发展机理和"场域" / 011
三、基于SECI理论的网络教学资源建设 / 012
四、利用Moodle平台实现"知识创生"的网络教学资源 / 014

第四节 网络教学管理:从"自我管理"到"绩效管理" / 015
一、网络学习中学生流失率问题的分析 / 015
二、绩效管理理论与网络教学管理 / 017
三、基于"绩效管理"理论的网络教学管理 / 018
四、一个基于"绩效管理"理论的网络学习管理案例 / 020

第二章 中学生网络学习现状分析:本土调研 / 022

第一节 中学生网络学习调研设计 / 022
一、调查问题设计及其理论依据 / 022

二、调研方式与样本选择　/ 024
　　三、调研过程　/ 024
第二节　中学生网络学习调研过程与数据分析　/ 025
　　一、中学名校MOOC平台日志数据及分析　/ 025
　　二、中学生网络学习问卷调研数据及分析　/ 028
　　三、对网络教学指导教师的访谈内容分析　/ 037
　　四、对中学生网络学习组织与管理实施的建议　/ 038

第三章　网络教学研究前沿动态：国际经验　/ 040

第一节　基于标准的微课程设计与开发　/ 040
　　一、微课程的发展与概念　/ 040
　　二、学校微课程实施现状与问题分析　/ 041
　　三、学校微课程的研发取向　/ 043
　　四、微课程研发的转型：基于课程标准的学校微课程研发　/ 045
第二节　基于学习分析技术的网络学习诊断　/ 047
　　一、理解学习分析技术　/ 047
　　二、学习分析技术的基本理论模型　/ 048
　　三、网络环境下学习分析技术的实现　/ 053
第三节　基于数字徽章的网络学习评价　/ 056
　　一、理解数字徽章　/ 057
　　二、数字徽章的网络教育功能　/ 057
　　三、数字徽章在国际教育教学中的应用实例　/ 059
　　四、数字徽章对我国网络教育的启示　/ 062

第四章　旨在促进学习者发展的网络教学：伴随式评价的视角　/ 065

第一节　网络学习伴随式评价：方法与策略　/ 065
　　一、现状分析：网络评价模式与问题思考　/ 065
　　二、网络学习评价的转向：旨在促进学习者发展　/ 067
　　三、一种可行的路径：伴随式评价的视角　/ 070
第二节　网络学习伴随式评价：工具设计与开发　/ 073
　　一、网络学习客观性试题的设计与开发　/ 074
　　二、网络学习表现性评价工具的设计与开发　/ 076

第三节　面向知识技能的网络学习伴随式评价　/ 078
　　一、面向知识技能的评价内容设计：二维目标分类框架　/ 078
　　二、面向知识技能的网络学习伴随式评价的策略与方法　/ 081
　　三、面向知识技能的网络学习伴随式评价：一个值得借鉴的案例　/ 082

第四节　面向问题解决能力的伴随式评价　/ 084
　　一、问题解决能力评价：现状与挑战　/ 084
　　二、问题解决能力评价：趋势与特征　/ 086
　　三、问题解决能力评价：伴随方式与策略　/ 088
　　四、问题解决能力评价：一个网络学习伴随式评价的案例　/ 089

第五节　面向网络学习态度的伴随式评价　/ 092
　　一、网络学习态度分析　/ 092
　　二、网络学习态度伴随式评价方法　/ 093

第五章　旨在促进学习者发展的网络教学：伴随式干预的视角　/ 097

第一节　网络学习伴随式干预的策略与方法　/ 097
　　一、中学生网络学习伴随式干预：策略分析　/ 097
　　二、中学生网络学习伴随式干预：方法设计　/ 100
　　三、网络学习伴随式干预的实践应用　/ 102

第二节　基于"网络错题库"干预方法与案例分析　/ 105
　　一、"网络错题库"的教学功能　/ 105
　　二、基于"网络错题库"的学习干预案例　/ 106
　　三、"网络错题库"在教学中的应用总结　/ 107

第三节　基于微视频的"二次性学习"干预方法与案例分析　/ 108
　　一、"二次性学习"　/ 109
　　二、基于微视频的"二次性学习"干预方法　/ 109
　　三、"二次性学习"的实施案例　/ 110

第四节　基于数据分析结果的个性化干预方法与案例分析　/ 111
　　一、网络学习中的数据　/ 111
　　二、学习者学习行为数据对网络学习的指导作用　/ 112
　　三、学习者学习行为数据应用案例　/ 113

第五节　线上线下混合式反馈的干预方法与案例分析　/ 114
　　一、线上线下混合式反馈　/ 114
　　二、线上线下混合式反馈的方法与过程　/ 115

三、线上线下混合式反馈的案例 / 117

第六章 网络学习伴随式评价与干预：实践与应用 / 119

第一节 伴随式学习环境设计与开发 / 119
一、"我的学习"模块功能设计与应用 / 121
二、"学习资源"模块的功能设计与应用 / 125
三、"学习交流"模块功能设计与应用 / 129
四、伴随式学习环境的实施策略 / 130

第二节 伴随式教学实验设计与实施 / 131
一、伴随式评价的实验设计 / 131
二、伴随式教学的实验过程 / 132
三、数据采集与处理 / 133
四、伴随式评价教学实验研究结论与可持续研究 / 138

第七章 网络环境下的教与学：走向融合式教学 / 140

第一节 融合式教学的概念、内涵与特征 / 140
一、理解融合式教学：发展的视角 / 140
二、融合式教学的特征 / 143
三、融合式教学的实施准备 / 144

第二节 融合式教学模式和未来发展趋势 / 145
一、融合式教学基本模式 / 145
二、融合式教学趋势与展望 / 153

附录1 "中学生网络学习伴随式评价"工具 / 156
一、学生网络学习交互评价量表 / 156
二、基于在线情境的问题解决能力评价量表 / 157
三、网络学习态度评价量表 / 159
四、中学生网络学习现状调研问卷 / 161

附录2 参考文献及参考网址 / 166

后记 / 173

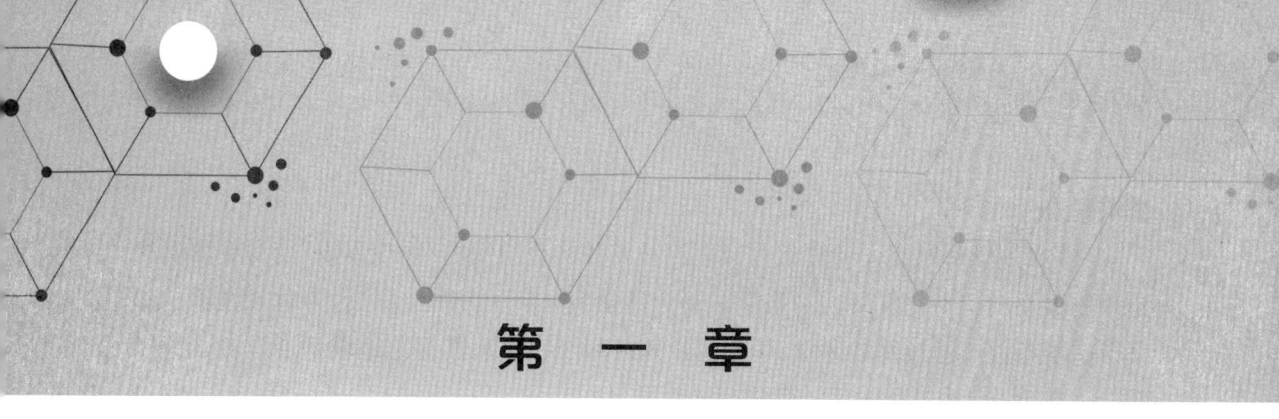

第 一 章

网络教学发展与创新:现实性与可行性

信息技术的发展与广泛应用深刻改变着人们获取信息的渠道和学习知识的方式。例如,依托互联网随时随地开展学习,通过大数据精准推送学习资源,借助智能工具进行个性化学习指导。信息技术拓展了学习的时空,改变着人们的学习观念,创造出全新的教与学模式,为教育教学改革带来了新的机遇。

第一节 网络教学环境:从"现实空间"走向"虚拟空间"

计算机和互联网技术的发展创生出现实空间与虚拟空间相互融合的数字化学习环境,丰富了学校的教育教学方法。目前,"依托网络平台,开发网络课程,实施混合式教学"已成为学校教育教学改革的新特征。移动通信、大数据和人工智能等新技术加强了现实与虚拟学习空间的深度融合,促进现实与虚拟学生的相互塑造,推动现实与虚拟教师的协同教学,为教师的网络指导和学生的网络学习提供了技术支持。

一、两个学习空间深度融合

智能终端和移动通信把世界连接为一个大的信息系统,在改变人们社会行为特征的同时,也转变着认知方式,延伸了活动空间。"互联网+教育"把"以教室、实验室、图书馆等为代表的现实学习空间"与"以互联网为载体的虚拟学习空间"深度融合,形成全新的学习环境。现实与虚拟学习空间的融合影响着教育要素关系的变化,重构出混合式学习系统。主要表现为：

（1）拓展学习时空。计算机与互联网技术使社会组织的"物理界限"变得更加模糊，促进事物关系向扁平化发展。网络学习平台让学生突破学习时空限制，为时时可学、处处能学创造了条件。通过网络课堂，学生可以跨班级、跨学校，甚至跨地域开展学习，也可以根据个人需要设计个性化学习计划进行远程学习。

（2）丰富学习资源。虚拟现实/增强现实（VR/AR）等技术将"传递式学习资源"发展为"体验式学习资源"，促进探究式学习开展。在数字化实验室中，学习者利用数字化实验设备采集和分析实验数据，感知事物发展规律。在探究活动中，学生通过VR/AR技术创设出模拟现实的互动学习情境，体验日常学习过程中难以接触到的活动场景，实现自主学习与知识建构。

（3）再造学习流程。现实与虚拟学习空间的融合加速了学习者在两个空间的行为转换，推动课堂教学模式的变革，促进混合式教学的开展。例如，教师通过"翻转课堂"方式改变学生"信息接收"和"吸收内化"过程，引导学生课前以网络微课程方式自主学习，发现问题。课堂上，教师充分利用面授时间，对学生在网络学习过程中产生的问题进行研讨和针对性辅导，促进学生对知识的吸收内化。

在互联网的支持下，一系列网络学校如雨后春笋般在世界各地建立起来，催生出多样的教育模式，推动着学校教育的变革。目前，我们足不出户就可以学到国内外优秀的课程，和国际一流的专家进行沟通交流，网络拓展了我们的学习时空。

二、两类学习者相互塑造

数字化学习环境不仅为学习者提供了多样的学习资源，还为实时收集学习者网络学习数据，客观反映学习者学习状况创造了条件。通过学习数据，每位学习者可刻画出一个"虚拟学习者"。通过描绘"虚拟学习者"特征，便可更好地为真实学习者适当调整教学内容，提供个性化指导。信息技术对两种学习者的相互塑造，为教学者的教学设计提供了真实性的依据，促进教学者从"基于经验"的教学转变到"基于数据"的教学。其特征主要表现为：

（1）基于网络行为数据进行学习者画像。学生的学习者画像是参考学生的个人身份信息、网络交流内容、网络学习行为以及学习结果评价等方面的数据而构建出的具有"标识特征"的学生学习模型，可以通过学习数据描绘出学生个体和学习群体的学习信息全貌，也可根据学习数据的变化实时调整和完善学生的学习者画像（肖君，2019）。学习者画像作为学生的"虚拟代表"，可以帮助教师和学生准确了解学习状况，聚焦学习问题，分析产生问题的原因，将"学生学习为中心"的教育理念落实于教学实践中。

（2）依据学习分析结果设计个性化教学。通过个体数据追踪分析或群体数据比较分析，可以发现学生学习过程中潜在的问题，预测学生学习进展，做出教学决策，为个性化教学设计提供客观、多样的学习证据。例如，在网络教学指导过程中，教师依据学习分析的结果确定学生学习特征和发展需求,制订个性化教学计划,设计或推荐学习资源,从而帮助学生以适合自己能力水平的学习进度开展学习。

(3)按照学习需求动态调整网络教学。从学生的学习基础与学习风格来看,学生之间总会存在学习差异,这就导致不同学生有不同的学习需求。学习者画像和学习分析技术较客观地反映出学生的这些不同,教师可按照学习需求动态调整网络教学。这些调整主要包括:学习资源调整,即根据学生对学习资源掌握程度的数据,补充学习资源或替换不合适的学习资源;指导策略与方法调整,即教师针对全体学生学习情况或个别学生学习结果调整网络指导策略,采用不同的教学方法进行补充教学。

大数据技术的发展使得每一位学生一旦登录网络学习平台,网络学习平台就可以刻画该生的学习过程与学习行为,发现学习结果与教学目标的差异,预测哪些地方还需要弥补,哪些资源适合该生学习。在基于大数据分析的基础上,网络学习可以把学生学习发展成一种精准式的学习,使学习更加智能化。

三、两种教育工作者协同工作

2018年,超仿真机器人索菲亚在电视节目上与人类自由交流,成为"网红"。随后,有公司聘请索菲亚担任人工智能(AI)教学老师。在网络教学环境中,索菲亚以3D形象与网络学员互动,基于数据存储和计算能力,针对特定知识点为学员答疑解惑,扮演着人类教师的助教角色。

人工智能作为新一轮社会发展的核心驱动力,赋能社会各领域。从网络教育来看,如果说移动通信将真实空间与"虚拟空间"结合起来,大数据把真实学习者与"虚拟学习者"结合起来,那么人工智能则把真实教育工作者与"虚拟教育工作者"进行了结合。也就是说,当一位学生接受一位真实教师辅导时,也可能同时得到一位虚拟教师提供的相应辅助支持。在教学管理方面,有一位真实的教育管理者,也可能有一位"虚拟教育管理者"。"人工智能+教育"不仅改变了学习环境与方法,更引发了整个教育生态的变革,推动了智能化教育的开展。其特征主要表现为:

(1)"双师"教学。在人工智能技术支撑下,真实教师和"虚拟教师"共同支持学生学习。"虚拟教师"在数据收集、学习分析、资源推荐等方面具有优势,可以完成教育工作中重复、单调、规律性任务。真实教师在已有数据分析基础上,集中时间与精力关注学生学习策略和学习方法的设计,促进每一位学生的发展(袁振国,2018)。在教学过程中,"虚拟教师"可以实时分析每一位学生的学习状况,自动生成学习报告,给出初步教学建议。真实教师在理解教学建议基础上,调整教学计划,为学生提供个性化学习支持。

(2)"双师"测评。利用智能测评工具,真实测评者和"虚拟测评者"可以协同开展网络测评工作。"虚拟测评者"能够自动采集测评数据,依据测评标准客观、准确、高效地开展测评,并能根据学习需要进行个性化反馈。真实测评者根据测评结果进行分析,依据测评证据判断学生的学习问题,给出相应学习建议。例如,在英文网络朗读评价中,利用语音识别技术,"虚拟测评者"可快速地采集学生的朗读数据,并对朗读数据进行比对与判断,确定学生发音情况,给出评判结果。真实测评者可依据测评证据进行综合分析,有针对性地给出英语朗读学习建议。

(3)"双师"管理。通过智能化管理技术,真实教育管理者和"虚拟教育管理者"相互协同,形成人机协同的决策模式,分析和判断教育系统运行过程中的潜在问题与发展趋势,优化资源配置,提升教育质量并促进教育公平。在教育资源分配过程中,"虚拟教育管理者"可以持续收集不同学校的教育数据和发展情况,描述出不同学校教学资源应用的差异与相关因素,生成管理报告。真实教育管理者依据"虚拟教育管理者"提供的证据,有针对性地进行教育规划。

全新的数字化教育环境赋予网络学习新特征(如图1-1-1所示)。数字化使得学习资源存储简易、传输可靠。网络化支持学习资源的共享,突破学习时空限制,创设出生动有趣的学习情境。智能化加强了对学习者的个性化指导,能及时发现学习者学习过程中的不足,有针对性地提供学习支持。现实与虚拟两个学习空间深度融合、现实与虚拟两类学习者相互塑造、现实与虚拟教育工作者协同工作将进一步推动网络教育的发展。

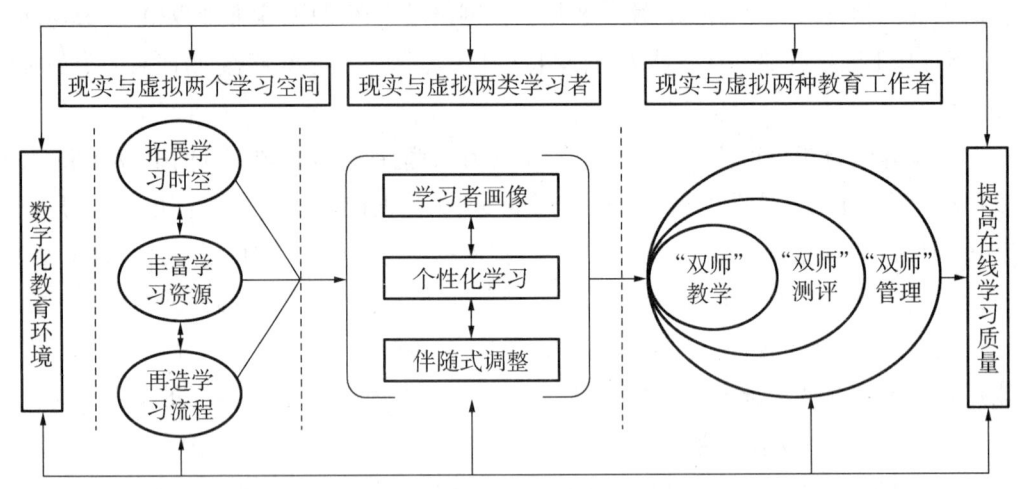

图1-1-1 数字化教育环境赋予网络学习新特征

网络技术的快速发展不仅改变了信息的传播方式,也创新了学习方式。为更好地适应学习方式变革,新时代学生需要不断提高学习能力,在全新的学习环境中根据需要选择合适的学习资源和学习方式,通过新技术与新工具推动数字化学习与创新的开展。

第二节 网络教学取向:从"信息传递"走向"知识建构"

教育部《教育信息化2.0行动计划》指出"组织广大师生开通实名制网络学习空间,促进网络学习空间与物理学习空间的融合互动。开展网络空间应用优秀区域、优秀学校的展示推广活动,推进网络学习空间在网络教学、资源共享、教育管理、综合素质评价等方面的应用,使网络学习空间真正成为广大师生利用信息技术开展教与学活动的主阵地"。反思当前网络教育,其中还存在着"数字资源闲置""网络灌输式教学""网络学习质量不高"等问题(Rivard,2013),从教学策略方面分析网络教学特点,探究网络学习环境中学生、教师、学习资源之间关系,提高网络教育的效率,是网络教学面临的现实问题。

一、对"信息传递"网络教学的反思

网络技术的发展催生出网络教育。利用"信息高速公路",网络可为学习者快速传输丰富的信息资源,创设独特的学习环境,使不同地理位置的学习者都能根据自己的情况开展学习。但是网络教育是教育的一种特殊形式,它的开展也要符合教育的规律,适合学习者的学习心理。在"信息传递"式网络教育文化中,学习被认为是一种系统的"刺激—反应"行为过程。"教"被看作是单向信息流传输;"学"被视作等同于"信息的接收"。教师通过"学生发帖的次数、网络登录时间、作业上传情况"等方法监控学生的学习,学生通过阅读学习资源、发帖提问等方式开展学习。这种方式将学习过程简单化,但学生总是面对封闭、静态、孤寂的网络学习资源,学习热情势必会逐渐减退,出现"学期初学员爆满,学期中学员流失,学期末门庭冷落"的状况。

这种教学方式主要的危害是易出现"假学习"现象,即"网络信息"并没有真正转化为学习者的"认识结构"。奥苏贝尔认为"只有当学习者把教学内容与自己认识结构联系起来时,意义学习才能发生"。传统的网络教学关注"信息"提供,没有关注学习者的学习过程,将学习过程简单地等同于信息的获得。事实上,如果网络信息没有融入学习者的认识结构中,"意义学习"就不会发生,便会出现"假学习"现象。因此在网络学习中,学习者只是得到"信息",并不意味着进行了"意义学习"。只有学习者将信息进行加工,与自己的"认识结构"相融合,才能形成自己的新知识,扩大自己的认识结构。

情境认知学习模式指出"知识"分散在每一个人的周边世界,学习者通过与其所在环境的沟通交流、建构知识(钟启泉,2007)。"知识习得"是学习者实际地参与活动,参与文化实践,形成个人同周边世界交互作用的能力。学习过程是在一定的情境中学习者与客观事物、他人、自己对话交流的过程。基于这样的学习理论,网络教育需要利用网络为学习者创

建沟通、交流的环境,为学习者与客观事物、他人、自己的交流互动提供条件和空间,实现三位一体的对话实践:第一,学习者与客体对话。学习者面对网络学习资源,发现其中的学习问题,概述其中的知识与技能;第二,学习者与自我对话。在对学习资源分析和概述的基础上,开展反思学习,将新知识技能融入自己的认识结构中;第三,学习者与他人对话。利用学习的知识与他人交流,将个人知识转向共同知识。在"知识建构式"网络学习过程中,学习者通过探究、反思,将网络信息转化成自我知识,实现知识的自我建构,并通过与他人的对话交流,将自我知识融入网络学习环境中,促进整个学习环境的发展。

二、"知识建构"取向的网络教学策略

心理学取向的教学理论大体可以分为两种:一是以行为主义心理学为模型的教学理论,其学习环境基于教师的信息传递,重视反复训练;二是以认知心理学为模型的教学理论,其学习环境是一种交流互动的空间。前者强调教学的"单向性",后者突出学习"互动性",随着教育信息量的日益增加,后者的优势越发突出。网络文化、学习者权力、教师效能直接影响网络教育效果,基于此,网络教育在教学设计和教学实践中需要更多考虑其中各要素之间的关系,构建和谐、充满生机的学习环境。

(一)策略一:创建积极的网络文化场域,增强学习者的归属感

网络文化是指以计算机和通信技术为基础,依靠网络产生、形成或者借助网络得到延伸发展的各种文化现象的综合。依据艾德加·沙因提出的"组织文化"三层次理论,网络文化可概括为三个层面的内涵,分别为:①网络文化表现为一种缄默的、尚未用语言表述的信念、理解、感觉等内容,是学习者在长期网络活动中形成的潜在文化。②网络文化表现为制度层面的内涵,指维系网络关系的规范和准则。③网络文化也有外化的物质形态,包括学习资源、信息技术本身。其中,第二层面和第三层面是规范化、系统化的文本或实体,它们控制着网络教育的开展,属于显性文化范畴。第一层面是一种看不见、摸不着、难以名状的意会文化,它扎根于个人的行为、切身经验及其所信奉的价值观或情感之中,潜在地调整网络教育的内部关系,属于隐性文化范畴。显性文化和隐性文化是网络文化的两个方面,两种文化形态相互依存、相互渗透、相互转换,从而形成网络教育的"文化域"。

当前网络教育对第二层面和第三层面的网络文化作了较多的营造,如提供网络学习资源、制定网络学习制度等。但是与之相对应的隐性文化却鲜有开发和研究,隐性文化的匮乏使得显、隐两种文化难以相互渗透和转化,导致网络文化成为一种静态、孤立的文化。

网络隐性文化不可能在真空中创生,它需要一种"场域",这种"场域"是网络学习者所共同拥有的文化语境。早期网络教育"场域"是抽象学习资源的呈现,它脱离了学习者的学习情境与学习需要,很难创生出丰富的、具有网络交流特征的隐性文化。改善网络学习环境,创设符合学习者需求的网络学习"场域",如设计网络学习中的任务场景、提供问题模拟

场景等,可使学习者通过观察、交流,感受和分享隐性文化。当学习者感受到自己属于这个群体,能与其他成员一起进行学习活动,体会自己拥有的特定身份和其所赋予的意义时,便能获得群体成员的尊重和信任,形成感情依赖感和心理归属感。

(二)策略二:赋予学习者对话空间,多方位实现交流和互动

对话是学习者与学习环境的一种互动方式,通过学习者与客观事物、自己、他人的对话建构自身的知识体系,推动学习团队的发展。在具有丰富内涵的网络学习环境中,对话为学习者提供实时的互动,实现学习者在网络学习过程中的知识建构。

有效组织和索引网络资源,实现学习者与客观信息的实时对话。当前网络教育积累了大量的学习资源,由于没有采用有效的方法对资源进行分类管理,学习者很难及时找到所需要的学习资源,常导致学习资源的堆积和浪费。网络教育管理者可依据学习者需求特征、资源特点、关键词等内容进行多维度的分类管理和索引排序,方便学习者根据需要对资源进行学习和查阅,实时地与学习资源进行对话,增强学习效果,改变资源搁置的现状。

安排学习者个人网络空间,实现学习者的自我对话。学习者的自我对话意味着知识的内化和结构化。目前网络教育对学习者个人网络空间重视不够,在网络学习过程中,学习者缺少自我反思和成果展现的机会。"个人博客"方式可以为每个学习者创建个人网络空间,学习者可通过个人网络空间发布学习成果,促进自我反思,记录学习过程,实现自我建构。

创建小组对话空间,实现学习者与小组成员的对话交流。佐藤学在研究"学习共同体"时认为"规模越小,共同体学习效果就会越好",同时指出"因为大规模学校人际关系比较冷淡,容易造成学生个体活动场所的丧失"。当前网络学习为加强学习者之间的对话,采用了网络会议、电子公告板、电子邮件等交流互动方式,但由于学习团队成员较多,学习者之间很难形成紧密的互动关系,交流机会较少,网络信息交流量不大。解决方法可采用将学习团队分成多个子团队(子团队规模较小),每个子团队都设置负责人,组织团队交流和互动。通过网络技术为每个子团队提供交流的公共空间,团队之间根据需要进行交流和互动,这样既加强了子团队内部的紧密性,也实现了团队间的开放性,激活学习者之间的交流和对话。

(三)策略三:提升教学者在互动过程中的组织和监督能力

在网络学习过程中,教学者是信息传递者和问题解决者,即向学习者呈现学习信息,解答学习者提出的问题。但由于教学者经常处于一对多的教学情况中,即使精心准备也很难达到好的教学效果。在"知识建构"的网络学习环境中,教学者从信息传递者转向"问题设计者"和"监督管理者",组织学习者自主、合作地开展学习,有针对性地帮助学习困难者。

加强教学者的"问题设计"能力,提升学习者的学习动力。维果茨基在最近发展区理论中提出,每个学习者都有一个最适合的学习范围,在此范围中设计学习问题,便于学习者失

去认识的平衡,加强学习的动力。因此,在网络学习环境中,教学者可依据学习者、学习内容的情况,设计适当的学习问题,能有针对性地引导学习。网络学习问题的设计有两种常用方法:①依据学习内容和学习者的情况,设计多种学习问题,将问题直接呈现,要求学习者在学习过程中根据相应情况解决。②教学者设计学习任务,问题蕴含在学习任务中,学习者在任务完成过程中发现问题,寻求解决问题的方法。选择合适的方法设计符合学习者实际情况的学习问题,可以提升学习者的学习动力,加强学习者和学习环境的互动。

加强教学者的监督管理能力,提高学习者的学习质量。当前网络教学过程多是"为学习者呈现学习资源—提出学习要求—辅助解决学习问题—进行学习评价",这种教学过程将评价和学习分离开来,教学评价只是起到评级和分类的作用,没有体现对学习者的监督和指导功能。阿什洛克指出,在以评价为基础的教学模式中,教学目标要与适当的学习活动紧密联系,教学评价是教学过程中一个有机组成部分,应与其他学习活动相融合,以更好地监督和指导学习者的学习。将评价渗透在网络教学过程中主要有两种策略可供选择。第一种策略是依据教学目标对学习者的网络学习行为进行记录和考察,如记录问题解决过程、学习作品、小组合作情况等,及时将记录和考察结果反馈给学习者,促进学习者进行学习调整。第二种策略是根据阶段学习结果定期对学习进行诊断,通过对每一阶段学习活动结果的分析,了解学习者知识与技能情况,确定学习者的学习问题,指出需要加强和改进的地方。当评价成为网络教学的一部分时,容易促使学习者根据学习状况进行相应的调整和适应,提高网络学习效果。

三、构建积极互动的网络学习共同体

在网络学习环境中,学习者与学习资源、自己、他人的积极对话,能形成相互之间的交流和互动,构建自我知识结构,丰富学习团体的学习资源,促进学习者、教学者、学习资源的共同发展,形成网络学习共同体。博耶尔在《基础学校:学习的共同体》一文中首先提出学校作为学习共同体的概念,指出学校教育最重要的是建立真正意义上的学习共同体。佐藤学在《学习的快乐——走向对话》一书中完整描述了学校作为学习共同体的构想和实践。当今,利用网络创建网络学习共同体,可打破传统的单向、封闭、静态的网络教育方式,实现多向、开放、动态的对话交流学习,推动全体成员的发展。

网络学习共同体的"共同文化"加强了学习团队的凝聚力。网络学习成员来自多个地区,大家处于时空分离状态,学习方式和组织方式都呈松散形式。"共同文化"的建立,使学习者感受到自己的地位、身份的存在,找到发展方向,成为凝聚起团队的内在力量,形成"形散神不散"。因此,"共同文化"是网络学习共同体的"黏合剂"。

网络学习共同体的"对话交流"加强了其中的内在活力。美国学者多尔形象而深刻地指出"在教学过程中存在一种'酶',正是由于它的存在,实现了某种转换,促进课程达成"(孔企平,2006)。网络教学过程中,学习者三位一体的对话交流就是这种"酶",正是这种

"对话交流",将网络信息转化为学习者的内在知识,将学习者的内在知识发展成共同体的公共知识,实现网络信息个人化、个人知识网络化的转换。"对话交流"是网络学习共同体的一种基本动力。

网络教育不应只是传统教育的时空延伸,更应成为改革传统教育的有力工具。学习者在网络学习环境中互相沟通、协作,实现高水平思维和深层理解,积极主动地进行知识建构。情境学习理论为网络学习共同体提供了丰富的理论基础。利用网络创建富有活力的学习共同体,将会改变传统网络教育中静态、单向、接受式的学习过程,形成动态、对话、建构式学习过程,从"信息传递"走向"知识建构",促进现代网络教育的发展。

第三节 网络教学资源:从"专用资源"到"生成资源"

自英国哲学家波兰尼确立"隐性知识"(Tacit Knowledge)概念后,隐性知识和显性知识便成为知识管理领域的研究热点。日本知识管理专家野中郁次郎和绀野登用"隐性知识"与"显性知识"相互转换来说明知识的创生过程,提出了"知识创生螺旋"理论(以下简称"SECI")。现代网络技术的发展,为实现隐性知识与显性知识的循环转换提供了新的"场域"和方法。借助SECI理论,将网络专用资源和生成资源结合起来,尝试创建"知识创生"型的网络学习资源,将学习者在网络学习过程中的生成资源进一步加工利用,成为学习资源的一部分,从而提高网络资源的再生价值。

一、网络教育资源的发展与问题分析

网络教育资源是伴随计算机、互联网技术的飞速发展而发展起来的新型教育资源,是学习者利用网络手段开展网络学习活动的各种网络资源。计算机和互联网在教育中的广泛应用加快了网络资源的建设,在国家政策保障和教育市场的推动下,逐步形成分布广泛、内容丰富、数量庞大的不同类型网络资源,如多媒体课件、微课程、电子图书、数字期刊、考试题库、数字图书馆文献、视听点播资料等。利用它们进行网络学习已成为信息社会的一种重要学习方式。但是,随着网络学习资源总量的快速增长,出现了"资源质量良莠不齐""网络学习迷失"等问题。提高网络学习资源质量,加强网络学习资源管理成为网络教育资源建设的新挑战。

(一)网络教育资源总量持续增多,但资源质量还有待提升

近年来,随着网络教育的发展,网络学习资源总量持续增多,尤其是慕课、微课程等新的网络学习方式的发展,更是催生出形式多样、内容丰富的网络学习资源。从资源类型来

看,它们包括作业答疑类、题库测试类、学习资料搜索类、家教直播类等。在资源数量上,网络教育资源总量持续增加,2019年《中国慕课行动宣言》指出,经过6年的慕课建设,我国大学慕课平台已有12500门慕课上线,超过2亿人次学习者进行了学习。随着各类慕课平台建设,网络学习资源总量还在持续增多。但是,尽管当前网络课程资源无论从形式还是从数量上都在不断增加,网络资源质量却存在着"传统课程网络搬家""网络学习资源使用率不高"等问题。目前网络资源的内容或是静态的文本和图片的组合页面,或是演示文稿的视频讲解和文本资源提供,网络学习环境下要求学习者在较短时间内接受如此多的媒体信息,无疑会加重学习者认知负荷。此外,还有一些网络学习资源主要指向学习考试的内容,将"纸质刷题变成了网络刷题",这不仅不能改变学习者学习方式,提高学习者网络学习兴趣,还会因为网络环境可以更快地提供测试题的数量而增加学习者学习负担。

(二)网络教育资源形式丰富多样,但内容更新还需加强

信息技术与教育融合不仅改变了学习者获取教育信息的方式,也丰富着教育信息呈现形式,视频、图像、声音等多媒体形式既可以帮助学习者以多通道方式接受教育信息,也可以将复杂教育内容化抽象为形象,帮助学习者更有效地理解知识。此外,VR/AR技术、可穿戴设备等技术和工具的应用还可以增加学习者对网络学习环境的深度体验。例如,在网络学习环境中借助VR/AR技术,学习者可以真切地感受到一些实际操作过程(如飞机驾驶、微创手术等),掌握相应技巧,通过无数次的模拟练习实现一次性实际操作的成功。虽然信息技术发展与应用创生出丰富多样的教育媒体信息,但是网络教育资源还存在媒体内容更新缓慢、有些资源一经开发就不再更新、教育服务意识不足等问题,因此,有必要加强对网络教育资源的动态更新,利用大数据技术分析和监控教育信息化资源的应用情况,根据学习者学习需要调整或补充优质新资源,形成"动态更新、内在生成"网络教育资源建设方式。

(三)网络教育资源传播灵活易用,但教学设计还需加强

移动通信、大数据、云计算等新技术新工具发展改变着网络教育资源传播方式,据此,学习者可以随时随地获得学习资源。例如,通过移动终端,学习者可即时获取所要学习的信息;依托物联网,学习者可便捷采集实验数据进行网络传播;利用数据分析可了解学习者的学习进展,有针对性地进行学习资源推荐等,这些都使得网络教育资源传播更加便捷、易用。但是,网络教育资源不能简单等同于网络信息,时时学习也不能等同于随意学习。为能向学习者提供符合学习需要的网络资源,网络教育资源建设者需要依据学习者的学习特征进行设计与开发,并按照课程与教学原理组织教学资源,利用网络传播的优势实现网络教育资源的创新与应用。

进入Web2.0时代,各种社会化媒体与平台快速发展,每位用户在使用他人发布的资源的同时也在创造着新的资源(如个人作品上传共享、网络问题研讨成果等),从网络资源"消

费者"转向资源"生产者"。以大众参与、协同创作为核心的网络资源"共创共享"时代已经到来。同样,网络学习者在网络学习过程中应用他人提供的学习资源时,也在不知不觉地生成着新的学习资源(如作业PPT、网络交流中的学习观点等)。合理应用学习者的生成性学习资源,使之进一步丰富网络学习资源,可以有针对性地帮助学习者开展网络学习。

二、基于SECI理论的知识发展机理和"场域"

(一)隐性知识和显性知识

波兰尼认为人的知识有两种:一种是能用书面文字、图表、数学公式等表述的内容,称为显性知识;另一种是难以言表的、扎根于个人的行为和切身经验及信奉的价值观或情感之中的内容,即隐性知识。通常在学习过程中,前者是指拥有内在逻辑系统的、从具体情境中抽象出来的概念和原理,这些知识的结构性较强。后者是指与具体情境直接关联的、不规范的、非正式的经验,具有"非结构性"特征。显性知识和隐性知识是知识内不同的、互为补充的"两极",隐性知识一旦明言化、系统化就会转变为显性知识,促进人的行为发展;显性知识运用于实际情境中,学习者会感受到更多的隐性知识。显性知识、隐性知识在某种场域中相互转换,促进了个体和人类知识的发展。

(二)知识创生的过程和"场域"

野中郁次郎和绀野登用隐性知识和显性知识的交互作用来说明知识创生的过程。他们认为,知识创生过程是"隐性知识"和"显性知识"相互转换的循环过程。这种转换模式依次是:社会化(Socialization,隐性知识到隐性知识)、外在化(Externalization,隐性知识到显性知识)、组合化(Combination,显性知识到显性知识)和内在化(Internalization,显性知识到隐性知识)。在个人与团队成员互动交流中,知识两个侧面不断地相互变换的过程,称为"知识创生螺旋",也就是SECI理论。图1-3-1标示了学习者的隐性知识和显性知识转化的过程和"场域"。

"社会化"是指从隐性知识到新的隐性知识的转化过程。学习者通过观察、模仿和实践,在丰富的情境中感受其中的隐性知识。"社会化"过程可以通过两个层次来完成,层次一是学习者亲自去感受实践活动,在活动中感知、体会到问题的存在;层次二是学习者寻求解决问题的方法,如观察专家的实践活动,在与专家的交流和互动过程中,领悟专家解决问题的方法和技巧。隐性知识的感受和领悟是在与学习内容紧密相关的"原创场"中进行的。"原创场"是一种富含现实问题和专家经验的活动情境,是学习者知识创造过程的起点,在"原创场"中,学习者通过感受客观事实,观察专家解决问题的方法,领悟其中的隐性知识。

"外在化"是指隐性知识向显性知识的转化过程。在这个过程中,学习者将在"原创场"中感受到的知识与技能,用隐喻、类比、模型的方式进行表达。"外在化"过程可分两个层次,一是学习者自身隐性知识的表征,包括表象、情感、思考,借助语言和图像表示出来;二是学

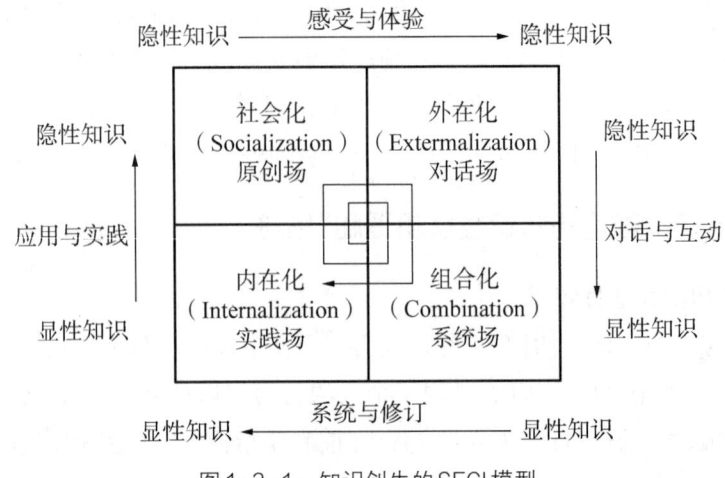

图 1-3-1　知识创生的 SECI 模型

习者感受他人的表象、情感、反思之后，用语言和图像进行表达。隐性知识显性化是在"互动场"中展开的，这是一种自我反思和相互交流的空间。在"互动场"中，学习者通过与他人对话和自我反思，对隐性知识进行表达，实现隐性知识的显性化。

"组合化"指的是从显性知识到系统显性知识的转化过程。学习者在知识"外在化"基础上，通过文本、图像等符号，将显性知识组合化和系统化。这一过程通常包括三个层次，首先学习者将已获得的知识进行分类、归纳、整理，实现知识的系统化；其次将系统化的知识与他人交流和分享，在交流过程发现其中的不足；最后将显性知识重新进行归纳和整理，成为组合化的显性知识。显性知识的组合化可在"系统场"中进行，它为学习者提供了知识系统的常用工具，如文本编辑、图片制作、作品发布等技术工具。通过这些工具，学习者能更方便地将显性知识进行系统化和组合化。

"内在化"是指显性知识到隐性知识的转化过程。这是一个将显性知识应用于实践的过程。学习者将系统化的显性知识运用于实际工作和学习中，解决相应的问题，发现新的隐性知识。"内在化"过程主要包括两个层次：①将系统化的显性知识应用于实际解决问题中；②在问题解决过程中感受到新的隐性知识。内在化过程在"实践场"中进行，"实践场"包括了融合于真实情境中的问题和新的隐性知识，在实际问题解决中，学习者对显性知识进行应用、检验和发展。

以上四种不同的转化方式是一个有机的整体，是知识创生过程中不可缺少的组成部分。通过四种方式的循环转换，个人化的隐性知识在"社会化、外在化、系统化、内在化"过程中得到发展和升华。

三、基于 SECI 理论的网络教学资源建设

网络学习系统是由人、互联网、学习资源组成的智能化学习系统。钟义信在"知识论"

研究中指出"一个高级的智能系统必然要面对两个基本问题:①怎样把外部世界存在的客体信息转变成知识(认识);②怎样在此基础上面向目标由知识生成智能策略(再生)"。网络学习环境的作用不仅是显性知识的呈现和传递,也是学习情境的创设和建立,实现学习者知识的自我建构。网络技术的发展为学习者的知识创生提供了技术支持。依据SECI理论,选择相应的技术支持,创设与之相符合的学习环境,鼓励学习者在其中进行知识的自我建构。

(1)环境一:利用多媒体技术和网络技术创设学习的"原创场",学习者能够感知客观事实和相应的知识技能。多媒体技术和网络技术为学习资源的模拟化、视频化和远程实时传播提供了便利条件。网络学习环境中,通过动画、视频、远程实时转播等方式可以创设内容丰富的"原创场"。在其中,学习者能感受到真实的活动情境,发现问题,观察专家解决问题的方法技巧,学习潜在技能。网络"原创场"环境的要素有:问题情境要素,如虚拟场景、视频场景等;专家技能要素,如专家解决实际问题的行为动作等;实践感受要素,如通过实践感受解决问题的过程。因此,问题情境模块、专家解决问题过程模块和实践感知模块是网络"原创场"不可或缺的组成部分。

(2)环境二:利用网络交互技术创设学习的"对话场",实现学习者自我反思和与他人交流。网络实时互动技术为学习者在网络学习环境中通过网络互动技术创建学习过程的"对话场"。在其中,学习者通过实时对话进行自我反思,与他人交流,及时将感受的隐性知识语言化,实现隐性知识向显性知识的转化。学习者在"个人空间"进行自我反思,发布最初的个人感想;在"小组互动空间"与团队成员交流,激发新的想法和观点;在"专家互动空间"与专家互动,接受专家个别指导。因此,个人反思模块、合作对话模块、专家指导模块是网络"对话场"的主要模块。

(3)环境三:利用网络著作软件创设学习"系统场",学习者对显性知识进行总结和系统化。应用软件的大众化、普及化,以及网络的普及,为网络作品制作提供了便利。网络学习者通过"文字处理、多媒体创设、网站开发"等应用软件能轻松地开发出适合网络发布的学习作品。在网络学习环境中,可适时地为学习者提供学习作品编辑工具和指导方法,创设学习的"系统场"。在其中,学习者通过文本、多媒体、网页等形式,对语言化的知识进行系统化和组合,通过作品的发布和交流,逐渐融入学习团队中,发展自我知识技能,推动学习团队的发展。因此,作品创作工具及其使用说明是网络学习"系统场"中的重要内容,便于生成新的学习资源。

(4)环境四:利用网络智能系统创设学习"实践场",促进学习者的实践活动。网络智能系统既可以开发"模拟现实场景"的实践活动,也可对"实际场景"进行远程传输。在据此开发的学习"实践场",学习者可将"组合化"的显性知识运用于实际问题中,检验学习的知识技能,发现新的隐性知识,推动知识的创生和发展。因此,"模拟场景""视频录像"和"远程实际场景"是"实践场"的重要成分,学习者或将不断创造出新的学习资源。

现代网络技术可以为学习过程的"社会化、外在化、组合外、内在化"创设相应的学习场域。在这些场域中，学习者能感受到真实的问题、观察专家解决现实问题的方法、发现潜在的知识与技能、将新知识运用于问题解决中。通过这些过程的循环往复，学习者在网络学习环境中实现知识的创生和建构，持续地丰富网络学习资源。

四、利用Moodle平台实现"知识创生"的网络教学资源

Moodle平台是基于社会建构主义教育理论开发的网络课程管理系统，它提供了灵活多样的课程活动配置模块，如论坛、测验、资源创建、投票、问卷调查、心得报告、专题讨论等，此外它也支持显示文字处理、演示文稿、动画等，并能兼容Blog、Wiki、SCORM视频课程等，如图1-3-2所示。通过Moodle平台，教师能较容易地创建网络学习环境中的"原创场、对话场、系统场和实践场"，促进学习者感受活动情境、开展对话互动、系统化自我知识、进行知识内化的"知识创生"学习过程。

图1-3-2
Moodle活动添加

Moodle平台为其中的网络课程提供了独立的资源存储空间。通过平台的资源创建和管理功能，教师可以对"模拟现实""真实视频""远程实时场景"等情境性资源进行设计和管理，创设"原创场"学习环境，便于在学习环境中渗透实践性和专家解决问题的隐性知识，帮助学习者通过观看真实问题情境、专家解决问题的视频等学习资源切身感受其中的隐性知识。

Moodle平台具有互动功能，可用于设计互动交流空间，建设网络"对话场"学习环境。该平台的"心得报告、互动评价、专题讨论"等模块为学习者创建交流空间提供了便利条件。利用这些模块可创建个人反思、小组讨论和教师支持的互动空间，实现学习者与自己、与小组成员、与教师的对话交流，利于学习者在反思和交流过程中，将隐性知识语言化，实现隐性知识向显性知识的转化。

Moodle平台支持Blog、Wiki、多媒体发布等功能，这些功能可将教育叙事研究和集体创作纳入网络学习环境中，创建学习的"系统场"。利用这些创作工具，学习者可将语言化的显性知识加工处理，用文字、图片、视频等媒体符号进行表达，实现学习者显性知识的"组合化"。

利用Moodle平台的"评价"和"资源管理"功能，创建"实践场"学习环境。学习评价是Moodle平台的一个核心部分，将"评价"功能和"资源管理"功能结合起来，可方便实现评价的情境化，如利用评价模块设计学习活动要求，通过"资源管理"功能安排学习活动中的多媒体资源（如虚拟现实、真实视频、远程实景等）。学习者依据活动要求在"实践场"中解决问题，将系统化的显性知识运用于问题情境之中，感受到新的隐性知识，实现知识的"内在化"。

网络技术的发展为现代教育提供了一种新的学习方式。但是在网络教育中，如果只注重"技术功能"，忽视知识学习的内在规律和学习者的特点，势必会导致"电灌化""网灌化"

等教学问题,使得网络学习索然无趣。基于SECI理论的网络学习环境设计,考虑到学习是学习者知识自我创生的过程,依据知识的习得规律,设计网络学习环境,利用Moodle平台创建"感知、对话、系统、实践"学习空间,在这种学习环境中,学习者能领会到像在真实场景中一样的学习情境,将情境中的隐性知识发展为显性知识,推进知识的创生和发展。

第四节 网络教学管理:从"自我管理"到"绩效管理"

计算机和网络技术的快速发展与应用,使得适用于个性化学习的网络教育显现出强大优势。网络学习的开放、实时、互动特征为学习者提供了新的教学方式,也对远程教学管理提出新的挑战。网络学习的开放性特征有助于学习者自定学习步调,但也增加了学习监管的难度。网络学习最初阶段,主要依靠学习者的自觉性来开展学习,这很容易造成"网络学习高流失率"的问题。对此,可借鉴"绩效管理"的先进管理理念,将绩效管理应用于网络学习监管中,为网络教学管理提供新的研究视角。

一、网络学习中学习者流失率问题的分析

网络学习中,学习者流失率偏高、课程结业率偏低一直是困扰网络教育开展的一个重要问题。柯蒂斯·邦克和伊莲·邱通过梳理、比较多项网络学习研究成果,总结出影响网络学习者流失的三个主要因素:①学习者个人因素,包括学习者所处的环境、学习技巧和网络经验等。例如学习者缺乏自我管理技能或独立学习技能欠佳,都可能导致学习者网络学习受挫;②课程相关因素,包括课程设计和沟通因素(教学者的反馈、师生互动情况)等。例如,课程结构不良、缺乏教学者对学习者的指导和管理等;③技术因素,包括课程相关的技术问题、系统和设计问题,如网络学习系统中采用学习者不熟悉的技术工具、网速过慢、缺少培训支持等。

网络教育人文关怀不足,学习者缺少学习动力。网络教学与课堂教学最明显的区别是前者不能实现面对面交流,教学者对学习者在物理空间中的强制约束力会降低。目前很多网络教学主要是向学习者传递相关的学习资源,师生鲜有交流互动。即使师生有网络交流,由于学员数量与交流方式的影响,这种交流也还停留在肤浅的层面。例如,通过对网络平台交流主题的分析发现,在没有留言形式要求的情况下,学习者回复通常比较简单,"同意""赞成""很好"等词占大多数。即使有的网络平台对留言内容有字数要求(一次留言不少于多少字),收到的留言也仅是字数增多但内容空乏,并存在复制粘贴的现象。显然,网络教育由于教学者对学习者个性化学习了解与指导不足,缺少像课堂教学中"一个肯定的眼神""一个赞扬的手势""一个警告的停顿"等人文关怀的感觉,学习者总觉得自己是在"隔

空对话""面向空气交流",容易产生疏离感和孤独感,降低个人学习动力。因此,网络教育需要提高师生之间的互动质量,为学习者创设一种有指导、有交流、有展示的网络学习氛围,使学习者在不断有获得感的过程中,持续激发和维持网络学习的动力。

网络教学简化为网络自学,学习指导不足。网络教学把"以班级为中心"的组织方式转变为"以课程为中心"的教学组织方式。这种组织方式虽然为学习者选择性学习和自主性学习创造了机会,学习者可以根据个人学习基础和学习需求,制订适合自己的学习计划来开展相应的学习,一定程度上促进了个性化学习。但是也应注意到,作为教学的一种新方式,网络教学必须要符合教学的基本规律,依据"教学者、学习者、教学资源、教学媒体"之间的关系组织教学,形成有效的教学过程与方法。如果将网络教学简单等同于自学,忽视对学习者网络学习方法和学习过程的指导与管理,那些自主学习和自我管理能力不强的学习者就容易出现学习挫折感,甚至会因为阶段性学习困难而放弃整个网络学习。因此,教学者需要采用与网络教学相适应的方法指导学习者学习,针对学习者学习过程中的问题适时地进行帮助与支持,让学习者在学习过程中持续地感觉到教学者的指导,使之具有自我学习的获得感,提高网络学习质量。

网络教学组织过于松散,网络学习管理还需加强。网络教学在组织形式上实现了从"以教为中心"向"以学为中心"的转变。学习者在学习过程中对时间选择、内容调整、网络交流等方面有了更大的自主权力,这为学习者自我管理学习创设了条件。但是在具体实施中,网络教学主要采用的是"教师传送学习资源——学生学习学习资源——师生互动交流——教师评价学习结果"的过程,这种教学过程能够得以实施的前提假设是:学生面对教师传送的学习资源能够自主地开展学习;学生能够自觉地参与师生交流并且能主动向教师请教问题。但是,网络教学实践中,上述两个前提假设有时并不能够真实成立。例如,有的学生面对"大量的网络资源",不知道如何开始学习,或者一旦遇到学习困难就会停止下一步的学习,还有的学生即使知道自己学习的问题,但由于网络表达方式的限制,不能清楚地阐述问题,因而无法与指导教师进行深入交流,导致学习挫折。因此,在网络教学过程中,需要加强对各个环节的分析和管理,对伴随其中的每个学习环节进行相应的评估、反馈与指导,对于自主学习能力强的学习者给予充分的自主学习空间,对于自主学习能力较弱的学习者进行有针对性的帮助和指导。通过加强对网络学习的管理,可使得大多数学习者都能根据自己学习风格,有效地开展网络学习。

网络教育中有些教学者认为只要提供了课程资源,学习者就会自觉开展学习,并将网络学习简单等同于学习者"自学",这意味着这些教学者不仅没有从网络学习系统角度思考其中各要素之间的相互关系,更忽视了网络学习中必要学习策略的应用。正如坎贝尔所指出的"网络学习关键并不在于传递方式,而在于结合传递方式所采用的学习策略,以及这些策略的切实实施。"因此,加强网络管理策略,选用合理的网络管理策略,开展有针对性的学习指导,将有助于提升学习者的参与度,并最终提高学习者在线学习保持率。

二、绩效管理理论与网络教学管理

绩效管理是指识别、衡量以及开发个人和团队的绩效,使这些绩效与组织的战略目标保持一致的持续过程。通过绩效管理,管理者能准确了解组织内成员的特点,清晰地设计组织目标;员工能更好地界定工作内容及其需要达到的标准,强化自我认识和自我开发,达成个人目标和组织目标的一致,实现个人和组织的共同发展。

(一)绩效的理解

关于绩效(Performance),不同的学者有不同的看法。当前关于绩效的理解主要有三种观点,一是将绩效定义为工作结果,是工作成绩的体现,如伯纳丁认为"绩效应定义为工作的结果,这些工作结果与组织的战略目标、顾客满意度及所投资金的关系最为密切";二是认为绩效是行为过程,这种观点认为"许多工作结果并不一定是个体行为所致,不恰当地强调结果可能会在工作要求上误导员工,行为过程才是组织成员的真实表现";三是关注绩效和员工素质的关系,这种观点认为"在知识经济中,组织成员的素质潜能决定了组织的发展,只有当组织成员具有自我发展的动机,组织才有可能发展"。

如上所述,绩效的含义会因时间、空间、工作环境等相关因素的变化而不同,它是一个多维度、动态和综合的概念。从整体的角度看,绩效是组织及组织成员发展过程和发展结果的统一体。其中,组织成员的素质决定了发展的动机,良好的行为动机推动组织及成员的行为过程,合理的行为过程达成组织和成员希冀的行为结果。图1-4-1表示了组织绩效发展的过程。

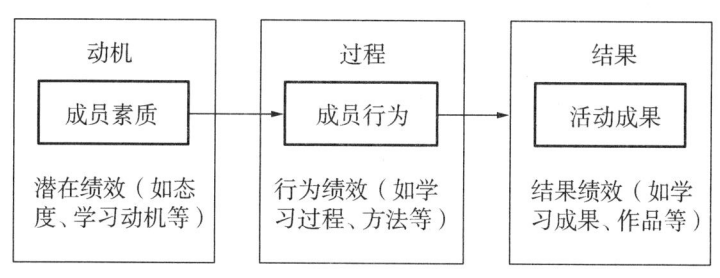

图1-4-1 绩效发展的过程

(二)绩效考核的再认识

考核、评价是人类有意识活动的一个表征。在有组织、有目的的人群或机构中,考核、评价往往是有组织的活动过程。工业社会中,伴随管理科学的不断发展,制度性、规范化的评价在社会组织中得到广泛应用,形成绩效考核。从组织行为来看,传统意义上的绩效考核是指考核专家对照工作目标或绩效标准,采用科学的考评方法,评定组织成员工作任务完成的情况,借以对组织成员进行鉴定和奖惩。

传统的绩效考核注重评价组织成员的行为结果。组织成员一味追求所需要达成的结果,易导致组织的目标、战略、文化等因素相互脱离,考核有时不能达到促进组织和组织成员共同发展的目的。此外,当绩效考核以奖惩和鉴定为目的时,考核结果容易造成组织成员之间关系紧张、相互猜疑,整体上影响组织的发展。实际上,考核、评价广泛渗透于人类所有有意识的活动之中,是构成活动的一个有机组成部分,其实质在于促使组织和其中成员活动的日趋完善(张华,2000)。如果将绩效考核与被考核者的工作(学习)过程、个人行为割裂开来,只是将考核用于奖励或鉴定被评价者,就失去了对被评价者的促进作用,也就无法达到促进组织和个人共同发展的目的。

(三) 从绩效考核到绩效管理

绩效管理始于绩效考核,也促进了绩效考核的发展。当今,随着信息化社会的到来,面对日益激烈的竞争环境和日益复杂的管理实践,越来越多的管理者意识到组织结构调整、组织裁员、组织分散化等措施能够降低成本,但并不能真正加强组织内部的活力。组织活力是在与之相适应的组织文化和氛围中激发的,绩效考核是维持组织活力的重要手段。只有将绩效考核融入组织管理中,潜在绩效、过程绩效和结果绩效才能真正得到发展。

在这一背景下,研究者拓展了绩效的内涵,在总结绩效考核的不足的基础上,提出现代的"绩效管理"概念。绩效管理理论具有以下几方面的特征:①绩效管理将组织的目标和个体的目标进行结合,要求个体在符合组织整体目标的基础上,明确个人目标,促进个体发展,进而加强整体发展;②绩效管理是一个完整的过程,绩效评估贯穿于过程的始终,成为组织管理和个人发展的工具;③绩效管理加强了组织成员之间的交流,能建立起组织成员相互协作的文化氛围;④管理的目的是促进组织和成员的共同发展,减弱个体和组织的对立矛盾,加强团体凝聚力。从上述绩效管理的特征来看,绩效管理是一个动态的、持续性过程,管理体系的建立也是文化氛围的建设,通过这种文化激励组织成员,可开发组织成员自身潜能,增强组织凝聚力,促进组织发展(Aguinis,2009)。

三、基于"绩效管理"理论的网络教学管理

网络教学是一种开放式的教学过程。网络中丰富的学习资源、虚拟性学习环境要求学习者具有较强的自主性。在个人目标与整体课程目标一致的基础上,每位学习者都可根据实际情况设计个人的学习期望、学习计划和学习过程。但是,学习者的自主设计和跨时空学习会加大网络教学的管理难度。因此,加强学习者内在管理,建设网络教学的外部约束机制,形成内在管理和外部约束相统一的方法是提高网络教学效果的保证。

(一) 创建人性化网络学习空间,实现学习者的内在管理

依据绩效管理理论,组织绩效可从三个方面来理解,即组织成员内在素质、行为过程和

行为结果,三者相互影响,相互促进,以实现组织目标和个人目标。网络教学过程中,教学管理者应注意学习者的内在素质、学习过程和学习结果的关系。网络学习是此三者的统一体,当人性化的网络学习环境、实用的学习资源使学习者认同学习内容时,就能更好地进行自我管理,从而达到较好的网络学习效果。

传统的网络教学强调了网络学习资源的传递性,认为通过网络技术将学习资源呈现,学习者就能自觉地开展学习,学习结果便能达到预期的教学目标。这种将"信息传递等同于网络教育"的观点忽视了学习者的学习过程和内在素质,势必导致学习者在学习过程中出现流失的问题。

改善网络学习环境,创设符合学习者需求的网络学习"场域"是实现网络学习者自主管理的有效方法,可使学习者在生动丰富的网络学习"场域"中通过观察、交流、感受和分享网络学习氛围。当感受到自己属于这个群体,能与其他成员一起进行学习活动时,学习者便能体会到学习的意义,其自我管理的意识也会加强。自主设计学习目标是加强学习者对网络学习认同的另一方法。学习者在整体课程目标基础上,根据自己的实际情况设计个人学习目标。当个人学习目标和整体课程目标一致时,有利于学习者针对实际需要开展学习,达成对学习资源的认同感。

(二) 强调网络评价的管理功能,形成网络教学管理的外在控制机制

绩效管理理论认为,传统绩效评价过于强调其判别和奖惩功能,忽视了对过程的控制和督导作用,没有很好地达到促进组织整体发展的目的。将绩效评价作为绩效管理的一个环节,通过评价及时发现组织发展过程中的不足,并利用信息反馈进行相应的调整,可以促进组织及其成员的共同提升。

从上述观点看,在网络教学过程中,评价可作为教学管理的一种工具,通过网络评价支持网络学习。网络教学是在虚拟的环境中进行的,学习者的学习进度、学习效果、学习状态都有必要接受一定的管理机制监控。缺少外在监督与管理易出现"网络假学习"现象(例如"学习者平时不上网学习,只参加最后的考试""平时只是简单浏览学习网站,应付上网次数和时间,没有真正开展学习"或"在网络学习平台上提几个简单问题,应付交流次数要求,但并不对学习内容进行思考"等现象)。将网络学习评价作为教学管理工具,教学者可通过制定"教学目标",阶段性地评价学习者的学习过程和成果,利用所把握的信息,判断学习者的学习价值,经过反思,做出下一步的教学调整。学习者可通过评价的反馈信息及时发现自己的不足,进行相应的完善,支援自己的学习。网络评价应贯穿于网络学习全过程,通过其反馈功能帮助调整教学方法和教学组织方式,使学习者能感受到外在的监督和管理,促进学习者真实开展学习,避免"假学习"现象的发生。

加强网络评价的管理功能,可将某一学期的网络教学过程分成不同的教学阶段,网络评价作为每一教学阶段的一个环节,通过阶段性评价发现学习过程中的问题和不足,督促

学习者进行相应的弥补和调整,在制度上完善网络教学管理方法,促进学习者的发展。

(三)开展"循环性"的网络教学,实现教师管理和自主学习的统一

绩效管理是一个连续的管理过程,它包括实施的前提条件、绩效计划、绩效执行、绩效评价以及计划的更新和重新修订。这种管理过程不是一次完成的,而需通过相应管理步骤的循环,协调组织内部关系,促进组织和个体的发展。

这样看来,在网络教学过程中,评价信息的反馈应是教学循环的重要环节。阶段性评价信息的反馈可帮助学习者有针对性地改进学习,辅助教学者调整教学。评价信息的反馈不是单纯指出结果、成果的正确与否,而是给予学习者"学习达成度的信息"和根据学习者学习状态、学习基础"改进学习的策略信息"(钟启泉,2007)。通过"学习达成度的信息"反馈可明确学习者还有哪些目标还尚达成。利用"学习策略信息"的反馈可分析目标未达成的原因,调整相应的学习方法,使得网络评价支持网络学习。传统的网络教学管理将评价作为终结性的鉴定活动,评价信息失去了改进学习的机会,评价的反馈功能失去了相应的作用,没有体现出评价促进和完善学习的功能。

在循环的网络教学过程中,教学与评价不是一次性完成的,教学管理者根据学习时期的长短,分成相应的学习阶段,每一学习阶段划分为:学习—评价—反馈—调整—再学习的过程。每个学习阶段结束时,学习者根据阶段评价的信息,进行学习调整,开展阶段性循环学习,对学习内容、学习方法进行补充和更正。循环性的学习过程,加强学习者和教学者的沟通和交流,在交流的基础上,将教学者设定的目标体系转化为学习者的目标体系,外在的评价内化为学习者的自我评价,实现教学者管理和自我控制的和谐发展。

四、一个基于"绩效管理"理论的网络学习管理案例

近年来,研究团队依据对"绩效管理"理论的认识和理解,与高校网络教育中心合作,将该理论应用于"信息技术和小学语文整合课例"的网络课程实施中[1],通过"网络学习环境建设""评价作为教学管理工具"和"循环教学"等手段加强该课程的教学管理。

(一)设置选择性的学习内容,提高学习者对网络学习的认同感

为了激发学员的学习热情,教学管理者将本课程设置为选修课类型,限定每学期选修人数为60人。学员可根据个人兴趣进行自主选修,学习期为半年,学分为2学分。该课程提供了七个独立的学习单元。学习过程中,每位学员在整体课程目标的基础上,可根据个人兴趣和学习需要至少选择其中的三个单元进行学习,并制定相应的个人学习目标。课程类型和学习内容为学员提供了自主选择的机会。学员根据需要选择性开展学习,激发了对

---

[1] 该网络课程的学习网址为:http://xxk.ecnudec.com/Unionstars.Curriculum/Exercise/ExIndex.htm

课程的认同感。此外,该课程的网络教学环境还提供了"个人博客区""BBS论坛"等网络对话交流工具。在学习过程中,借助这些工具可实现学员与学员之间、学员和教师之间的交流和互动,促进"网络学习共同体"的创建。

(二)制定网络学习规则,加强学习的外在管理

"信息技术和小学语文整合课例"的虚拟学习环境,增强了网络教学管理的难度。为加强学习的真实性,本课程在学期初,制定了基本的学习要求。(1)学员每一学习阶段完成一次学习作业,共三次学习作业,占总成绩的30%。通过作业评价,发现学习过程中的问题,进行教学调整;(2)学员要针对学习主题进行网络讨论。网络学习环境实时记录学习者的讨论情况,学习者的讨论次数和质量将占总成绩的20%,从未参与网络学习讨论的学员学期成绩将评定为不合格;(3)鼓励学员根据学习情况在网络学习环境中开设个人学习博客。学员通过"个人学习博客"对学习内容进行反思和总结,管理者据此评定学员成绩,占总成绩的10%;(4)学员必须完成最后的学习考核,该考核成绩占总成绩的40%。网络学习规则的制定加强了网络环境对学员的监督和管理,在制度上保障了学习质量,提高了学员学习的积极性。

(三)开展学期内和学期外的循环教学

"信息技术和小学语文整合课例"网络课程通过"学期内循环"和"学期外循环"保持学员学习的稳定性和延续性。在学期内,每一单元的学习过程是:学员自主学习——作业评价——反馈调整。教师通过作业评价发现学员本单元学习的不足,学员根据评价反馈信息,对网络学习资源进行循环学习。学期内的阶段性循环学习可及时补充学习的缺陷,保持网络学习的稳定性。学期结束后,如果学员发现某些学习内容还没有完全掌握,或对更多的学习内容感兴趣,可在下一学期继续开展此课程的学习(但不再给学分)。学期外的循环学习能更好地调动学员的积极性,保持网络学习的延续性。

至今,本课程在网络学院已开设四个学期,共226名学员选修了此门课程。在学习过程中,220名学员建立了完整的学习作品集,20名学员还开展了学期外的循环延续学习,与此课程保持联系。该课程通过网络评价加强学员学习的管理,避免了"假学习"现象的发生;通过建立学习资源、开设互动工具和循环学习保持学员学习的稳定性。

绩效管理是注重个人发展和集体发展相结合的理论,其中管理环境的建设和评价工具的使用使得管理过程更加人性化和动态化。网络教学是现代教育技术对教育的延伸,在网络教学过程中,如果失去了学习者的学习动机,那么外在的管理制度可能是无效的。没有外在机制的管理,那么即使学习者有良好的学习动机,也容易失去学习的方向。因此,网络教学的开展需要学习者内在动机和外在管理的共同作用。借助绩效管理理论,网络教学通过网络环境建设,提高学习者学习的动机,利用评价机制监督学员的学习过程,环境建设和评价工具的共同作用可更好地促进网络教学开展。

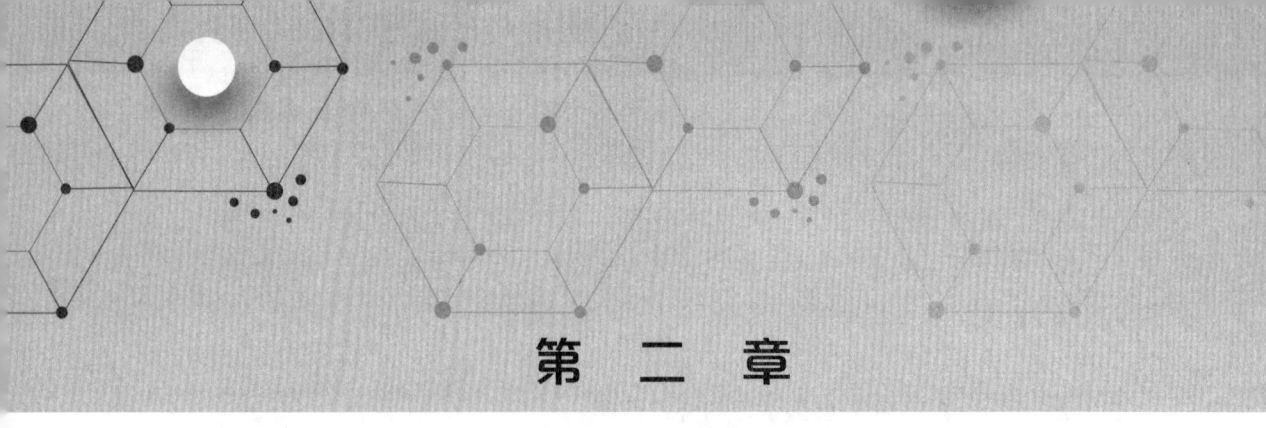

第 二 章

中学生网络学习现状分析：本土调研

信息技术快速发展创生出全新的学习环境，"现实与虚拟空间"相互交织不仅改变了学生学习方式，也改变着整个教育生态。2016年教育部印发的《教育信息化"十三五"规划》明确提出"创新'网络学习空间人人通'建设与应用模式，从服务课堂学习拓展为支撑网络化的泛在学习"，鼓励教师应用网络学习空间开展备课授课、家校互动、网络研修、指导学生学习等活动；鼓励学生应用网络学习空间进行预习、作业、自测、拓展阅读、网络选修课等学习活动，养成自主管理、自主学习、自主服务的良好习惯。

第一节 中学生网络学习调研设计

为满足新时代学生发展要求，S市建设完成"中学名校MOOC平台"，为全市中学生搭建了一个新的学习空间。本次调研依托"中学名校MOOC平台"，对中学生网络学习现状进行调研，旨在了解中学生网络学习现状、诉求，以及影响中学生网络学习的原因。

一、调查问题设计及其理论依据

《社会研究方法：定性和定量的取向》指出调查研究遵循的是一种演绎取向，通常以某种理论或应用的研究问题为始，以进行经验测量与资料分析为终。在调研设计过程中，我们首先提出具体的调查问题，然后再详细论述问题背后所蕴含的理论假设。本次调查探讨和分析的主要问题是中学生网络学习现状是怎样的，即中学生以怎样的方式开展网络学习,学习的效果怎样,有哪些因素影响着学习,以及课程资源是否能够满足学生的学习需求。为能聚焦调研问题,本次调研基于S市中学生在MOOC平台开展网络学习的实际情况,以"中学生网络学习现状及影响因素"作为调查主题。具体调研问题如下:

(1)中学生在MOOC平台上的学习持续度、结业率怎样?根据用户行为日志中的数据和对学生选课情况、网络学习过程及学习结果来分析了解学生网络学习现状。

(2)中学生采用怎样的方式开展网络学习?通过对网络学习开展情况的分析,判断影响学生网络学习质量的主要因素。

(3)中学生对网络学习的组织方式具有怎样的态度?通过用户行为日志数据和相关项调研结果判断学生网络学习的持续度和认可度。

(4)中学生对学习过程中的网络资源有哪些建议?通过分析相关建议以便更好地提高学生网络学习资源的质量。

显然,调研问题的设定都隐含着特定的理论假设。本调研之所以提出如上问题,是基于对中学生网络学习的理解和对我国当前中学生网络课程设计与开发的认识。由于网络学习环境具有较强的开放性,网络学习过程中,学生不受时空的限制,可自主地选择学习地点和学习时间开展学习,因此不能将网络学习当作如封闭式课堂的学习系统来对待,而是在遵循学习理论的基础上,用开放、动态的方式分析学习者、教学者、学习内容和学习环境的相互关系。

艾尔弗雷德·罗瓦从网络学习开展前与开展后两个阶段分析影响学习者网络学习的因素。第一阶段主要有:学习者特征(包括年龄、性别等),学习者技术准备(包括计算机应用能力、网络技能应用能力等);第二个阶段包括外部与内部因素,外部因素包括学习条件、可控的学习时间等,内部因素包括技术融合程度、团队融合以及个人的学习态度等。彭文辉、杨宗凯等学者从网络学习行为系统层面分析网络学习影响因素,认为网络学习资源、学习工具、学习团队、组织规则和任务分工等因素都会对学生的网络学习行为产生影响。综合这些研究成果,无论是从学习过程层面还是从学习系统层面,网络环境、学习者技能与态度、学习资源等都对网络实施效果有着较大的影响。从已有的研究成果,我们可以分析出网络学习过程中的主要要素及它们之间的相互关系。

依据上述分析,调查问题的设计综合了在中学生网络学习过程中相关要素之间的关系,从网络学习表现、学习态度和学习资源等方面分析对学习的影响,了解网络学习过程中各要素的作用及相互关系,揭示网络学习问题及引发问题的原因。此外,上述调研问题也吸收了网络教学指导教师的经验,融入网络学习环境中的技术分析情况,如网络学习终端、网络速度、媒体类型、交互工具等都可能会对网络学习效果产生影响,确定技术环境的基本要求以使网络教学环境更好地发挥教育作用。

二、调研方式与样本选择

为避免调研过程中潜在的霍桑效应(指个体由于意识到自己正在被别人调研,出于一定目的和心态改变原有行为倾向的现象),本次调研通过"S市中学名校MOOC平台",以分析网络用户行为日志数据、匿名问卷调查和访谈三种方式进行。

(一)基于用户行为日志的学生学习行为数据采集

通过MOOC平台,跟踪学生在平台中的学习过程,记录学生网络学习行为数据,从课程注册人数、学习持续时长、学生学习中断点、学生结业人数等方面采集学生学习的数据,确定学生网络学习的整体学习现状。针对MOOC平台中"传记文学、环境科学、信息科技、艺术创意、综合实践"类课程,每一类随机选择两门课程(共10门课程),分析其选课学生的学习日志数据。

(二)基于调研问卷的学生网络学习数据采集

从学生个人学习背景、网络学习情况、对网络学习的认识以及微课程学习个案等方面设计调研问卷,利用网络开发调研工具(设计过程与问卷见附录1),对在线答题要求进行技术设置,从而对S市中学名校MOOC平台上学习过的学生进行调研。为与学生网络学习行为的网络日志数据保持一致性,调研时,在MOOC平台中随机抽取"10门网络课程"所有选学的学生,对其发放调研问卷,使调研样本尽量覆盖选学这些课程的全体学生。

(三)基于访谈的指导教师访谈数据采集

从网络指导教师的角度,针对访谈问题、访谈类型、信息收集手段等方面做一些策略性准备,制定访谈提纲。具体访谈问题围绕调研中四个问题展开,问题类型采用"假设型(hypothetical)、靶标型(devil's advocate)、理想型(ideal position)和解释型(interpretive)",以了解学生网络学习过程中表现情况和相关教学指导需求。访谈调研中,选择网络指导教学效果较好的教师进行访谈,挖掘出网络指导教师的建议和经验。

三、调研过程

(1)用户行为日志的数据获取与分析。本次调研从"传记文学、环境科学、信息科技、艺术创意、综合实践"等类别中随机选取《走近环境科学》《传记文学》《创·艺DIY》《说0解1:计算机原理知识》《灵"机"一动:App Inventor移动应用开发》等10门课程,对选学这些课程的774名学生进行学习过程跟踪,获取他们的年级分布、课程完成情况以及学习中断节点等方面的数据。

(2)调研问卷的数据获取与分析。研制"中学生网络学习调研问卷",在对问卷进行专家论证和小范围试用并调整后,对在"S市中学名校MOOC平台"学习过的学生进行随机网络问卷调研,共收取200份问卷。通过均值统计、分类统计、交叉统计等方法,分析所获得的数据。

(3) 网络指导教师访谈数据获取与分析。设计"网络指导教师的访谈提纲"并征求专家建议,进行修改调整后,对在"S市中学名校MOOC平台"开设过网络学习课程的10位教师进行访谈,做好访谈记录。通过文本分析、关键词抽取等方式分析访谈内容,整理出网络教学指导教师对中学生网络学习的建议和观点。

分析网络平台日志数据、调研问卷数据和指导教师访谈数据,了解中学生网络学习现状,从网络资源建设、学习模式、教学策略、评价实施等方面,给出网络学习实施过程中需要进一步完善的建议。

第二节 中学生网络学习调研过程与数据分析

本次调研借助S市中学名校MOOC平台,利用平台上用户行为日志分析学生网络学习行为;通过网络调研问卷了解学生网络学习的情况。此外研究人员还深入到开展网络学习的学生和教师群体中,通过访谈方式听取他们对网络学习的观点和想法。本次调研数据包括网络用户行为日志学习行为数据、网络问卷调研数据和实际访谈数据。

一、中学名校MOOC平台日志数据及分析

用户行为日志可用来记录用户操作、系统运行状态等过程性数据,它是网络系统的重要内容。在网络教育研究中,通过网络用户行为日志中的数据可了解学生网络学习行为,分析学生学习状况,为网络教育策略研究提供证据。

中学名校MOOC平台统筹S市优质教学资源,为中学生网络自主学习创造机会,促进学校特色发展,引导教师加强课程设计与教学研究。该平台对学生的姓名、学校、年级、所选课程等个人信息,以及学习过程中的完成情况、退选情况、中断点、学习时段、讨论次数和登录次数进行了记录。这些数据可以客观地反映学生网络学习的情况。调研人员对参与调研的774名学生网络学习行为数据进行分析,得出尽管学生对网络课程参与度较广,但存在着学习持续性不长、课程完成率偏低以及学生年级分布不均衡等问题。

(一) 中学生参与面广,但选学年级的人数分布不均衡

从学生年级分布来看,774名学生中,从初中六年级(注S市六年级学生在初中进行学习)到高三年级都有,学生参与面较广。从学生人数分布来看,六年级、高三年级学生人数

较少,分别为63和30人;七年级、八年级、高二年级人数居中,分别为99、78、98人;九年级和高一年级人数较多,分别为179和227人。人数分布从六年级到高中一年级呈现出递增的状态,而从高二到高三年级选课人数呈现递减的态势。可见不同年级选课学生人数分布极不均衡,学生选课年级分布如图2-2-1所示。

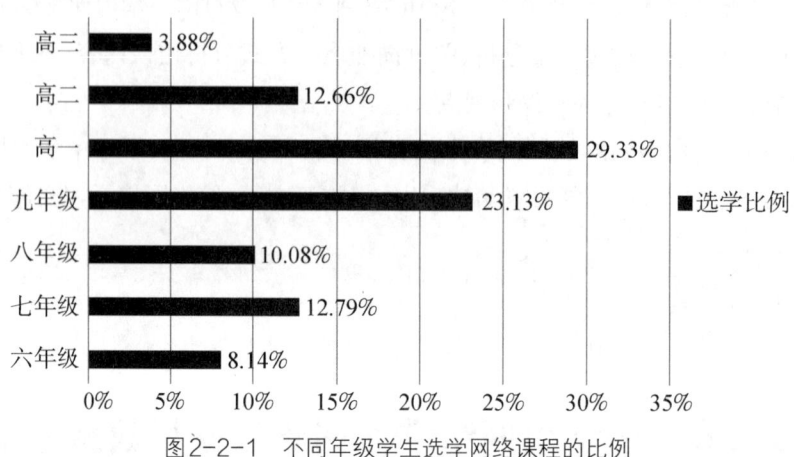

图2-2-1　不同年级学生选学网络课程的比例

结合上述数据,在访谈调研中发现,九年级和高中一年级选学网络课程人数较多的现象与初中学生希望进入更适合自己的高中进行学习的想法有一定联系,他们进入高中后仍保持了网络课程学习的持续性。然而,这种持续性在高中后阶段开始逐步衰减,到高三年级选学人数达到最低点。如何引导中学生依据个性化学习兴趣选择网络课程,帮助中学生养成良好的网络学习习惯,是中学生网络学习实施中需面对的挑战。

(二) 网络课程种类丰富,但选课人数的比例呈分散状态

中学名校MOOC平台的课程建设是一个持续动态更新的过程,根据学生发展需求在不断地增加新课程。虽然调研的10门课程的类型丰富多样,但是从学生对课程内容选择结果来看,仍存在着很大的差异。学生更愿意选择面向学科知识提升、科技创新类课程,如《趣味英语听说》《走进多项式》等,而较少选择竞赛和艺术类课程,如《物理学术竞赛》《行进管乐》等。学生选课情况如图2-2-2所示。

分析上述数据,中学名校MOOC平台的课程数量在不断增长,课程主题也越来越多样,但是课程选择人数存在较大差异,对不同类型的课程,学生的选择存在很大不同。如何根据学生选择、学习与课程评价情况,动态调整网络课程,保证网络课程自身质量,这是网络课程需解决的一个问题。

(三) 中学生网络学习积极性较高,但课程完成率低

中学名校MOOC平台嵌入了学生网络学习行为跟踪技术,该技术可以对学生每门课程

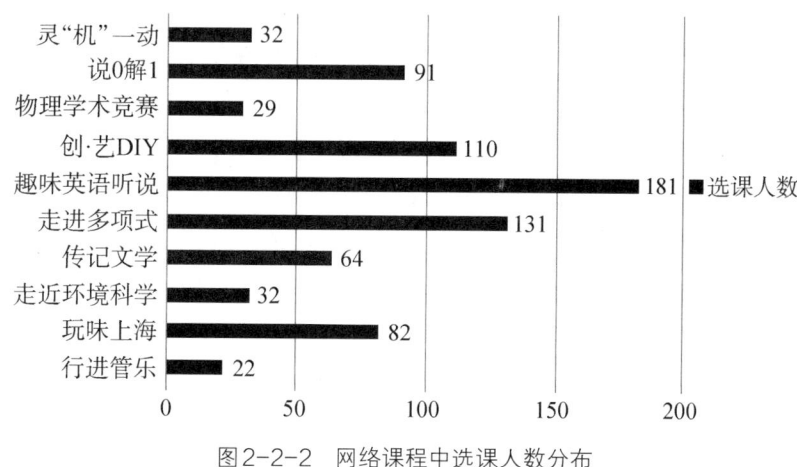

图2-2-2 网络课程中选课人数分布

学习过程进行跟踪分析,给出相应的学习判断。在对参与调研的学生学习情况跟踪数据分析可以看出,10门网络课程的选中率是100%,也就是说这10门课都有学生进行选学,没有空课,并且学生在学习初期选课的积极性比较高。但是,从学习结果来看,对于每门课程,能够全程修完的比例却非常低,例如《创·艺DIY》课程完成率最高,也只有41%,而完成率最低的《走进多项式》仅有6%。10门网络课程的平均完成率为22%,图2-2-3是10门课程中选学人数、完成人数的图表示例。

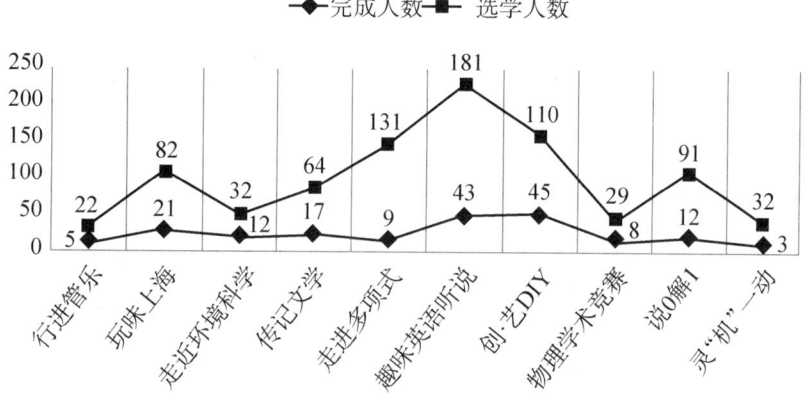

图2-2-3 网络课程选学人数与完成人数对照

分析跟踪数据可以看出,在这10门课程中,78%的学生在学习过程中流失了,他们没有完成所选择的网络课程。由此说明,尽管中学生参与网络课程的积极性很高,但是实际完成所选择课程的人数比例还是很低的。甚至在学习跟踪中发现个别学生只是进行了课程注册,并没有真正开展网络学习。可见,在为学生创设新的网络学习环境后,如何帮助学生在新学习环境中逐步形成一套与之相适应的网络学习方法,并将之与现有学习方法相结合,仍是中学生网络学习过程中亟须研究的一个问题。

（四）中学生易于接受网络学习课程，但学习过程中学生流失速度快

从中学生网络学习流程来看，所调研的大部分中学生对网络学习技术操作和平台应用都有较好基础，可以按照网络平台的各项功能进行注册、选课、开展学习，实现网络学习过程中的各项技术操作。但是，网络平台跟踪数据显示，中学生注册完成进入网络课程学习后，人数的流失速度非常快，甚至有些课程，学生连一个学习视频都没有学习完，便停止了该课程的学习，说明网络学习存在着"注册即流失"的现象。

按照课程设计与开发的要求，中学名校MOOC平台的每门课程内容主要由8个微视频组成。利用网络跟踪技术，从课程学习开始、中期、结束三个阶段分析学生对微视频学习情况，可以看出流失人数最多的时段是在课程刚刚注册并开始学习的时候，学生注册后进行0个课程视频学习的比率达到60.98%，也就是说学生刚刚完成注册就停止了对所选课程的学习；如果学生能完成一半课程学习，意味着基本上能够把整个课程学习完，从学完一半课程到学完全部课程（8个微视频）的流失率只有2.32%。可见，尽管中学生在技术功能上能接受这种学习方式，但是要将它融入学生常态学习方式中还需要有针对性的指导。中学生流失时段的人数情况如图2-2-4所示。

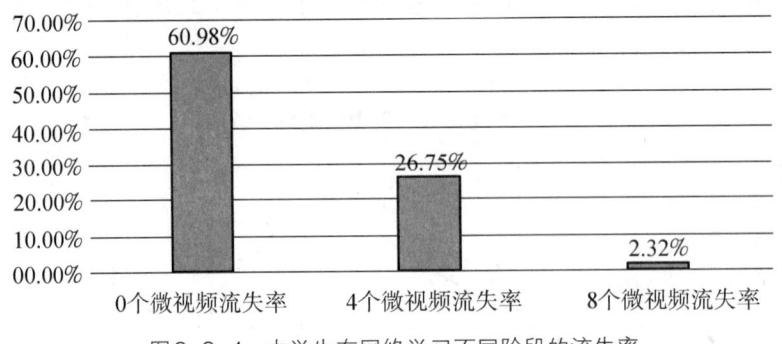

图2-2-4 中学生在网络学习不同阶段的流失率

通过跟踪学生网络学习数据可以看出，网络课程作为一种新的学习方式，学生参与面广，课程类型丰富，中学生易于接受。但是，在具体实施过程中，由于缺少相应的指导与管理，网络教学组织比较松散，出现学生注册率高，但课程完成率低、人数流失速度快的问题。

二、中学生网络学习问卷调研数据及分析

问卷调查是指通过制订与调研目标相符合的问卷，要求被调查者据此问卷回答问题以收集数据的一种调研方法。问卷通常是一组与研究目标有关的问题，或者是一份为进行调查而编制的问题表格，是调查研究活动用来收集资料的一种常用工具。"中学生网络学习现状调研"借助调研问卷工具对中学生网络学习过程进行量的描述和分析，获取所需要的调查资料。

(一)问卷设计

(1)问卷内容。"中学生网络学习现状调研问卷"由四部分组成:第一部分是被调查者个人背景,包括性别、年级等;第二部分是网络学习情况,包括网络学习方式、学习时段、学习时长(每天)、学习遇到困难时的解决方式以及影响网络学习的因素等;第三部分是对网络学习的看法,包括网络学习的意愿、学习效果、学习评价以及对改进网络学习的建议等;第四部分是移动学习和微课学习的情况,包括网络学习环境、微课的优缺点以及课程学习证书发放对网络学习积极性影响等。调研问卷制作完成后先进行专家访谈和试用,修订和完善后便用于本项目调研。全部问卷共由21道题目组成,完成时间约5分钟。

(2)调查形式及对象。"中学生网络学习现状调研问卷"通过"网络问卷"方式进行发放和呈现,调研对象主要是在中学名校MOOC平台上学习的学生,问卷通过链接可在线完成。对调研问卷结果进行分析,剔除盲答或不符合要求问卷后,共收回200份有效调查问卷。

(二)问卷分析

1. 学生网络学习总体情况调研数据与分析

本调研的学生网络学习情况主要包括网络学习方式、网络学习时段和时长、影响学生网络学习的因素和学生网络学习中存在的困难、学生网络讨论和自主学习实施、学生网络学习坚持的时长和课程内容完成情况等,由12道题目组成,其中有5道题目为多选题。

(1)网络学习方式的调研与分析。200位被调研者都表示注册并开展了网络学习,但采用的网络学习方式有所不同。在"你所采用的网络学习主要有(　　)。(多选)"调研项中,69.5%的学生表示自己的网络学习方式主要是"针对一些'难题'浏览课程资源",68%的学生选择"查阅或下载网络学习资料",72.5%的学生选择"观看教学微视频"。由此可见,网络学习环境确实影响到学生知识获取的方式,他们能够按照自己的方式开展形式多样的网络学习。其中,随着网络课程发展,在网上观看教学微视频是中学生主要的网络学习方式。网络学习方式数据分布如表2-2-1所示。

表2-2-1 网络学习方式数据分析

类别	选项(多选)	人数	占比
网络学习主要方式	针对一些"难题"浏览课程资源	139	69.5%
	查阅或下载网络学习资料	136	68.0%
	观看教学微视频	145	72.5%
	其他	4	2%

(2) 网络学习时段与时长的调研与分析。分析学生网络学习时段与时长相关数据后，可以看出，大部分学生是"利用碎片时间进行网络学习"，占比相对较高，为54%，而学生"有计划、有规律地进行网络学习"相对较少，占比只有10%。网络学习时间方面，几乎一半的学生每天网络学习时长在"半个小时以下"，"2个小时以上(包括2个小时)"只占1.5%。可见，当前网络学习并非学生依赖性很强的学习方式，只是对在校学习的一种补充。这可能和高中生日常课业负担较重、允许自主开展网络学习的时间不多有关。表2-2-2是中学生网络学习时段和学习时长的调研数据。

表2-2-2　网络学习时间安排和学习时长的调研数据

类别	选项(多选)	人数	占比
网络学习时间安排	有计划、有规律地进行网络学习	20	10.0%
	利用碎片时间进行网络学习	108	54.0%
	在教师督促或检查之前才会学习	37	18.5%
	偶尔浏览一下学习内容	30	15%
	其他	5	2.5%
平均每天学习时长	2个小时以上(包括2个小时)	3	1.5%
	1~2个小时(包括1个小时)	31	15.5%
	半个小时至1个小时(包括半个小时)	74	37%
	半个小时以下	92	46.0%

(3) 影响学生网络学习的因素的调研与分析。从影响学生网络学习的主要因素角度来看，"网络学习方法和技巧"(54.5%)与"对网上干扰信息的自控力"(62%)是学生认为影响开展网络学习的主要因素，这可能与网络学习资源界面的亲切性不够有关。同时，网络作为一把"双刃剑"，网络上其他行为(如网络聊天、浏览非学习资源的网页等)对学生开展学习确实存在干扰。随着信息技术发展，网络学习平台的功能越来越完善，学生对平台功能的要求目前已不再是影响网络学习的主要因素。

另外，在"你在网络学习过程中遇到的困难有(　　)。(多选)"调研项中，有30%的学生认为在于"课程内容繁杂，自学困难"，64%的学生指出"难以和教师进行有效交流"。可见，与面对面教学相比，网络平台作为虚拟学习空间，指导教师还没有形成一套行之有效的指导方式，甚至存在着师生网络交流缺失的问题。在调研中，也有一些学生指出"网络学习过程缺少监管""网络学习等同自学"等问题。

"网络学习过程遇到问题和困难时，你通常选择解决问题的途径是(　　)"调研项中，选择"直接放弃"的学生所占比例非常少，只占3%，"请教指导教师"的比例也不高，只有

5.5.%,大部分学生选择"使用搜索引擎进行检索,寻找解决办法"(78.5%)。另外也有一些学生提出"通过网络向其他同学请教"的途径。由此可以看出,当前学生信息技术应用水平较高,尤其是网络的操作应用,这为中学生开展网络学习打下了很好的基础。同时也从另一个方面反映出,师生网络学习交流存在一定问题,对学生遇到学习困难并不直接寻求指导教师帮助的原因需要做进一步分析。表2-2-3是中学生网络学习的影响因素及存在的困难分析。

表2-2-3 中学生网络学习影响因素及存在的困难分析

类别	选项(多选)	人数	占比
网络学习影响因素	网络学习方法和技巧	109	54.5%
	对网上干扰信息的自控力	124	62%
	课程内容的需求程度	86	43%
	网络学习平台的功能	61	30.5%
	其他	5	7.5%
网络学习的困难	课程内容繁杂,自学困难	60	30%
	缺少合适的学习工具	66	33%
	难以和教师进行有效交流	128	64%
	网速慢,网络学习不流畅	53	26.5%
	其他	20	10%
困难应对	请教指导教师	11	5.5%
	直接放弃	6	3%
	查找相关书籍和论文	22	11%
	使用搜索引擎进行检索,寻找解决办法	157	78.5%
	其他	40	20%

(4)学生网络讨论效果的调研与分析。对话和讨论是学习的主要特征之一,而网络空间为远程对话交流提供了很好的平台。但是,在"你在网络学习论坛中参与学习讨论的情况是( )"调研项中,"经常"的占比很低,只有10%。大部分学生表示"偶尔参与网络讨论"(45.5%)、"极少参与网络讨论"(24.5%)、"从不参与网络讨论"(20%)。可见学生之间网络学习的交互性不强这一现象值得关注。关于学生选择网络学习原因方面,调研数据显示有37%的学生选择"为了完成教师布置的任务",53%的学生选择"学习兴趣驱使",23.5%的学生选择"其他同学选我也选",56%的学生选择"有更多的学习机会"。从上述数据中可看

出，所调研学生选择网络课程开展学习主要还是根据个人学习兴趣和希望有更多的学习机会，学生个人的主观学习愿望在网络课程选择与学习方面起着主要的作用。表2-2-4是中学生网络学习中对话讨论和自主性选择的数据分析。

表2-2-4　中学生网络学习中对话讨论和自主性选择的数据分析

类别	选项(多选)	人数	占比
讨论参与	经常参与	20	10%
	偶尔参与	91	45.5%
	极少参与	49	24.5%
	从不参与	40	20%
网络学习的意愿	为完成教师布置的任务	64	37%
	学习兴趣驱使	106	53%
	其他同学选我也选	47	23.5%
	有更多的学习机会	112	56%
	其他	19	9.5%

(5)网络学习内容完成度的调研与分析。近五年来，微视频与课程目标、课程内容和学习评价一起融入网络课程建设之中，最终形成微课程群，并在教学中进行较深入的实践和探索。但是如何设计微课程群，怎样提高微课程群的教学作用，还是网络课程实施的一项需解决的主要问题。

从"你在本次网络课程的学习内容情况"调研项的数据看，尽管中学名校MOOC平台为了便于学生学习，将课程细化成微课程的形式，但是在具体实施中仍有85%的学生不能完成所选择的微课程群（即一门课程，本次调研的中学名校MOOC平台中，一门课通常由8个微视频组成），该数据与网络用户日志数据分析的结果基本保持一致。从这项调研数据也可以看出学生选课后的实际完成率还是比较低的，只有少数学生能够坚持学完所选择的网络课程，大部分学生因为各种原因中断了所选的网络课程。此外，从学生网络学习流失时段来看，学生注册选课后的第一个星期流失率最高，有35%的注册学生在此阶段流失。网络学习"注册即流失的现象"还需要做进一步的研究。中学生学习的坚持时长如图2-2-5所示。

2. 中学生网络学习的效能度调研数据与分析

网络学习是为支持学生加强学习投入、实现知识建构而提供的一种全新的学习环境与学习模式，了解学习者对网络学习的认识有利于进一步开展实践。调研问卷中设置了学生对网络学习效能度的相关题目，依据调研数据，从学生对网络学习的依赖程度及学习效果、

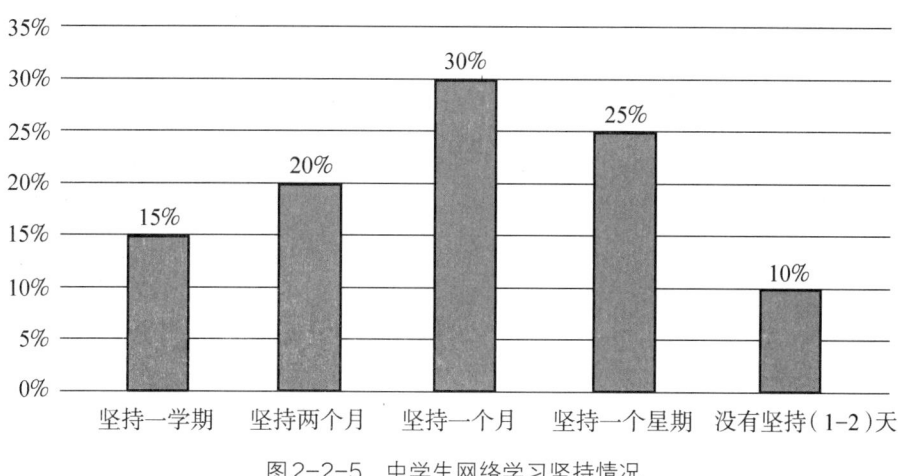

图2-2-5 中学生网络学习坚持情况

网络学习和传统学习模式的对比,以及对网络学习的评价、学习效果归因及建议等方面对中学生的网络学习态度进行分析。

(1)中学生对网络学习的依赖程度及学习效果分析。网络学习作为一种全新学习方式,可以帮助学生利用好碎片时间,实现随时随地学习。尽管网络课程形式已为越来越多的中学生所认识和接受,但是从调研数据来看,中学生目前仍以学校教室"面对面"学习为主,网络学习只是对课堂学习的一种补充方式。例如,在"你对网络学习的依赖程度是( )"调研项中,只有0.5%的学生选择了"非常依赖",而选择"比较依赖"的学生占比20%(如图2-2-6所示)。在学习效果方面,有60%的学生认为网上学习效果"一般,稍微有点效果",只有18%的学生认为"有很大帮助",这些数据反映出目前学校课堂教学依然是学生获取知识技能的主渠道。学校还是要抓好课堂教学,提高课堂教学质量,并通过加强网络学习资源建设,设计丰富的网络学习活动,以更好地促进学生线上线下学习的结合。

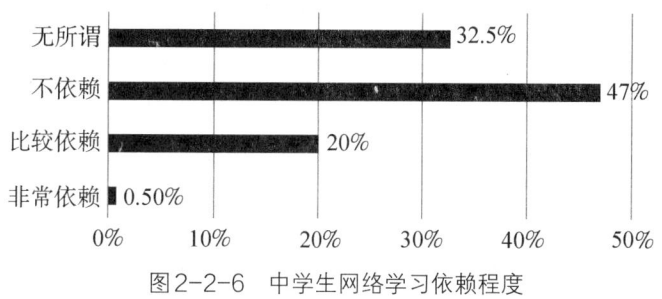

图2-2-6 中学生网络学习依赖程度

(2)中学生对网络学习的认可度分析。随着移动通信、智能终端的普及,网络学习平台建设与学习资源开发都得到较快发展。但是,从中学生对网络学习效果的认可度调研结果来看,学生对网络学习资源建设、教学组织与管理等的效果,并没有给予较高的认同。在对网络学习形式的效果评价调研中,25.5%的学生认为"从形式到内容都适合中学生学习",

33%的学生认为"学习形式便捷,但不够实用",31%的学生认为"学习形式过于随意,不适合中学生学习"。在"传统面授学习和网络学习,你更倾向于( )"调研项中,13.5%的学生坚持选择传统面授学习,4.5%的学生选择网络学习,82%的学生认为应该将网络学习和传统面授学习有机结合,即线上线下混合学习(如图2-2-7所示)。可见,尽管网络环境为学生提供了新的学习空间,丰富了学生学习资源,但是就目前效果和认可度来看,网络学习只是课堂面授学习的一种补充形式,如何将网络学习与课堂面授学习结合起来,提高网络学习效果,还需要在教学实践中进行深入的探索和总结。

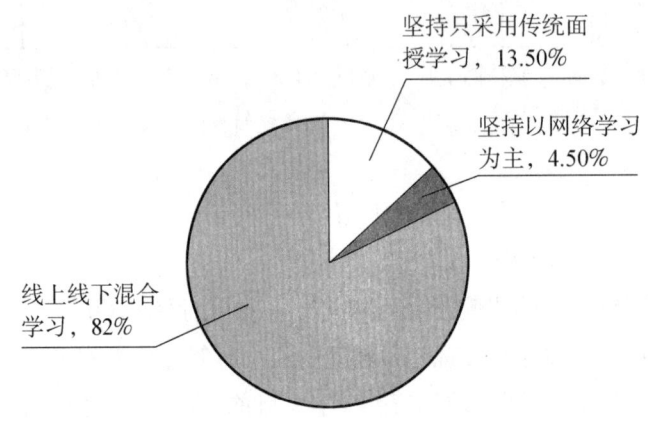

图2-2-7 中学生对学习方式的选择比例

(3) 影响学生网络学习效果归因分析。网络学习在实施过程中还存在这样或那样的不足,教师只有在教学实践中不断地发现问题、总结解决问题,才能提高网络学习效果。那么,究竟是什么因素影响着学生网络学习效果呢？在关于网络学习效果的调研项中,有74%的学生认为取决于"学生主观意愿及能力",44%的学生认为与"指导教师的帮助与指导"因素有关,58.5%的学生认为与"学习资源质量的高低"有关。也有学生认为"网络学习过程松散、缺少有效监控管理"影响着学生网络学习效果,如图2-2-8所示。可见,在网络学习过程中,除了学生自主学习愿望外,加强优质网络资源建设,提高教师网络教学指导能力,满足学生个性化学习需要也是提高网络学习效果的重要因素。

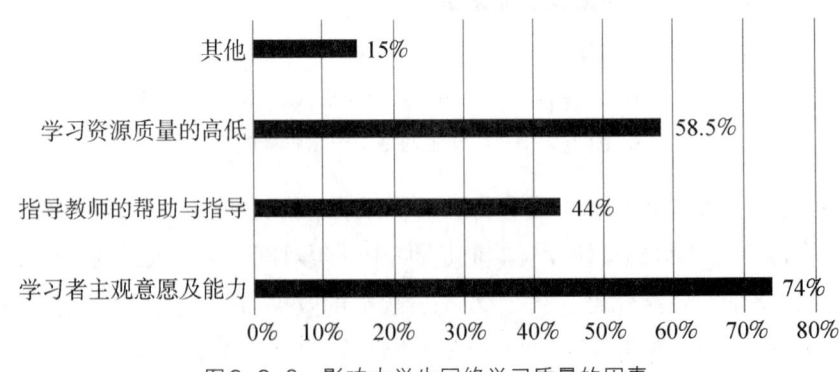

图2-2-8 影响中学生网络学习质量的因素

(三) 中学生微课程学习的调查数据

微课程是在新媒体环境下开发的一种"容量小""时间短""视频化""易传播"的网络课程形式,它在学生个性化、自主化、碎片化学习方面有较大优势。近几年来,微课程受到教育界的广泛关注,已成为当前中学生网络学习的一种重要方式。中学名校MOOC平台中的课程通常以微课程方式呈现,因此,了解中学生对微课程学习效果与应用方式的反应或看法,对于进一步开发、研究MOOC平台中的微课程,提高中学生网络学习质量有很大的现实意义。

1. 微课程在网络学习过程中的优势调研与分析

微课程作为内容容量少、问题明确、要点精练的学习内容组织方式,在支持学生自主学习方面有着一定优势。从问题调研数据可以看到,对于微课程的优点,中学生比较认可它的学习灵活性。例如,63.5%的学生认为"视频短小、应用灵活",这是由微课程本身的特征决定的。在教学方式方面的优势,16.5%的学生认为课程"重点突出,易于接受",有助于在短时间内集中精力学习,这应是学生将其与传统教学方式作对比所感受到的优势(如图2-2-9所示)。此外,从网络交流方面来看,网络交流并非学生在网络学习中更易接受和采用的功能,学生对网络交流的优势认可度只有5%。由此可见,尽管从技术层面网络学习环境可以实现实时交流,但是,实际并没有达成预期的促进学生学习交流的作用。

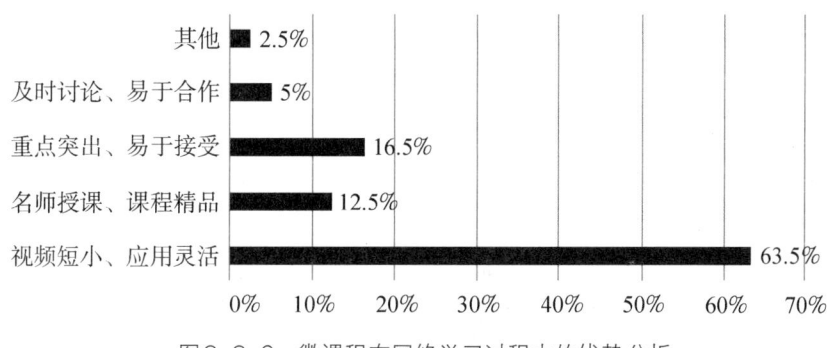

图2-2-9 微课程在网络学习过程中的优势分析

2. 微课程在网络教学实施中的不足调研与分析

微课程作为一种课程组织形式,在内容呈现、学习方式等方面体现出一些优势,但是在应用实施中却存在不足。数据显示:学生认为"缺少约束,监管不足"占39%,这和前面学生学习效果归因分析中的数据基本吻合;认为"交流困难,不能及时解决问题"占36%。分析调研数据可看出,在网络学习过程中,如果教师只是将一些微课程内容上传到网络平台就认为完成了网络教学工作,而不能及时处理学生网络学习过程中产生的疑问,那么很难达成既定的教学目标(如图2-2-10所示)。

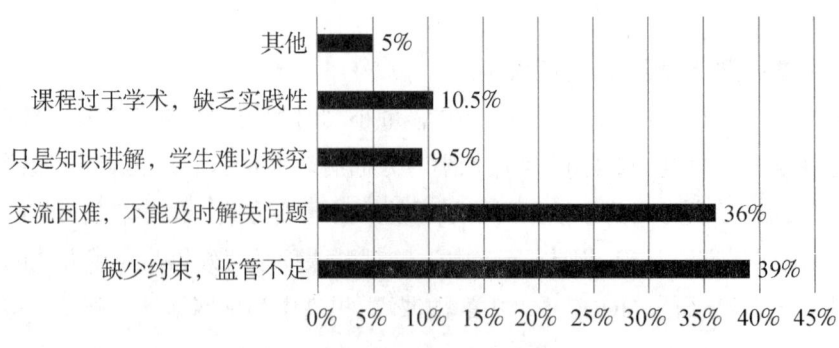

图 2-2-10　微课程最主要的缺点

3. 中学生微课程学习环境调研与分析

随着智能工具、移动设备等的普及和互联网的快速发展,学生所处的信息技术环境日新月异。学习终端更多样,如笔记本电脑、平板电脑等设备。从网络学习环境调研数据来看,学生更多是在家中或课下使用相应的电子设备,而不是在课堂中通过微课程学习。在"你开展网络学习的环境主要是(　　)"调研项中,50%的学生选择的是使用"家庭计算机环境",31%是在"课下使用移动终端"(如图2-2-11所示)。这些调研数据也显示,尽管微课程具有过程短、学习灵活的特点,但是,微课程仍然只是用于辅助学生学习,在课下弥补学生课堂学习的不足。

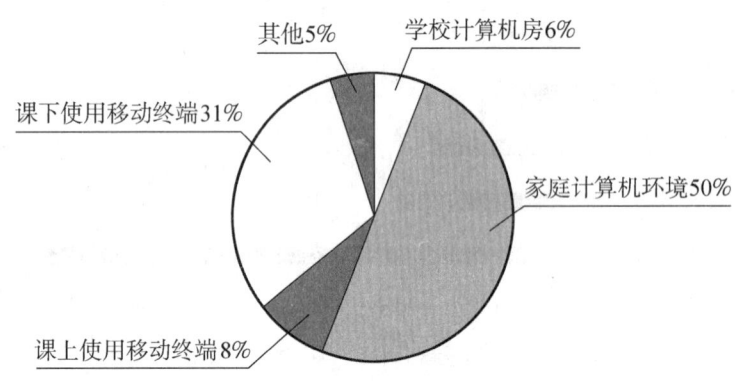

图 2-2-11　微课程学习环境调研分析

4. 学习认证对微课程学习影响的调研与分析

在对微课程学习积极性的调查中,可以发现如果微课程结束后能够发放相关认证证书,对大部分学生的微课程学习积极性会有一定的提升。例如,在"微课程学习后的认证对你学习积极性的影响是(　　)"调研项显示,13.5%的学生认为"有很大影响,有认证会更积极主动去学习",23%的学生认为"有较大影响,有认证更愿意去学习",37%的学生认为"有一定影响,有认证会考虑去学习"。从网络教学管理角度看,合理加入微课程学习认证,对学生学习过程和结果给予适时评价,可作为促进学生开展微课程学习的一种有效管理方式

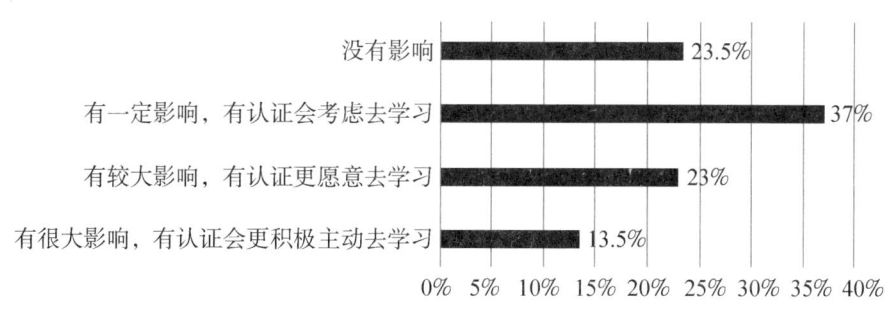

图2-2-12 认证对微课程学习的影响

(如图2-2-12所示)。

三、对网络教学指导教师的访谈内容分析

为了能从网络教学指导教师层面了解中学生网络学习的情况,调研人员从网络课程的教学作用、实施情况、所存在主要问题以及相关建议等方面对中学名校MOOC平台被调研课程的10位网络教学指导教师进行了访谈。

在"你认为网络课程对学生学习所起到的作用"主题访谈中,9位指导教师认为目前网络课程主要起到辅助学生学习的作用,学生对网络课程学习开展的时间和学习重视程度还不够。一位科技类课程的指导教师指出"网络学习环境在师生深度交流、情感激发等方面还存在不足,学生网络学习大多只是浏览课程内容(看微视频)和做网络习题,很多学生并不能达到对所学内容的深度理解(因为缺少情境案例交流)以及将知识应用于解决具体问题的目标层次。网络课程所起的作用主要还是对学生在学校课堂中没有学会的内容进行补充,使学生通过网络课程再次学习"。也有教师反映"网络课程中很多内容是拓展性学习内容,这些内容对学有余力的学生或对该学习主题感兴趣的学生有帮助,但并不是面向全体学生学习的"。尽管网络课程在学习时空上有较大的优势,支持学生随时随地学习,但教学并不等同于信息传递,师生的互动交流、问题解答对教学目标的达成起着关键的作用。尽管网络课程有助于促进学生个性化学习,但保证所有学生基本学力是教学的重要任务。因此,网络课程需要按照学生学习需求与网络学习环境特征设计与实施。如果只是照搬课堂上的学习方法或内容,不仅起不到促进学生深度学习、整体发展的作用,甚至还会让学生在网络学习过程中产生挫败感。

在"你认为网络课程所实施的情况和效果"主题访谈中,7位指导教师表示网络课程的实施效果不如预期的好,很多学生其实并没有真正完成所选的网络课程。一位"趣味英语听说"指导教师指出"最初选修这门网络课程的学生有181人,最后只有43人完成相关课程内容的学习,尽管学生最初选课的兴趣很高,学习过程中的流失率也很高,能坚持完成网络课程的学生人数还是比较少的"。另一位艺术类相关课程的指导教师表示"最初选修本门网络课程学习的有22人,最后只有5人完成课程的学习,这一方面说明学生网络学习过程的流失率很高,另一方面也说明并不是所有课程都适合以网络方式开展,例如技能操作性课程的学习效果不是很好"。从"高选课量,低结业率"情况可以看出网络自主学习并不能简单等同于"自学",课程设计需要为学生提供学习支架,支持学生学习。网络指导并不是"坐等"学生在网络上提问,需要按照学生网络学习中出现的问题有针对性地指导。加强网络课程设计、提高网络教学指导质量是网络教学所面临的新挑战。

在"你认为网络课程所存在主要问题和改进建议"主题访谈中,指导教师除强调要提高网络学习资源质量、加强网络学习监管外,也提出"为提高网络教学指导质量,指导教师需要进行相应的培训和支持"的建议。一位指导教师指出"网络指导与面对面教学在教学环境、内容呈现、交流方式等方面有很多不同,这些不同表明如果只是把面对面教学的方法与经验用于网络指导学生学习,一定是行不通的。网络环境下教学指导有着其独特的方法与策略,指导教师需要掌握这些方法与策略,应用于网络教学指导中"。另一位教师指出"目前指导教师指导学生网络学习的过程还是一个摸索和实验的过程,在这个过程中,教育研究人员应给予指导教师更多的教学支持"。可见,网络学习作为一种新的学习方式,对于学生和教师来说都是新的挑战。网络教学不仅是教学实践的过程,也是教学研究的过程,在全新的教学环境下,需要网络教学研究工作者与网络教学指导教师共同合作,对网络教学的理论、方法、实践进行研究和应用。

四、对中学生网络学习组织与管理实施的建议

通过对中学生网络学习行为客观数据、问卷调研数据和教学指导教师访谈结果的分析,可以看出S市中学名校MOOC平台作为一个网络学习空间,为中学生搭建了按需选课的学习平台,丰富了学生学习方式,拓展了学生学习空间。但是,在调研中也发现:由于教学管理方式尚不成熟、互动形式单一、线上线下学习分离等原因,网络学习中仍存在学生网络学习流失率高、持续学习能力不强、学习深度不够、学习效果未达预期等问题。针对这些问题,提出如下建议。

(一)加强网络学习分析,建立问题预警系统

相较于面对面的教学空间,网络学习环境具有跨时空、易传递、选择性强的优势。但是,如果将网络学习简化为学生学习资源的获取,他们面对静态、孤寂的网络信息时,学习热情容易减退,也容易出现"高注册率,低结业率"的现象。因此,为保持学生网络学习的持续性,需要加强对学生网络学习过程的分析,通过学习预警系统及时反馈学生学习状况,向学生提供有针对性的学习支持。学习预警系统一方面可通过跟踪与分析学生网络学习行为变量,从而反映学生学习现状,例如,跟踪分析学生登录次数、总学习时长、每次登录学习持续时长、交流次数、资源浏览量等;另一方面也针对学习目标,通过具体试题测试、情景模拟问题的解答以及态度量表测试等方式分析学生的学习目标达成度。

（二）加强网络教学研究，形成可操作的网络教学管理方式

相较于面对面的教学组织，网络教学具有人数多、并发性强、地域广等优势。但是，如果缺少必要的监管和约束、学习支持不足，或学习过程处于"放任自流"状态，网络学习容易出现"假学习"现象。为促进学生网络深度学习，有必要梳理学生网络学习中的主要问题，有针对性地研究相应的管理方法、工具与解决案例，为网络教学指导教师提供网络学习指导的管理支持。其一，针对中学生网络学习中的常见问题（例如，中学生网络学习遇到学习困难时，首选在网络上搜索答案，缺少独立、深入的思考等），利用信息技术工具，研究相应的管理方法与策略；其二，在网络指导实践中，验证相应的管理方法与策略，开发应用案例，提高教师网络教学的管理能力。

（三）加强线上线下融合，倡导混合式学习模式

相较于面对面的教学实施，网络学习的实施不仅丰富了学习资源，也丰富了教师的教学手段和学生的学习方式。但是，如果将面对面学习和网络学习割裂开来，难以形成"1+1>2"的教学效果，甚至可能因为网络学习方式不当，浪费学生学习时间，增加学生学习负担，达不到预期的学习效果。因此，为优化学习方式，提高学习质量，需要加强线上线下学习融合，倡导融合式学习模式。融合式学习的开展，一方面要发挥网络学习资源丰富、交互便捷的功能，另一方面也要突出教师引导、启发、监控教学过程的作用，在网络学习环境和真实学习空间之间形成一种全新的学习模式。

（四）加强教师网络教学培训，提高网络教学指导能力

相较于传统课堂教学，在网络学习环境中，教学空间、教学资源、交流方式以及学生学习特点（例如学生通过移动设备，利用碎片时间学习）已产生变化，网络教学对教师的教学能力提出了新的挑战。如果仅将"面对面的教学流程"移用到网络教学中，学生不仅不能自主、持续性学习，甚至会因为"认知负荷加重"而出现"学习抵触"的现象。因此，为使网络教学有计划地实施，需要从信息化资源建设（如微课程的建设与使用等）、网络学习管理（如网络学习管理方法与工具的使用等）、线上线下教学结合（如混合式学习模式等）等方面对教师开展网络教学能力培训，帮助教师更好地结合现实和虚拟教学空间，提高网络教学指导能力。

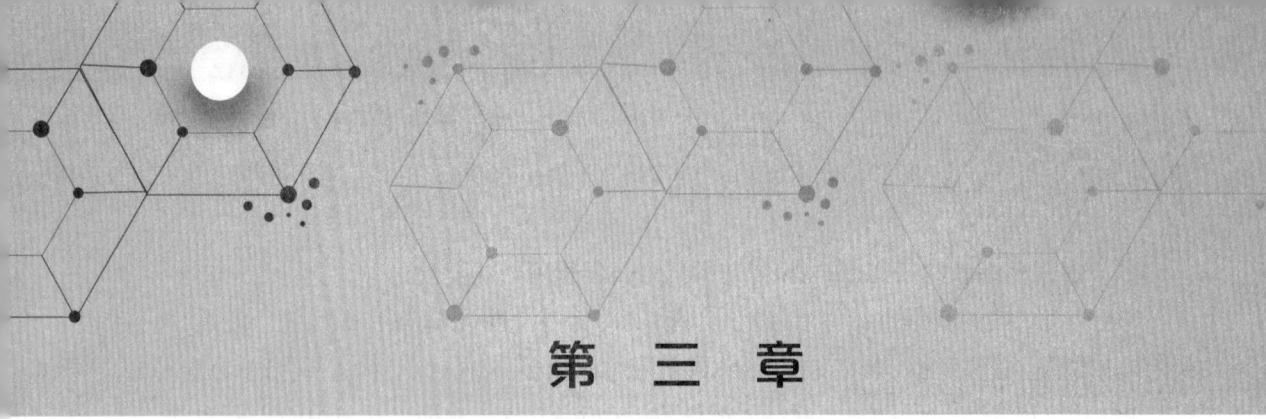

第 三 章

网络教学研究前沿动态：国际经验

近十年来，信息技术的快速发展创生出"现实空间与虚拟空间"相互交织的信息化学习环境。为满足数字时代学生学习需要，"依托在线平台，开发网络课程，实施网络学习"已成为学校教育改革的新特征。但是，无论从我国网络学习调研数据，还是国际网络教育现状的分析来看，网络课程实施存在着："学生注册率高，但网络学习过程中学习持续性不强，流失率高""网络课程媒体信息多样，但学生学习投入度不高，网络课程结业率偏低"等问题。针对网络学习质量不高的问题，国内外教育研究机构和学者从网络教学角度开展了针对性的研究，希冀以此提升网络学习质量。

第一节 基于标准的微课程设计与开发

现代信息技术的快速发展与应用创造出一个全新数字化学习环境，改变着人们的学习与交流方式。以移动通信、智能手机和平板电脑为代表的新技术、新设备在教育中得到广泛应用，使得"网络学习""移动学习"为越来越多的人所接受。随之，基于网络和移动终端的"微课程"发展成一种全新的课程组织方式。

一、微课程的发展与概念

微课程（Micro-course）早期教育理念和应用可见于北爱荷华大学麦克格鲁教授在1993年提出的60秒课程论述。他强调可通过60秒短课程，聚焦核心概念和知识要点，高效地向大众普及科学常识。在具体实施上,他将60秒课程设计成三部分,包括概念引入、要点解释、结合生活列举实例说明。麦克格鲁教授提出与应用微课程理念,一方面揭示了教育实施中所存在的一些教学低效问题,另一方面也反映出生活于快节奏时代的社会成员对学习方式有了新需求。微课程作为一种新的课程组织与实施方式开始为人们所接受与应用。

  2008年新墨西哥州圣胡安学院高级教学设计师潘洛斯对微课程设计、开发与应用提出一个比较系统的观点。在课程功能上,他认为将微课程与相应的学习作业、师生讨论结合起来,同样可以达到传统长时间授课取得的教学效果。在课程设计上,他将微课程开发划分五个步骤,分别是:①聚焦教学中的核心概念;②针对核心概念准备15~30秒的背景内容;③用麦克风或网络摄像头录制1~3分钟聚焦概念的核心课程;④设计能够指导学习者阅读或探索的课后任务与学习材料;⑤将教学视频与课程任务上传到课程管理系统。在课程实施上,通过具有知识挖掘功能的网络平台引导学习者如何根据学习所需搜索相应的资源,使学习者可自主挖掘所需的知识点,有针对性地开展学习,这种主题集中的微课程能够有效地节约学习时间。潘洛斯将微课程资源与网络教学结合起来,他不仅分析了微课程的设计与开发,还强调微课程实施的平台及功能,为微课程的推广与应用提供了可实施的路径。

  我国微课程的实施最初以微视频方式开展,一些基层教师针对教育信息资源利用率低的问题,开展了围绕以微视频为中心的新型教学资源——"微课"的教学研究。微课以教学视频为载体,突出对教学内容中关键要点的解释、分析与讲解,它以一定的结构关系和呈现方式营造出一个半结构化、主题突出的资源单元应用"生态环境"。从基层教师实践研究来看,"微课"主要指一种教学资源,是对传统课堂学习拓展和补充的学习内容,不仅丰富了学生的学习方式,还可逐步形成"导学结合"的教学方式。

  微课程是在新媒体环境下,依据教学目标,聚焦教学要点,借助微视频形式,依靠移动设备、网络平台等信息化工具发展起来的一种"容量小""时间短""视频化""易传播"的网络课程。微课程的设计与实施推动了学校课堂教学的变革。

二、学校微课程实施现状与问题分析

  微课程作为一种特殊的课程组织形式,应体现出课程基本结构和学习的内在规律,然而当前学校微课程研发、微课程实施中仍存在着"重视频,轻课程""重讲授、轻探究""重技术,轻设计"的问题。

(一)重视频,轻课程

  美国课程论专家拉尔夫·泰勒在《课程与教学的基本原理》一书中指出,任何课程和教学计划的开发都必须要回答四个基本问题,即教育达到的目标是什么,什么经验最有可能达成上述目标,怎样有效组织这些经验,如何确定这些目标得以实现。这四个问题可以归纳为"确定目标""选择内容""组织活动""评价结果"。显然,从课程原理的层面来看,微课程的研发不仅需要关注学生"学什么",还要反映出学生"为什么学""怎么学"和"学到什么程度"的内容。因此,课程结构不能简单等同于微视频的制作和网络信息的传递,还需要清晰地反映微课程的"学习问题(目标)""微视频(内容)""网络互动(活动)"和"学习诊断(评价)"之间的关系,确保经过微课程学习后,学生可以有效地解决学习问题,达成微课程的预期目标。然而在现状调研中,研究者随机抽样分析的20个学校微课程网站中,15个网站是将微课程等同于"视频制作、网络上传、资源索引、实时播放"的微视频。即使有些网站增加有微视频学习的网络交互功能,也缺少微课程学习目标和学习评价的内容。事实上,忽略对课程的基本要素及要素间相互关系的分析,学校微课程的研发易落入"有视频、无课程"的怪圈。

(二)重讲授,轻探究

学校微课程研发的最终目的是促进学生的学习。从学习理论来看,不同类型的学习结果需要不同的学习条件。加涅通过对人的习得性能研究,将学习结果归纳为智慧技能、认知策略、言语信息、态度、动作技能五类。他在分析每类学习结果特征的基础上,提出相应的学习策略。例如,对于智慧技能的"问题解决",他建议教学要集中于现实的或"真实"问题上,以真实的情境来促进学生思考如何解决真实问题;在动作技能的学习上,他建议教师要为学生提供可操作的执行性子程序,因为操作练习是学生掌握动作技能的最好办法。显然,在实际教学中针对不同的学习对象和学习内容,教师应采用不同的学习活动方式。近年来,我国课程改革也明确提出"要改变课程过于注重知识传授的倾向,通过信息技术实现教学内容的呈现方式、学生的学习方式、教师的教学方式和师生互动方式的变化"。然而,分析当前学校微课程,"教师讲、学生听"的内容呈现方式依然占主导地位。在学习环境方面,除了将传统的"面对面讲授",改为"网络视频传递",学生以此实时获取学习信息之外,学习方式的本质并没有发生根本性的变化。事实上,如果学校微课程研发忽视了学生的认知特征和相应的学习策略,只是将日常讲授式教学录像切换为几个微小的教学视频,那么微课程不仅不能更好地帮助学生创造性地学习,甚至还有可能掉入"网灌的陷阱"。

(三)重开发,轻设计

微课程是现代信息技术环境引发的一种全新的学习组织方式。它充分发挥计算机和网络技术的远程传输、快速索引、实时应用、海量存储等技术特征,改变了传统教育信息的传播手段和交互措施,为学习者高效获取学习信息创造了技术条件。但是,从课程的视角来看,"课程开发不仅包括外部技术环境要素,还包括教师、学生、教材等中心要素,四个要素间持续的相互作用才能构成稳定的课程'生态系统'"。因此,微课程研发过程中不仅需要关注其外部技术环境特征,还要关注教师、学生、教材之间的相互关系,通过"课程系统设计"策略保持四要素之间的动态平衡,提高微课程研发质量。近年来随着新技术的引入,基层学校对微课程的研发投入大量的精力,但是分析已有研发成果发现其研发视角和评判标准更多的还是集中于"视频分辨率""视频格式""媒体素材"等技术效能层次,即使有对微课程选题、时间、结构等方面的分析,也只停留于对单个课程要素的认知层面,没有从课程系统视角进行整体设计。事实上,忽视了对微课程四要素之间相互关系的分析,缺少对课程目标、内容、方法和评价过程的整体设计,即使网络微视频能够表现出清晰的讲授画面、美丽的动画场景,也只是一种"技术虚化"和"内容累积",实用性不强,甚至还可能因为微课程的多样化和复杂化,造成教育资源的严重浪费。

三、学校微课程的研发取向

网络学习是一种高度自主、突出选择、强调建构的学习,学习者的知识生成是通过网络工具,在与学习内容互动、与教育指导者互动、与其他学习者互动中形成的(Roblye,2003)。显然,微课程的研发不能仅仅为满足"微时代"学习者利用碎片时间快速获取信息的需求,还应符合课程开发的内在规律,适应网络学习和移动学习的基本特征,以便于学习者在获取学习信息的基础上能更深入地学习。美国心理学家理查德·梅耶在教学系统研究中将"技术在教学中应用的设计"区分为"技术中心取向"和"学习者中心取向"。前者强调技术的主导特征,后者则突出学习者的主体地位。当然基于课程研发的基本要求,微课程研发除了包括上述两种研发取向外,还应反映出"学习内容中心"的研发取向。

(一)"技术中心"的微课程研发取向

"技术中心"是"微课程"研发最简单、直接的研发取向。它以分析与微课程相关的各种支持技术(以下简称微技术)的实用功能为出发点,思考在微课程开发过程中如何运用这些技术功能。事实上,从教育技术发展进程来看,每当有新技术革新,人们总是尝试将其引入教育领域之中,希冀以此改变传统的学习方式。同样以网络通信和移动终端为代表的微技术的出现也不例外。"技术中心"的微课程研发步骤为:①分析微技术功能,确定微技术和学校教育的切合点(如微技术具有视频录制、信息快速传播、网络实时互动等技术功能);②将微技术功能引入教学系统中,录制微视频,通过微视频的方式传播教师讲解的内容。从学习环境来看,"技术中心"的微课程关注的是技术的应用方式,它用"微视频"的方式代替了传统的"面对面"讲授,即根据需要制作一些短小的网络视频,通过网络帮助学习者在较短时间内完成观看和学习,提高获取学习信息的效率,实现随时随地获取学习信息的可能。但是,从学习方式来看,"技术中心的微课程并不是让技术去支持课程的需要,而是迫使课程去适应这些最新技术的要求"。因此,从技术功能的角度来思考课程,而非从课程需要的角度来选择技术,使得微课程更多地表现为"教师讲,学生听"的形式,新的课程理念和学生探究性的学习方式无法真正在微课程中得以很好体现。甚至有时为了突出技术在微课程中的特别功能,教师不得不抛弃更适合于学生学习的实物实验法,而采用虚拟呈现,进入

"为微课程而微课程"的误区。

(二)"学习内容中心"的微课程研发取向

"学习内容中心"的微课程是当前较为普遍的一种微课程研发取向。从教育分类学来看,知识可划分为"事实性知识、概念性知识、程序性知识和反省认知"(安德森,2008),其中,每类知识有着不同的学习特征,可根据需要采用不同的学习方式。微课程的研发有必要在分析学习内容的基础上,有针对性地选用"微技术"。其研发步骤主要为:①分解教材内容,依据教材的知识类型,明确哪些内容有必要做成微课程;②确定微课程内容的讲解策略与方法,将教学内容集中指向关键的教学要点,根据教学要点的特征和知识类型确定讲解策略与方法;③录制与发布微视频,依据教材内容要点和教学策略设计讲解脚本,录制微视频,并将其发布于网站之中。从研发过程来看,"学习内容中心"的微课程将"内容分析"作为研发起点,摆脱了"技术决定(教)学法"的桎梏,一定程度上提升了课程在技术环境中的地位。微课程的研发过程简单,可以采用直接在现有的教材和讲义中进行转换的方法,提高研发效率。从学习理论的视角来看,"学习内容中心"的微课程秉承了行为主义的设计理念,希冀通过"微视频强化"的方式刺激学习者对知识内容重复学习。但是过于强调教材学习内容讲解,无视学习者的学习特点和课程内容组织规律,将"微课程内容"与"微课程学习过程"人为割裂开来,无疑忽视了学习者的主体地位,弱化了微课程的内在张力。一旦学习者对这种学习方式失去兴趣,单调的视频讲解便无法激发学习者自主学习的内在动力。

(三)"学习者中心"的微课程研发取向

"学习者中心"的微课程以学习者的认知能力为核心,通过分析"微技术"特征与学习者信息加工系统之间的关系,帮助学习者理解课程内容,提高微课程的研发效率和应用效能。其开发步骤为:①分析学习者的认知特征和学习需要,确定支持学习者学习的认知策略;②组织学习内容,依据学习者认知策略设计学习活动,通过微视频的方式创设学习环境;③记录学习者利用微视频的学习过程,分析学习者的学习状况,对学习者进一步的学习给出学习建议。"学习者中心"微课程的研发遵循了认知主义学习理论,反映出"学习并不是一个被动的信息消费过程,而是在个人知识基础、加工策略和外部信息相互作用的基础上主动建构"的学习理念。强调微课程的学习环境建设,以此引导学习者在微环境中参与学习,实现个人知识的意义建构。从学习方式来看,以学习者为中心的微课程体现出学习者主体地位,它针对学习者的学习需求创设相应的学习环境,关注学习者在各种复杂认知任务中的表现,以内部需要(学习者的因素)决定外部条件(学习内容和技术),从而消除微课程"见物不见人"的缺陷。但是,从实际应用来看,如果过于强调依据学习者的特征设计活动,而对学科知识的本质属性和内在联系关注不足,微课程容易变成"微游戏"和"微聊天"的环境,进而导致出现"肤浅学习"或"假学习"的现象。

四、微课程研发的转型:基于课程标准的学校微课程研发

国家课程标准是教育主管部门在综合分析同一年龄段学生认知特征、学科知识、社会需求的基础上制定的阶段性学生学习结果。它是教材编写、教学、评估和考试命题的依据,是国家管理和评价课程的基础。微课程的研发不应偏向于某一要素,而需要在理解当前学生学习现状的基础上,依据国家课程标准建构出适合学生学习的微课程群,协调学习者学习特点、学习内容和技术环境之间的相互关系。

(一)基于课程标准微课程的研发过程

(1)依据内容标准界定微课程目标。内容标准是课程标准的核心组成,它规定着某一学段的学生学习后所需达到的基本要求,是学生阶段性学习结果的行为描述,而非具体教学内容或知识点的罗列。因此,基于标准的微课程研发研究者首先需要在理解内容标准的基础上,界定与之相一致的微课程目标。具体做法是:①分解内容标准。理解内容标准的陈述结构和其中的关键词特征,判断它所表示的学习认知层次和应掌握的知识技能要点,结合实际教学需要确定学习条件和表现程度;②表述微课程目标。依据内容标准的学习要求,按照教育目标的陈述方法和策略描述微课程目标,确保微课程目标与内容标准所要求的认知程度、知识内容相一致。

(2)细化微课程目标,建立"问题链"。微课程研发的一个关键策略是"围绕问题"进行设计。按照微课程目标界定学习问题,并将此细化为几个核心子问题,分析学习问题之间的相互关系,形成"学习问题链",进而确定实现微课程目标达成的关键环节。将微课程目标指向与之相关联的一系列学习问题,一方面可以提高微课程内容选择和活动设计的针对性,避免盲目性和肤浅性的学习;另一方面也有利于激发学习者学习兴趣,调动学习者学习积极性。在"问题链"的设计上,安斯沃斯通过"5W"(Who What Where When Why)和"How"方式来引导"基于问题"的学习内容准备,并指出通过"Why"和"How"所提示的问题要求学习者用多种方式去应用信息,代表了高水平的学习技能,可以激发学习者对学习问题的深入思考。

(3)解析问题需求,研制微视频。"核心问题"是微课程研发的"锚点",研发者通过分析各个子问题的相互关系,搭建促进微课程目标实现的知识框架,进而有针对性地选择微课程学习内容,设计其结构层次和呈现方式,帮助学习者在微课程学习过程中,建立自己的知识结构。其实施步骤主要包括:①聚焦核心问题,组织相应的学习内容,选择问题解决方法,设计微视频的学习过程;②按照问题解决过程,分解微视频制作的环节,编写解决学习问题的脚本;③依据微课程研发脚本,录制微视频,进行后期技术处理和精加工。

(4)针对微课程目标设计学习评价。当今教育评价领域正发生着范式的转换,评价不只限于筛选功能,同样也是促进学习者学习的工具。通过微课程学习评价的实施可及时诊

断学习者的学习状况,在网络学习跟踪的基础上,分析学习者的学习风格,为学习者进一步学习提供相应的建议。具体评价设计方法为:①分析微课程目标,明确学习者预期的学习结果;②按照学习结果选择微课程学习评价方式。例如,威金斯等人在"证明学生实现预期学习目标"的研究中依据教育目标建立了一个学习评价连续体,其中包括"日常性考试或考查""开放性的问题""实践性评价"等常用方法。③结合评价方式确定微课程评价任务,通过学习评价促进微课程有效实施。

(二)基于课程标准的微课程的结构设计

基于标准的微课程是将课程标准逐步落实于微课程之中,为学习者创设一个适合学习需要的"微学习环境"。研发者在理解课程标准基础上,通过微技术反映学校课程的基本特征,实现技术环境与课程其他要素的融合。从结构形式来看,它主要包括四个基本组成部分,即课程描述、微视频内容、学习活动和结果评价。

(1) 微课程描述模块。该模块内容从学习意义、学习目标、学习问题等方面对微课程作简单说明,解决"为什么学"的问题。其中,学习意义是从学习者的视角分析该微课程的学习价值,激发学习者的学习兴趣;学习目标界定了学习该微课程后所需达成的学习结果,帮助学习者理解"应该学习的内容和将达成的学习程度";学习问题是微课程学习目标的细化,对微视频内容的组织和呈现方式起着指导作用。

(2) 微视频呈现模块。微视频是实现微课程目标的内容载体,它直接指向"学什么"的问题。在内容组织上,每一个微视频对应一个具体的学习问题,并在5~8分钟之内将问题分析清楚,便于学习者集中精力学习。从呈现方式来看,问题和问题之间必然存在着一定的联系和相互的支持,这就需要根据微课程目标,按照问题链的先后顺序组织微视频,提高微视频的学习效果。

(3) 微学习交互模块。"学习交互模块"为微课程互动交流创设了空间,渗透着微课程的学习方法与策略。从网络交互方式来看,当前微课程的互动方式主要包括三类:①视频实时交互。通过微平台和客户端交流工具,微课程学习团队在指定的时间内进行视频互动交流;②语音互动交流。通过智能化手机等微技术工具,学习者针对学习问题进行语音讨论,及时解决问题;③远程留言互动。通过BBS、电子邮件等工具,学习者留言提问,接收方利用合适的时间进行回复。

(4) 微评价诊断模块。微评价是对学习者的微课程学习效果的检测过程,其目的是准确判断学习者的学习状况,为其提供相应的学习建议,促进学习者学习。从模块结构上来看,微评价诊断模块包括:①微评价内容呈现,其方式可采用教学小测试、作品评价、过程记录等;②微评价信息收集,通过数据库将获取的评价信息进行结构化存储,利用评价方法对相关信息进行分析处理,寻求评价结果与学习者学习过程的关系;③微评价结果反馈。将评价结果反馈给学习者,指出学习者学习上的不足,给出学习建议,有针对性地指导学习者学习。

微课程作为一种新型的课程组织方式,已越来越为教育学界所关注。它的研发与应用,一定程度上促进了学校教学多样化的发展。但是在微技术应用于教育的转型时期,尚存在着一些问题,如"重视频、轻课程""重讲授、轻探究""重技术、轻设计"等。缺少了从"课程原理"的视角来审视"微课程"开发,割裂课程要素之间的关系,"微课程"的研发便会出现这样或那样的问题。因此,当国家课程标准作为基础教育课程质量的主要标志,统领课程的管理、评价、督导与指导时,研发者应该将课程标准作为课程要素的"黏合剂",实现基于标准的微课程研发。

第二节 基于学习分析技术的网络学习诊断

信息技术在教育教学中的广泛应用,使得学习者的学习信息已不再是简单的视觉和感官内容,更成为可捕捉、可量化、可传递的教育数据。依据现代学习理论,分析教育系统中各要素之间的相互关系,建立学习分析模型,针对不同类型的教育数据设计与之相符合的教育算法,开发(或选择)相应的计算工具,形成具有操作特征的教育可计算化分析框架,利用学习分析技术分析学习者网络学习状况,基于数据分析结果提供个性化学习内容是网络教育的一个重要特征。

一、理解学习分析技术

学习分析(Learning Analytics)是大数据在教育领域的典型应用。2018年教育部印发的《教育信息化2.0行动计划》强调"教育技术不能仅停留在学习环境,而要嵌入学习系统中去"。学习分析技术作为技术嵌入教育途径,为信息技术促进精准化教育和智能化教育的实施提供了理论模型和技术框架。

2011年,新媒体联盟(New Media Consortium)将学习分析定义为:学习分析是以评估学业成就、预测未来表现、发现潜在问题为目的,对学习者产生和收集的大量数据进行阐释的过程。该定义从学习评估角度说明了学习分析的目的和方法,希望通过学习分析对学习问题起到预警作用。

2011年,学习分析专家西蒙斯提出,学习分析是应用智能数据、学习者产生的数据与分析模型,发现学习者内在信息和社交联系,以预测和改善学习。该定义从学习模型与应用功能维度阐释了学习分析的定义,描述了学习分析的方法与技术,不仅强调其能预测问题,而且还能给出相应的建议。

2012年,美国教育部发布的《通过教育数据挖掘和学习分析促进教与学》报告指出学习分析是综合运用信息科学、社会学、计算机科学、心理学和学习科学的理论和方法,通过对广义教育大数据的处理和分析,利用已知模型和方法去解释影响学习者学习的重大问题,评估学习者学习行为,为学习者提供适应性反馈。学习分析一般包括数据采集、数据存储、数据分析、数据表示和应用服务五个环节。该定义从教育应用角度说明了学习分析的实施路径与策略,提高了学习分析技术的可操作性。

2016年,何克抗在研究中指出:学习分析技术是指利用各种数据收集和数据分析工具,从教育领域海量数据中,通过收集、测量、分析和报告等方式,提取出隐含的、有潜在应用价值的、涉及"教与学"或"教学管理"过程及行为的各种信息、知识与模式,从而为教师的"教"、学生的"学"以及教学管理提供智能性的辅助决策的技术。该定义不仅指出了学习分析的对象——教育数据,也说明了这些数据的来源和分析结果的指向——教育决策,为学习者和教育工作者提供支持。

通过分析国内外学习分析技术的定义,可以看出学习分析技术的发展首先取决于技术环境的变化,移动通信、大数据、云计算等新技术发展为实时采集、分析学习者学习行为数据提供了技术支持。其次学习分析技术使学界教育研究的方法得到了发展,实现借助大数据对研究对象进行"数据画像",在客观分析基础上作出综合判断和预测,提高教育研究证据的可靠性。此外,脑科学的发展对学习者的学习行为表现与认知发展的提示也为学习分析的开展创造了条件。因此,将学习分析技术应用于网络教育中不仅可以比较准确地描述学生网络学习状况,也可预测学生学习过程中的潜在问题,及时对其进行干预和指导,提高网络教学的质量。

二、学习分析技术的基本理论模型

从个体发展来看,教育是促进学习者的学习行为、能力和心理倾向发生比较持久变化的过程。在研究这个过程中,学习心理学理论始终处于核心地位。因此,通过学习分析模型来分析学习者行为、能力和心理倾向的变化,必须要依据科学的学习理论,按照教育过程和学习结果的要素关系进行系统、有效的数据采集、处理和结果判断。纵观学习心理学理论的发展,学习行为系统、信息认知系统、学习生态系统都为教育模型设计、计算方法选择乃至个性化学习指导奠定了坚实的基础。

(一)面向学习行为系统的学习分析模型

行为主义学习理论将学习过程视为一个"行为系统"来进行分析与理解,认为学习是一种明显的外在行为改变的结果,通过"强化"的因素来提高学习效率。行为主义理论代表斯金纳明确指出"通过对行为的研究,可以获得对各种环境刺激的功能进行分析的方法,从而可以影响和预测有机体的行为"。他在实验研究的基础上,通过对行为变化和学习条件关系的分析建立了精确的分析程序,发现"学习者行为变化"与"环境事件和条件变化"的函数关系,指出"有机体的个体行为是适当的数据来源,而这些数据必须是关于行为原因的信息时才可以接受"。显然,依据行为主义学习理论,学习过程中教育计算的对象主要集中于"行为系统"中的"学习行为表现"以及引发这种行为反应的关键因素。

为更清楚理解影响学习行为发生的关键因素,以及各因素与学习结果发展的关系,美国心理学者赫尔对"行为系统"进行了教育实验研究并建立学习模型:

1. 研究假设

(1) 将学习结果的"行为表现特征"(如习惯、驱力、动机等)作为中介变量;

(2) 依据中介变量的心理学特征,将可量化的外部刺激程度、次数、强度等影响因素作为自变量;

(3) 将学习行为反映出的具体行为的延长时间、反应幅度等行为变化结果作为因变量。

2. 理论模型

在行为系统相关变量控制情况下,可随着自变量因素的调整和改进而得到不同的学习结果,从而确定学习者行为结果的发展程度,以此追踪学习结果发展与相关影响因素之间的关系数据。在变量控制实验数据分析的基础上得出一个趋于稳定的函数关系,然后通过这种函数关系来指导教育者的教育实施和学习者的学习。

当然,在不同学习环境下,实验者对中介变量(行为表现特征)的关注点会不同,函数关系和变量的成分也会发生相应的变化,便形成了不同等级的学习系统。赫尔通过控制自变量因子确定"一级学习系统"和"二级学习系统",通过实验曲线确立自变量与因变量之间函数模型(如图3-2-1所示)。可见,面向行为系统的教育模型是通过对"学习行为表现"的因变量与自变量的数据分析来发现两者间的相互关系,并形成一种稳定的数据关系模型。当

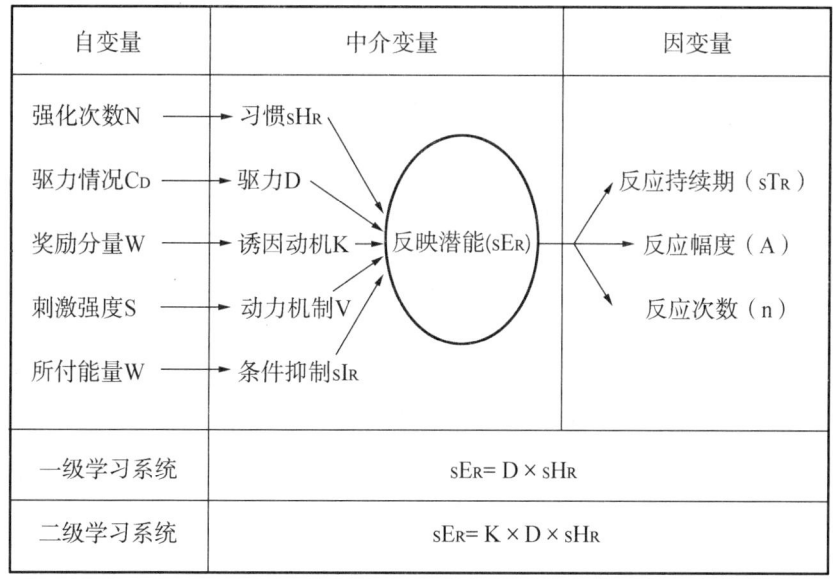

图3-2-1　赫尔行为系统图解

然,这种关系模型会随着环境变量的变化而发生相应的变化。

面向行为系统的教育计算将研究对象直接指向"学习行为结果"和影响行为变化的外在变量因子,形成了一种可控的教育实验模型,这在一定程度上加强了教育过程中数据计算的精确度,并通过信息技术工具的应用提高教育计算的效率。但是,从教育发展来看,教育过程绝不只限于"局部的行为系统"和条件控制的实验室之中,教育情境的千变万化决定了教育结果的多样性和复杂性。事实上,如果忽视教育过程的情境要素和学习者个人信息处理的特性,一味地通过外在刺激因素的"变量关系"寻求解决教育计算的方法,不仅不能解决教育个性化和多样性的问题,还会出现盲目使用教育数据的错误。

(二)面向认知系统的学习分析模型

认知主义学习理论认为人的大脑并不是一个被动的信息消费体,而是通过存储在人们认知系统中的记忆和信息加工的策略,与从环境中接收到的感觉信息相互作用,选择性地注意到某一信息,将它与记忆相联系,并主动地建构它的意义。事实上,世人要生存,必然要与所处的环境进行信息交换。在交换过程中,认知主体不断地寻求信息、传递信息、加工信息、建构知识,形成认知的学习过程。

与行为主义反射性学习过程不同的是,信息加工论认为个体会将来自环境、被感官接触的大部分信息转换为以备后用的记忆编码。学习的必要成分是习得信息的组织、学习者原有的知识以及知觉、理解、储存信息的过程。显然,该学习理论将学习置于个人的认知系统之中,对学生原有认知结构和认知结果进行一体化的分析。因此,面向信息化加工理论的教育计算对象集中于"认识系统"中的个体认知结构变化以及对其影响的环境因素、个体因素和帮助因素等。

为了清楚地界定影响学习者认知结构的因素,理解学习者自身因素、教学准备、学习结果三者之间的相互关系,布卢姆从"认知结构"层面构建了学习者认知发展的理论模型。

1. 研究假设

(1)学习者已经达到习得完成新的学习任务所需必备的知识技能的程度,即认知准备状态;

(2)学习者处于从事学习过程的动机程度,即情感准备状态;

(3)教学适合于学习者的程度,即教学质量;

(4)学习者的学习结果取决于其成绩水平、学习速度和情感结果。

2. 理论模型

布卢姆通过教学实验发现:学习者对新学习任务的认知准备状态、学习者情感准备状态以及教学质量直接决定着学习结果的获取程度。如果这三个关键自变量适宜于学习者的"认识系统",那么,学习者的学习结果就会处于高水平状态。为了便于分析变量之间的相互关系,他对各个变量的要素做了进一步的区分。其中,学习者认知准备状态可以通过学习者对前期知识的掌握程度进行判断;情感准备态度则表现为兴趣、态度以及学习者对自己看法的复合体;教学质量则取决于教学线索、参与、强化和反馈四个方面。通过对上述各个子变量的关系分析,以"输入变量""认知过程"和"输出变量"的关系建立教育结构模型(如图3-2-2所示)。依据此模型,从正常个体发展来看,如果教育能够按照学习者个性化学习情况创设适宜的学习条件(即满足三个变量的要求),每位学习者都可以达成预期的学习结果。只是在集体学习中,由于在共同的时间(条件)情况下开展,每位学习者会出现不同的学习程度。而每位学习者的具体学习程度是由学习者实际用于某一学习任务上的时间量与掌握学习任务所需的时间量的关系所决定。

由此可见,在集体学习情况下,为了使每位学习者的学习程度都能等于(或小于)"1",需要个体学习过程中实际所需要的时间量等于(或小于)集体教学的时间量。而基于"认知系统"的教育结构模型正是通过关注影响学习者认知结构变化三个关键变量因素(个人因素、环境因素和教师因素),分析学习者认知结构变化的过程,寻求"输出结果"与"输入变量"之间的相互关系,利用相关的数据分析为教师在集体教学中开展个性化教学创造条件。

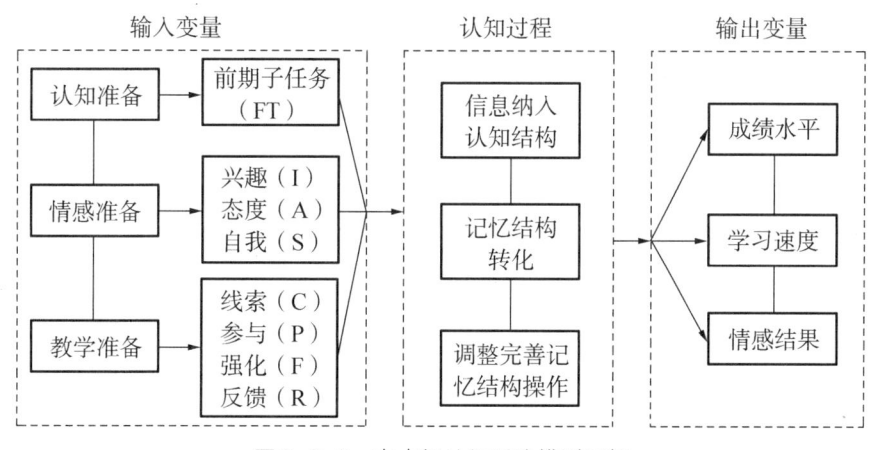

图3-2-2 布卢姆认知系统模型图解

(三)面向学习生态系统的学习分析模型

现代信息技术的发展改变着人们的学习工具和学习环境,也转变着人们的学习方式与思维特征。在信息化环境中,学习已不再是简单的"刺激—反应",甚至不能被孤立地看作个人知识的内化。当信息技术将学习者随时随地地置于网络环境中的某一节点时,网络知识库与学习者个体便成为一个复合式的学习联结系统。正如联通主义(Connectivism)创始人西蒙思所言:"在网络环境下,学习不再是一个人的活动,而是连接专门节点和信息源的过程。"尽管信息化环境下学习的起点是个人,个人可通过信息加工建构独立的知识网络,但是当这种网络被编入各种组织与机构的知识体系时,又可将各组织与机构的知识反馈给个人网络,学习的过程便成为个人、群体、集体之间个人的知识网络与社会知识网络循环交互的动力发展系统。因此,基于联通主义的教育计算的对象集中于"复合系统"中个体知识和集体知识的生成,以及影响"全学习"的内网变量和外网变量。

为寻求和建构一种能够适应当前网络时代社会结构和技术要求、满足社会变革和学习创新需要的学习理论体系,祝智庭从学习本体、内在价值、外在环境三个方面分析了学习生态系统中的知识发展计算模型。

1. 研究假设

(1)学习是在基于分布式知识库的外部联结和基于信息处理的内部神经元联结的复合系统中进行的。

(2)影响学习结果的变量包括学习者个人内部变量、外部环境变量、个人与环境之间的关系变量。

(3)学习者的学习结果最终表现为一种学习素养,它是个体学习行为、个人知识和学习能力的复合结果。

2. 理论模型

随着移动网络技术的发展,人们获取信息、建构知识的方式越来越多样化,联通主义的新取向为复合式学习系统的学习提供了一种全新的教育理论模型。组织方式和学习形式直接影响着学习者的学习结果。从组织方式来看,学习可分为正式学习和非正式学习。正式学习是指学习者在特定的学习环境下跟随特定的学习计划开展的学习,非正式学习是由学习者自我发起的、在非正式学习时间和场所发生的,通过非教学性质的社会交往来传递和渗透知识的学习。从学习环境来看,学习可分为线上学习和线下学习。线上学习是指在移动学习环境中学习者可随时随地学习的一种网络学习方式,线下学习是指在现实社会空间所开展的一种真实情境下的学习。从知识形成的主体来看,知识可分为个体知识和集体知识。学习的组织方式、多样的学习环境以及知识主体构成一个复合式的学习生态系统。不同的学习方式、学习环境和学习交流方式形成了不同的学习域,对应着不同的学习模型,如图3-2-3所示。

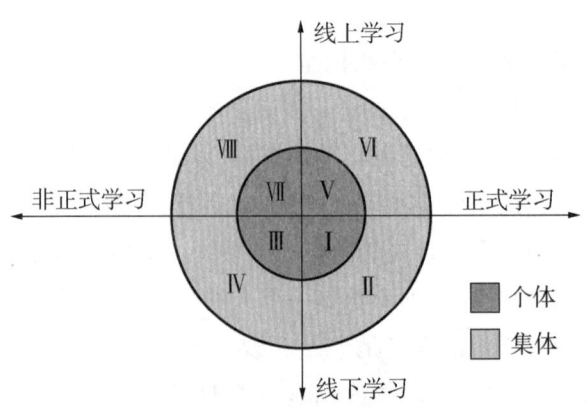

图3-2-3 学习生态系统学习模型

从图中可看出,学习模型可划分为八种,分别为"个人—正式—线下"模型(Ⅰ)、"集体—正式—线下"模型(Ⅱ)、"个体—非正式—线下"(Ⅲ)、"集体—非正式—线下"(Ⅳ)、"个体—正式—线上"(Ⅴ)、"集体—正式—线上"(Ⅵ)、个体—非正式—线上"(Ⅶ)和"集体—非正式—线上"(Ⅷ)。可见,在信息化环境下,人类的学习已经超越了"行为系统"的"刺激—反应"和"认知系统"的信息加工理论,发展成为置身于动态的、自组织的社会网络自适应性的学习过程。行为主义、认知主义的学习观已很难充分解释数字网络时代的学习特征。因此,有必要发展并完善一种新的认知结构和联通主义体系框架,重新建构学习模型,为指导信息时代学习提供理论支持。

三、网络环境下学习分析技术的实现

从发展的层面来看,教育过程可以看作是从学习者外在"行为表现"到内在"知识建构"再到"社会知识网络形成"的连续体。在这个连续体中,不同形态的教育变量所采用的数据类型不尽相同,需要采用不同的计算方法和技术工具。近年来,随着信息技术的快速发展,教育数据的广泛研究与应用促使了教育活动从"基于经验"向"基于数据证据"的转向。

(一)教育数据转换

数据是对事实、概念或指令的一种特殊表达形式。有意义的数据蕴含了客观事物的信息,可为智能化计算工具的推理判断和预测分析提供科学的计算内容。因此,教育可计算化的实现首先需要依据教育规律分析教育事件的发生情境和属性特征,确定表示教育信息的数据结构、类型和具体方式,从中反映出能够辅助教育决策的关键信息。

语义分析技术是一种独立于内容和人造物的意义和知识的特别表现形式(这种知识既包括事实知识,还包括关系知识和行为知识)。戴维斯在信息化环境下根据"语义程度"连续体的特征(从"弱语义"到"强语义")将其划分为"语法互助体形式""结构互助体形式"和"语义互助体形式",每种互助体形式有着不同的结构方式、分析工具(如"弱语义"的内容可通过列表等结构化方式分析,"强语义"则通过逻辑理论方式分析)和开放的标准,反映出不同语义内容的不同推理图谱和数据转换方式(Davis,2008)。"语义连续体"分析技术为分析教育事件的属性特征,实现教育信息的数据化提供了可资借鉴的方法与策略。

教育数据分析是从"教育行为分析"到"教育价值实现"的逐步深入过程。在量化方式上,教育数据可分为连续数据、等级数据和类别数据等变量形式。连续数据(Continuous Data)是一组由高到低呈连续状变化的数值,能精确反映出事物的量化值,例如学生持续阅读时间。等级数据(Rank Data)反映的是教育变量发展程度的变化,具有相对性特征,例如通过教师讲义的等级评判分析教师的教学准备能力。类别数据(Categories Data)则是按照变量的客观差异产生两个或两个以上分散性的现象的表示方式,如符合学生学习风格的数据编码。教育数据作为一种从"精确到多样类型"的连续体,借鉴语义分析推理图谱可以从教

育计算的行为系统、认知系统、复合系统三个层面来理解其表现方式,并从每个层面分析内容相应的技术,确定实现教育计算的过程与方法。

(二) 教育算法设计

数据处理(Data Processing)是从大量的、模糊的、随机的实际应用数据中,分析出隐含在其中的、潜在有用的信息和知识,并以此科学地指导人们开展实践活动。算法设计是实现数据处理智能化的一个关键环节,决定着数据处理结果的精确性和系统性。因此,教育数据的处理需要根据数据的特征设计合理的教育算法,提高教育数据支持教育活动的科学价值。

罗梅罗等人在对教育数据处理方法研究中,按教育活动中信息环境、数据类型、技术手段和应用目标等因素将数据处理划分为五种基本类型(如图3-2-4所示),并针对每种类型分析了相应的计算方法。具体类型为:①统计分析与可视化。该类数据处理趋向于将基于假设的检验作为最终目标,将数据转化为有意义的、易于理解的图像过程。②聚类与离散分析。聚类是将物理或者抽象对象的集合分别组成由类似对象组成的多个类或簇的过程,发现其中离散的点,进行区别性分析。③行为预测分析。通过一些已知属性或历史记录来预知另一属性或新记录的取值情况。④教育要素关系分析。分析在某一空间上共同出现而产生的共现关系,或在某一时间段上相继出现而产生的序列关系,以此优化教学和管理过程。⑤文本内容分析。将数据分析技术应用在大量的文本集合上,发现其中隐含知识的过程,为学习者针对性地推送学习内容,提高其学习效率。

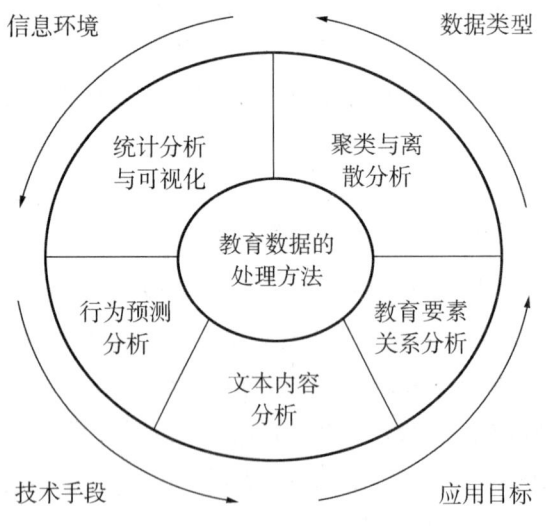

图3-2-4 教育数据处理的基本类型

在教育数据处理过程中,由于属性特征、业务流程、关注对象的差异,对数据处理的程度和处理的方法也有所不同,根据数据处理的类型、针对所需达成的目标,教育数据常用算法主要有回归分析算法、聚类分析算法和序列分析算法等。

（1）回归分析算法。回归分析是通过建立回归方程,利用一个变量或一组变量的变化来估计和预测另一个变量的变化情况。教育数据分析中,回归分析算法主要表现在三个方面:①教育要素之间关系程度计算。例如研究教育目标的指标与影响这一指标因素之间的密切程度。②教育条件的优化计算。例如对教育目标的定量指标进行预测,对影响这一指标的因素进行控制。③教育发展的规律预测。例如找出对教育目标真正起作用的主要因素,揭示教育目标与有关因素的本质关系。

（2）聚类分析算法。聚类分析是一组将研究对象分为相对同质群组的数据分析技术,其分析算法通常采用"距离度"和"相似度"两种方式。①距离度。采用描述"变量对"之间的接近程度的指标,如"距离"标准越小的个体越具有相似性。②相似度。采用表示相似程度的指标,如"相关系数"越大的个体越具有相似性。教育计算过程中遵循的聚类分析算法原理是:逐个扫描样本,每个样本依据其与已扫描的样本的距离(与相似度)归类,或生成一个新的类别,依据标准和类间距离的判断合并类,形成关键类别特征,以此形成教育数据的分类。

（3）时序分析算法。时序分析是根据系统观测到的时间序列数据,通过曲线拟合和参数估计来建立计算过程的方法。在教育数据处理中,主要包括三个步骤:①教育系统描述。根据对系统观测得到的时间序列数据,用曲线拟合方法对系统进行客观的描述,如在课堂观察时序中对学生学习行为的描述。②系统分析。当观察值取自两个以上变量时,可用一个时间序列中的变化动态说明另一个时间序列中的变化,从而深入了解给定时间序列产生的机理。③决策和控制。根据时间序列模型输入变量使系统发展过程保持在目标值上,确保预测过程在目标范围内能进行有效控制。

此外,从学习生态系统的要素分析来看,基于大数据的学习分析既反映了学习者的个性化学习特征,也体现着学习者之间的协同关系。通过教育数据处理相关的算法,从大量学习人群数据中提炼学习者特征过程,其实也是在揭示学习系统中内隐的学习文化。那么,面向学习生态系统的教育分析就不应局限于教育数据的获取与统计分析层面,更应兼具对学习群体内部的个性与文化的理解。教育可计算化在应用教育统计的常规算法时,也需要关注个性化适应性算法与文化算法的关系,切实反映学习者个性发展需要和学习群体的文化特征。

（三）教育计算实现

程序是指开发一种系统化的问题解决方式,以便使得计算代理(人或计算机)能执行指令并对每次的输入产生预期的结果。在纷繁芜杂的教育计算过程中,形式多样的教育数据和结构严谨的教育数据处理的算法同样需要通过程序方式输入至计算机中,才能实现快捷、精确地执行。因此,在完成教育数据表示和算法设计的基础上,教育可计算化的实现还需要将教育的自然语言转换为计算机可以识别的程序语言,实现教育可计算的自动化和智能化。

计算机程序设计具有确定性、执行性、结构性和数学描述性的特征。面向程序开发的语义分析技术可将蕴含丰富知识的多种语言通过资源链接、表达形式链接和应用情境链接等方式进行相互关联,实现不同形式、不同水平知识的表示、链接和管理,实现知识的识别与管理。从教育结果来看,教育作为一种知识表示与传播方式,可以借鉴语义分析技术,根据教育系统的计算模型将真实情境中的教育事件进行分析和处理,形成计算机执行的基本流程,编写计算机可以理解和计算的语言,并最终成为可操作的人机互动系统。在教育自然语言和计算语言的转换过程中,程序化的实现过程为:①从教育现场或情境中获取教育信息;②推理和链接不同表达方式的教育观点;③与他人(或机器)分享分析出来的教育推理和结构模型;④再次推理和链接在不同情境、信息内容和媒体情况下计算机所理解的教育观点。在上述程序开发过程中,语言的转换也表现出各自不同的形式特征,以此实现数据的计算和信息的传递。

信息技术在教育中的广泛应用,使得教育过程中所产生的教育信息不再是一种简单的视觉和感官内容,而成为可捕捉、可量化、可传递的教育数据。基于大规模数据分析的教育指导已成为个性化教育的一个重要特征。但是,教育的复杂性也决定了教育信息内容与形式的多样性。为减少无意义的教育数据引发的"数据噪音",提高数据应用的科学性,教育可计算化需要依据教育自身的特征界定其核心概念,明确结构特征,建立动态发展的教育结构模型,设计符合教育发展规律的教育算法,研发相应的教学计算系统,保证教育数据计算结果对教育指导的科学性、智能性和实效性。

第三节　基于数字徽章的网络学习评价

慕课作为网络学习的一种新兴方式,正席卷全球。其宽松的网络教学环境、自主选择教学内容、自定步骤的学习方式等特点,符合互联网时代移动学习、即时学习的需求,慕课受到学习者的欢迎,成为近几年教育技术在教学领域应用的最大成果之一。但是,在网络学习过程中,由于缺少学习者学习动机的维持和学习者的自我存在感不足,一些慕课学习效果调研数据显示,其学习结业率只有5%,这显然不符合慕课建设的目标和期望(Koller,2013)。如何激发学生学习兴趣,提高网络学习者的学习动力,便成为当前网络教学急需解决的一个问题。

一、理解数字徽章

数字徽章是一种网络评估和资格认证的机制,是一种在不同学习环境中获得成就、技能等的指标。形式上,数字徽章是网络学习环境中的一种数字图章和符号标记,通常由网络学习机构或组织根据学习者在线学习情况,对某项学习结果进行认证记录。例如,完成一个项目、掌握一项技能的认证或对收获经验的记录等。在评价功能上,数字徽章是一种基于学习者的学习成果,对所学技能进行评估的手段,它能对学习者的学习过程和多样的学习结果进行评估,满足当前不断增加的社会化学习行为与成就认证的需求,用以激发学习者的兴趣,维持学习者的学习动机,起到评价激励与学习监督功能。与传统学位证书和资格认证相比,数字徽章能更全面查看学习者的能力,满足网络学习环境下学习者的弹性学习需求。2015年,美国新媒体联盟(NMC)和美国学校网络联盟(COSN)合作完成的《地平线报告:基础教育版》将"数字徽章"作为未来教育领域的一种新技术,可提高学习者网络学习质量。如今,越来越多的教育机构正在把数字徽章作为评价学习者正式和非正式学习成果的一种新方式。

二、数字徽章的网络教育功能

当前,教育评价领域正在发生范式的转换,吉普斯将之描述为是从心理测量学范式到教育评价范式的变革,从测验文化到评价文化的变革。在这种范式的转换中,最为核心的变化是教学、学习和评价的关系。评价不再限于对教学、学习的甄别,而成为促进教学和学习的工具。数字徽章的设计与应用切合了教育评价发展理念。从心理学视角看,数字徽章具有积极的心理暗示与自我肯定效应,网络教育领域的数字徽章通常被看作是游戏化学习的组成部分,教师通过徽章所呈现的数据能够跟踪和捕捉学习者的学习过程。

(一) 数字徽章能可视化呈现学习结果

通常,数字徽章由一系列具有学习结果表现性特征的图像所组成,它包含发行人提供的信息,如认证标准、证书到期日、获得徽章的地点和时间,以及评估员身份,并且不同类型的数字徽章对应不同表现的学习结果。徽章中表现出的学习结果含义,可以使得这种评价形式具有较高的可信度。徽章能够用可视化的方式表示学习结果,使得对学习者学习结果的评价更加精细化和具体化。如果说电子档案袋是个人技能和学习成果的证明,那么数字徽章则可以直接指向电子档案中的具体模块,以可视化方式描述学习者的技能、成就和素质,帮助学习者进行自我学习定位,诊断学习不足,从而更有针对性地开展学习。

目前,数字徽章开始越来越多地应用于网络学习平台中。科罗拉多州立大学的慕课教学研究显示,平台使用数字徽章以后,结业率由9%上升到36.1%。数字徽章应用于学习者学习的过程性评价,调动学习者学习的积极性,加强学习者学习的成就感和获得感,为信息技术促进教育教学方式的变革提供了新的途径与动力。

(二) 数字徽章能跟踪分析学生学习过程

数字徽章作为一种过程性的学习评价工具,可以通过对学习过程的跟踪与分析来促进学习者的网络学习效果。基于数字徽章的网络学习过程通常包括四个主要环节。首先,学习者开展网络学习后,网络学习平台记录学习者的网络学习行为,包括学习时长、学习内容、学习结果测评情况等;其次,网络学习平台分析学习者的网络学习数据,从不同的认知维度(如知识技能、解决问题能力、学习态度等)形成分析结果;再次,将网络学习结果与所制定的学习评价指标进行比对,对不同的认知维度给出相应的评价结果;最后,根据网络平台对学习者的评价结果给予相应的数字徽章,并针对学习者的学习问题给出进一步的学习建议。图3-3-1是基于数字徽章网络学习的基本过程。

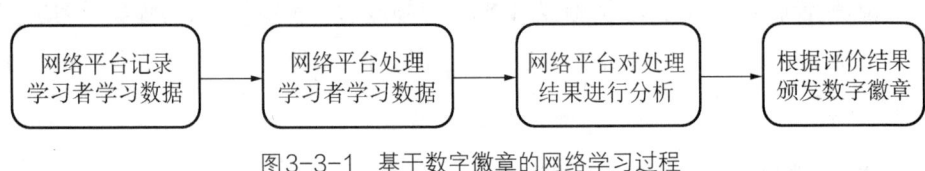

图3-3-1 基于数字徽章的网络学习过程

在基于数字徽章的网络学习过程中,数字徽章的评价系统可以帮助学习者知道什么知识和技能需要认证,以及完成具体任务和评价的过程与方法。通过认证评价指标,学习者还可以了解知识技能体系之间的逻辑关系与难易程度,根据自身需求自主选择学习路径。师生可根据网络过程性评价结果,及时调整学习进度。对于指导教师而言,数字徽章提供了学习者获得技能的过程性学习证据,帮助其比较准确地了解学习者的学习进展,依据学习证据对学习者的学习结果进行评价,根据学习者学习情况推进教学。另外,数字徽章还评估了包括学习者的合作意识、动手能力、理解能力和信息素养等一些不能通过传统评估方式认证的软技能,为指导教师对教学效果的评估提供了有效的技术支撑。通过数字徽章认证,学习者不仅可以知道自己需要达到哪种目标(即不同类型的数字徽章),而且还能清晰了解目前个人的学习进度(已经取得的数字徽章),通过分析个人在整个数字徽章集合体中的达成情况,可以比较清楚地描绘出学习者的学习历程。

(三) 数字徽章可作为一个分享学习成果的凭证

数字徽章作为一种判断与认证学习结果的方法,能够在较为分散的学习环境中认可学习者取得的各种类型的学习成果。数字徽章评价体系是数字时代发展的产物,它可以满足学习者或用工者日益增长的学习或工作需求,为量身定制的技能与能力学习提供认证。数字徽章将非正式学习体验转化为正式认可的教育证书,反映了学习者个性化学习成果,并借助开放式网络学习环境,搭建起分享学习成果的桥梁。此外,在数字徽章开放体系的支持下,学习者在不同类型的教育平台中所获得的数字徽章还可以作为其学习成果的一部分,作为能力凭证用于管理认证,并可分享到社交平台中。同时,数字徽章还支持在不同平台之间的存储与转移,支持技能的验证以及学习经历的记录,以过程记录的方式为学习者呈现全景式的学习地图。

2014年,苏格兰的一所大学采用开放学习徽章的方式,将徽章嵌入到体育专业新闻通讯课程单元的学习中。在该大学参加Sporter2Reporter(S2R)体育项目训练的专业学生,通过项目的学习计划,可以参与学校的体育新闻报道活动,在该项活动过程中,学生达到相应的学习标准后就能获取相应的徽章,进而可替换新闻通讯课程单元的学分。其实施结果显示,以前新闻通讯课程作为学生的必修课,其出勤率和通过率都不高。当S2R项目实施后,数字徽章可以促进学分的转换,在学习过程中起到激励、促进的作用。

在教学应用实践中,为了使数字徽章更好地促进学习效果,在技术上数字徽章要作为一项基于设计的评价体系,与学习目标、学习内容、学习过程相适应。只有这套评价体系能有效地采集学习者的学习数据,并能有针对性地进行学习分析与判断,数字徽章才能达成教育实效。

三、数字徽章在国际教育教学中的应用实例

网络技术在教育中的应用拓展了学习时空,现实与虚拟空间的深度融合重塑了人们的时间观念和空间观念,不断改变着人们的思维与交往模式,深刻影响人们的生活、工作与学习。现如今,劳动者与雇佣者双方对学习成果认证需求的变化,使得世界上越来越多的机构与组织通过发放数字徽章来支持网络学习成果认证,帮助每一位劳动者在最适合的工作岗位充分发挥自己的才能。

(一)Mozilla开放徽章及其应用

2011年,Mozilla基金会启动开放徽章项目。该项目搭建一个开源的软件平台(Mozilla平台),供相关机构或组织使用它来发布、识别、鉴定数字认证徽章。该平台通过开放徽章认证,成为一个开放的"教育认证"流通平台。学习者在此平台可以便捷地展示自己的徽章认证,告诉他人自己掌握的技能和成就。近期,Mozilla平台还提供"发行人徽章"以供机构与组织创建属于他们的徽章。机构或组织登录该平台,选择从中获得网络徽章的制作权,就可以形成相关的徽章社区。在Mozilla平台,获取、发布、展示、认可数字徽章认证或发布方式(如图3-3-2所示),为越来越多的学习者和组织机构所接受。目前,约有600多家机构与组织建立了相关的徽章认证体系。这样,基于开放徽章的规格标准和认证体系,徽章持有者可以获取来自各种不同发行组织的徽章,将它们聚集在一起,在求职、深造或其他活动中展示自身的成就与价值。

2013年,Mozilla开放徽章团队发布芝加哥夏季学习(Chicago Summer of Learning Badg-

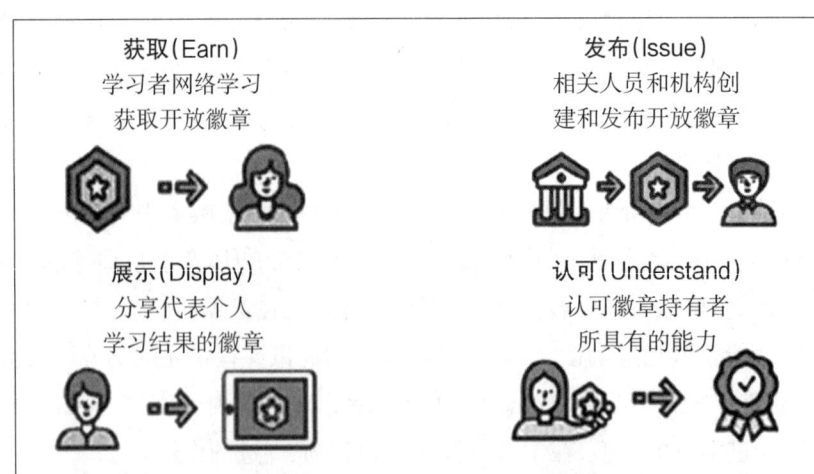

图3-3-2 Mozilla开放徽章系统所应用的流程

es Program,CSOL)项目,该项目主要有三个目标,一是帮助芝加哥的每一位青年学到相关知识,获取能够证明学习的认证;二是鼓励发现以及激励学习者更深入地学习;三是便于学习者向学校和企业展示与交流所学的知识。CSOL项目已有100多个组织参加,包括图书馆、博物馆、以及社区中心,是有史以来第一次大规模、成功的徽章运动。德保罗大学(DePaul University)的学生就可通过CSOL获取的徽章在该大学换取学分。同年,英国开放大学也借助Mozilla开放徽章系统,在OpenLearn平台上开展了数字徽章试点项目,其调研结果显示,徽章的植入增强了学习者完成网络课程的动力,吸引非正式学习群体,特别是缺少受教育机会的弱势群体的参加,激励他们顺利完成学习课程。

Mozillaga开放徽章的设计与使用帮助学习者从不同的应用技能网站获取与个人能力发展相适应的数字徽章,允许学习者把代表个人能力的数字徽章分享在不同的网站上,展示个人的相关能力,便于不同用户之间有针对性地沟通与交流。这种平台日趋为人们所接受和使用。越来越多的学习者通过平台的授权,管理自己的学习行为以及能力认证结果;同时也有越来越多的机构通过平台发行数字徽章,让平台用户借助网络展示自己的徽章,拉近劳动者与用工者之间的距离,推动两者的平等交流,进而提升信息社会的生产效率。

(二)可汗学院数字徽章及其应用

2015年可汗学院推出移动端平台的升级版本,在学习评价系统方面,也将数字徽章融入学生学习过程中,以数字徽章方式伴随评价学生学习。学习者学习成绩达到一定标准即可获取一枚徽章,放入个人学习评价系统中存储起来,该徽章体系能够清晰地描述学习者学习内容、学习过程和学习结果(如表3-3-1所示)。例如,随着学习的深入,可以从"陨石徽章"逐步晋级到"月亮徽章""地球徽章""太阳徽章""挑战徽章"等。不同的徽章代表学习时间的长短和掌握知识的层次和水平。另外,指导教师可以随时查看学习者网络学习的表现,通过开放徽章获取过程中所形成的学习大数据,捕捉学习者的学习进度和遇到的难点,这是传统教育评价无法实现的。此外,通过数字徽章,平台系统可对学习者整个学习过程进行比较详细的记录,分析与判断学习者学习情况。这些都可作为评判非正式学习过程中学习者达成学习目标的重要依据。

表3-3-1　数字徽章在网络学习中的应用示例

级别	徽章符号	评价内涵
陨石徽章		陨石徽章是一种入门级的徽章,刚开始的学习者便能较易获得。它分为:入门、加速前进、取得进展、具有多种能力等不同级别
月亮徽章		月亮徽章代表学习者在学习上投入的程度,反映在某项技能上的学习能力。它分为:学习进展程度、学习成果创意以及学习时间应用的情况等不同级别
地球徽章		这是一个需要付出较大努力,具有较好的成果才能得到的徽章。它分为:较好地学习领悟能力、具有创意的学习成果、具有指导他人学习的能力等不同级别
太阳徽章		要获得太阳徽章,学习者需要经历真正的挑战和做出巨大的努力。它根据学习者精通的不同类型技能数量给予相应的级别
挑战徽章		学习者完成专项主题挑战后才能获得的特别徽章,针对不同任务给予相应学习级别

数字徽章作为一种新型评价方式,不仅能激励学习者,让学习者有获得感,持续开展学习,还能够记录学习者学习过程,让学习者(或教育者)了解学习者个人学习历程。例如,在可汗学院平台中,学习者数字徽章可记录整个网络学习过程,反映出学习者的学习路线图。如果学习者在学习过程中出现学习问题,遇到学习困难,借助这个学习路线图,可以比较准确地查找出是哪个环节出现了问题(是学习者没有学习好该内容,还是没有掌握好该内容的相关基础课程),这样就为个性化学习资源推荐和教学者的精准学习指导提供了依据。

(三)企业数字徽章及其应用

在快速发展的信息时代,企业单位对人才需求的方式、专业能力的判断等方面也在不断地变化。人才需求的快速变化使得数字徽章不仅在学校教育中广泛应用,在现代企业人才培养中也得以一展拳脚。

2016年10月,微软公司与PearsonVUE的Acclaim平台合作推出微软数字徽章,专业人员通过特定考试可获得对应的数字徽章。微软数字徽章帮助微软技术专家以一种可信赖、可核查方式,展示他们的职业生涯成就。对于需要特定职业技能的工作岗位,该平台还可为人才需求方与专业人员创造双向选择机会。此外,除了特定的徽章图像,数字徽章还包含有指向个人唯一元数据的链接,专业人员还可以在网络上分享、在摘要中嵌入或在电子邮件中包含相关数据,方便专业人员展示自身的职业技能成就,这有利于人才需求方清晰直观地了解应聘人员具备的专业能力。

2017年3月,华为数字徽章项目(Huawei Certified Internetwork Expert,HCIE)正式上线实施,其中每项技术功能均有对应的徽章。例如,HCIE-Security徽章可证明专业人员对网络安全技术有全面深入的理解,具备网络安全复杂问题应对的专家能力,和掌握大中型复杂网络安全方案的设计、部署、维护和优化,以及使用华为安全产品构建企业网络安全方案的综合能力。华为数字徽章可以帮助专业人员通过专业途径展示专业能力,一方面为本单位储备了专业力量,另一方面也为社会需求单位和专业人员提供了双向选择的平台。

越来越多的机构与组织通过发放数字徽章来支持新的网络学习成果认证,体现了数字徽章在网络教育中的激励和认证功能。当然如何加强相关领域数字徽章统一认证标准建设,提高数字徽章在同行中的互认与共享,是数字徽章在网络教育应用中需要进一步解决的问题。

四、数字徽章对我国网络教育的启示

从国际已有研究成果来看,数字徽章在网络教学环境的应用,能够较好地激励学习者开展网络学习,给予学习者学习获得感,提高学习者的学习信心。在结果性评价上,它能对学习者的学习成果进行评估和认证,判断学习者的学习状况,为学习者工作发展提供资质证明。在人才资源互动方面,它为用工单位与专业人员提供一个互动交流的平台,促进人才资源的合理分配。借鉴已有数字徽章的激励、评估与认证功能,可以更好地促进我国网络教育的开展。

(一)建立基于能力标准的数字徽章认证体系

从心理学理论来看,数字徽章是对学习者的一种奖励,满足了学习者希望得到认可的心理,提高了学习获得感。学习者为了能不断地获得相应的奖励,需要持续地参与网络学习,这样一定程度上可缓解网络学习过程中"高流失率"的问题,促进他们努力达成学习目标,完成学习任务。在网络学习环境设计与建设过程中,可以有针对性地设计数字徽章,依据能力标准建立数字徽章的评价指标体系,将数字徽章融入网络学习过程中,使其伴随学习者的学历过程,时时提醒学习状态,反馈学习结果,激发学习积极性,以达到预期的网络

学习目标。

当然,为提高网络学习激励功能,数字徽章不能简单等同于"小红花"的发放,也不能"孤立"地作为一些知识技能点的考核,而要符合学习人群的认知特征和发展需求,有针对性地进行设计,形成一个能够代表学习者知识、技能和相关能力发展的连续体。例如,对于中小学校网络课程来说,网络学习目标与内容要符合国家课程标准的要求,数字徽章评价指标体系要体现课程标准中知识、技能及相关能力的学习要求。依据课程标准设计与建立数字徽章体系,其实是为学习者搭建了一个隐形的网络学习"支架",让学习者在持续学习过程中,通过获得相应数字徽章和学习建议,产生学习的获得感,从而激励他们持续地开展学习。

(二)开发基于评价理论的数字徽章认证模式

数字徽章作为一种新型学习认证方式,能在较为开放的学习环境中持续跟踪学习者的学习与成长过程,采用基于标准的认证策略认定学习者取得的不同类型的学习成果,反映社会对人才发展需要和学习者的发展动态。当学习者携带着记录有学习数据的数字徽章进入到新的教育组织与机构时,新机构组织者可以据此来了解学习者,读取数字徽章所携带的元数据信息,全面地评估学习者,并帮助学习者制订新的学习计划,弥补以前学习的不足,从而达到更好的学习效果。

当然,为提高数字徽章的认证质量,确保其评价结果能真实反映学习者的能力,促进学习者发展,数字徽章认证系统需要超越传统的"试题测试"以及对学习者学习过程"事实性描述"的策略,要结合对学习者的过程性评估与结果性评估作出综合性的判断。例如,可汗学院通过过程性评价系统记录、分析学习者在平台上学习的内容和路径,采用即时练习或单元测评了解学习者对知识技能的掌握程度,借助问题情境判断学生的问题解决能力,通过综合性的评价方式对学习者具备的相应能力、所达到的学习级别给予认证。可见,借助数字徽章的过程全记录、客观精准数据、实时动态反馈的评价优势,依据现代评价理论,将信息技术工具的优势与先进评价理念有效结合起来,可以更好地促进学习者全面发展。

(三)开展基于终身教育理念的数字徽章应用

信息社会的发展对社会成员工作能力提出了新要求,每位成员为能更好地适应社会发展需求,需要通过不断地学习来跟上时代发展的步伐。然而,当前人才能力的评判方式和需求招聘依据主要还是参考相关人员学位证书与毕业证书等阶段性的学历认证。事实上,由于学习者在学校学习的内容与社会发展变化所存在的"落差",学习者在学校所获得的毕业证书可能已无法准确反映出专业知识技能是否能够胜任当前社会岗位需求。

数字徽章的设计与应用不只是为了可以在网络上进行发布、获取和认证,更重要的是将评价体系直接与社会发展需求对接起来,使之成为一定程度上可以反映社会相关领域人才需求的"风向标"。例如,随着新一代人工智能的发展与应用,"人工智能+"推动社会各领域的创新,相关领域就会提出对既有领域专业知识,又具有能将人工智能技能整合的人才需求,当它反映在"数字徽章"评价体系内容中,会推动着专业人员不断地学习新知识、新技能,以适应社会发展不断变化的需要。故而,数字徽章在应用过程中需要根据社会发展需要,不断调整其评价体系,以此推动社会成员终身学习。

数字徽章作为网络学习评价与管理的新方法,在现实学习空间与虚拟学习空间深度融合的背景下,其功能与作用还将会深入地开发与推广。当然,数字徽章作为网络学习的一种新生事物,在具体开发与应用过程中仍面临着很多理论和技术上的挑战。徽章的评估标准、发布方式、认证过程、共享机制等都还需要在实践应用中进行持续完善,以使数字徽章具有促进学习者发展的作用。

第 四 章

旨在促进学习者发展的网络教学：
伴随式评价的视角

网络课程拓展了学习时空，丰富了学习内容，为学习者创设了一种新的学习方式。但是，由于与之相配套的网络课程管理机制的缺失，在网络课程实施过程中出现了"高流失率""虚假学习""网络题海"等问题。为提高网络学习质量，避免将"满堂灌"转变为"网络灌"，需要依据网络学习特点，加强对学习者网络学习管理，及时调整课程实施方式，为学习者提供有效的网络学习支持。

第一节 网络学习伴随式评价：方法与策略

近十年来，信息技术快速发展创生出"现实空间与虚拟空间"相互交织的信息化学习环境，慕课的建设与实施进一步推动了网络学习的开展。但是，与网络课程大批量建设和高注册率相比，网络学习存在着高流失率和低结业率等问题。如何加强网络学习的管理，通过怎样的评价方式及时发现学习者网络学习问题，以便针对问题进行实时指导与干预，仍是网络教育实施中的挑战。

一、现状分析：网络评价模式与问题思考

美国课程论专家拉尔夫·泰勒在课程研究中指出"评价作为判断教育目标实现情况的过程，需要评价者确定与教育目标相一致的行为证据，采用与之相适应的程序实现具体过

程。"通过学习评价,可以有针对性地收集与分析学习者的学习信息,判断学习者的学习状况,做出教育决策。网络评价作为一种特殊环境下的学习评价,与课堂学习评价相比,虽然它不能面对面地收集评价信息,但具有"学习过程实时记录、个性化学习分析、评价结果及时反馈"等优势。调研国内外主流教育网站所实施的网络评价,大体可归纳为"结果认证""过程监控"和"知识自适应"三种基本模式。

(一)面向"结果认证"的网络评价

面向"结果认证"的网络评价是依据课程目标确定学习评价标准,通过"网络评价系统"对学习者学习成效作出价值判断的一种结果性评价。这种网络评价特征主要表现为:①强调学习结果的判断,评价是在课程学习结束后,按照课程目标对学习者进行内容测试或项目考核,判断学习者针对课程目标的达成度,给出评价结果。这种评价模式将评价作为网络课程学习的最后一个环节,在学习者完成学习后实施,给出相应的评价结果。②从评价实施来看,网络课程的学习系统和评价系统分离,学习系统关注的是学习者对学习内容的学习,评价系统更强调测量学习后学习者认知行为的变化,其目的是获取相关"证据",以决定是否给予学习者相应的认证。例如,Coursera课程通过网络测试的方式确定学生对课程内容的掌握程度,给予相应的认证级别。面向"结果认证"的网络学习评价利用了网络系统远程控制与自动评价功能,可以较便捷地实现大规模的学习者网络学习评价。但是,从评价实效来看,这也只是将"传统纸质的结果评价"改为了"线上的结果评价",在技术层面提高了评价的实效性和跨时空性。同时也应注意到,由于过于强调评价结果,缺少对学习过程监管与干预,这种评价方式也会造成"网络课程学习还没结束,已经有大量学生流失"的问题(Allen,2014)。

(二)面向"过程监控"的网络评价

面向"过程监控"的网络评价是借助网络平台和外部设备,自动采集、存储、分析和呈现学习者的网络行为数据,以此判断学习者学习状况的一种过程性评价。其特征主要表现在:①关注技术工具的应用。这种评价以"技术工具取向"为出发点,注重"在设计和实施评价时如何最大限度应用这些工具的功能",即关注这些评价工具有怎样的功能、有怎样的采集与分析数据方式,以此来开展相应的评价。②从评价实施来看,可通过"平台日志"获取学习者的网络行为数据(例如,一些教育培训机构记录学习者的登录次数、网络时长、网络时段、发帖数量等数据),也可借助外部设备采集学习者学习过程的行为数据(例如,在网络平台的虚拟现实场景中,通过"可穿戴设备"收集学习者体育运动中的心跳、步幅、热量消耗等常规运动数据),以及通过分析这些实时、客观的数据判断学习者的网络学习状况,给出相应的评价。面向"过程监控"的网络评价发挥了技术工具的优势,提高了数据在评价中的指导作用。当所采用的技术工具切合网络学习评价理念时,便能较好地推动真实评价和深度评价的开展。但是,如果评价过程中忽视教育评价理论和方法,过于强调技术工具的功能特征,完全按照技术工具的功能决定采集网络行为数据的类型与内容,则容易造成评价目标与评价内容脱节。尤其是当脱离了具体的学习内容和情境,"孤立"分析行为数据,一味强调行为数据的控制作用,很容易产生"网络假学习"现象(Alghamdi,2016)。

(三)面向"知识自适应"的网络评价

面向"知识自适应"的网络评价是依据知识技能目标设计评价模型,将评价模型嵌入到学习活动之中,通过网络学习与网络评价的交互进行,判断每一阶段学习者对学习目标的达成度,从而提供学习支持的一种自适应性评价(Beatriz,2017)。其特征主要表现为:①突出"小步骤"评价。网络评价按照课程目标细化知识技能点,建立知识技能链,针对每个知识点设计学习内容和测试内容,确定评价模型。学习者学习一个知识技能点,即可进行"小步骤"的知识技能目标达成度测试。针对"小步骤"学习结果为学习者提供个性化指导,直到学习者达成知识技能的学习目标。例如,在某学习网站中,网络课程"分数性质"可分解为5个知识点,学习者每完成一个知识点的微视频学习后,即进入针对该知识点的测试环节。网站依据测试结果为学习者推荐个性化学习内容,直到学习者完全掌握知识点。②在评价实施上,按照课程目标,通过学习领域的核心概念、知识类别以及它们的相互关系,建立关系与数据模型,依据此类模型的评价系统对阶段性学习结果进行评价,并及时反馈评价结果,指导学习者对学习进行自我调节。面向"知识自适应"的网络评价,将"学习过程"和"评价过程"交替进行,这有助于及时了解学习者的学习现状,并能针对知识技能学习,提供精准指导。但是,网络学习不应只是知识技能学习,同样还应重视解决问题能力、学习态度等方面的发展,此外还涉及学习环境的多样性特点。如果将网络评价模型简化为对知识技能要点的评价,那么这种评价方式只是将"纸质题海"转化为"网络题海",这不仅没有实现真正意义上的个性化学习,还会因过度的试题推送而增加学习者的学习负担。

二、网络学习评价的转向:旨在促进学习者发展

评价作为课程与教学的重要环节,其作用不再局限于对学习者做出甄别与筛选,更重要的是通过评价帮助学习者达成学习目标,促进自我发展。网络学习评价正沿着"结果认证""过程监控""目标适应"的实施路径持续变革,逐步将"提高网络学习质量,促进学习者发展"作为评价的最终目的。

(一)评价理念:从学习结果的评价("of learning")到促进学习的评价("for learning")

德国网络教育评价专家艾特沃尔从教育哲学的层面分析了网络评价连续体(如图4-1-1所示)。从客观主义(Objectivist)到主观主义(Subjectivist)的教育理念,他将网络评价划分

为目标取向(Objectives Oriented)、管理取向(Management Oriented)、用户取向(Consumer Oriented)、学习取向(Learning Oriented)、专家取向(Expert Oriented)和参与取向(Participant Oriented)等评价取向。比较这些评价取向与实施策略,他认为在评价连续体的两端,或过于强调"目标达成"而弱化学习者在网络学习过程中的创生性,或过于关注"评价多元"而忽视网络学习过程中有效信息的获取与判断。坚持连续体中间的"学习取向"评价方法与策略,可以提高学习者网络学习的有效性,围绕着学习者的网络学习历程进行评价,以评价促进网络学习。

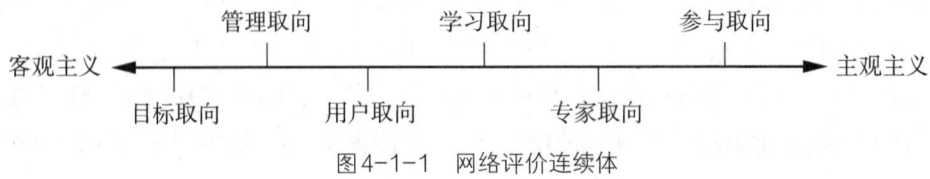

图4-1-1 网络评价连续体

为更好促进网络学习者自我发展,英国评价专家本森等人强调网络学习者的评价主体地位,认为"评价用来指导网络学习的关键在于学习者本人要成为自我学习的评价者。利用评价反馈信息,学习者本人能进行自我调整、自我适应,甚至变更学习计划,使评价融入学习中"(Benson,2010)。2017年,美国教育部发布的《重塑技术在教学中的作用》强调数字化评价对于学习者发展的作用,指出评价应以"提高学习质量,促进学习者发展"为目的,其特征是"在技术环境下将评价嵌入学习过程中,设计基于共同标准的评价内容,采用自适应评价路径,通过实时反馈使学习者得到逐步提高"。可见,当网络学习超越早期的网络资源传递与接受式学习,发展成网络资源交互式、体验式学习时,网络评价不仅要关注对学习者学习结果的判断,也应注重评价的改进与促进功能,突出学习者学习与评价的主体地位,通过现代信息技术加强评价和学习的融合,提高网络学习质量。

(二) 评价策略:从"技术工具取向"到"学习分析取向"

移动通信、大数据和云计算等技术在网络教育中的广泛应用创设了全新网络学习环境,潜在记录着学习者的网络行为数据,为网络学习评价提供了基础。但是为提高评价结果的有效性,网络学习评价还需要依据学习原理,分析学习者的网络学习行为,判断学习现状,对学习过程中存在的问题进行及时反馈与干预,推动网络学习评价从"技术工具取向"走向"学习分析取向"。

技术工具取向的评价按照技术工具功能设计与实施网络评价,即有什么样的技术工具就依据相应功能开展什么样的网络评价。例如随着大数据和数据挖掘技术的发展,信息技术专家利用算法和程序设计语言开发出了"网络文本分析、数据可视化、脑电波生物传感器"等技术工具。教育工作者按照这些工具的功能开展相应的评价,如采用文本分析工具的"词频分析、关键词提取"等功能分析网络交流情况,利用数据可视化图表了解学习者网络学习时长的变化规律,通过脑电波生物传感器判断学习者学习注意力等。当然,如果技术工具的使用切合了评价的需要,一定程度上也能提高评价信息采集的准确性和多样性。但是,如果脱离评价的原理和目标导向,迫使评价过程去适应最新技术的方法,这种评价只能停留在"偶然的成功"或"技术工具的哗众取宠"上,最终的评价结果无法达到促进学习者学习的目标。

学习分析取向的网络评价遵循"评价促进学习"的教育理念,通过"评价功能+技术支持"的方式进行评价设计与实施,即需要达到怎样的评价目标,就选用与之适切的技术工具支持评价目标的达成。例如,在网络学习环境中,通过开发"利用计算机原理知识解决常见故障问题的情境",采用"屏幕抓取"方式,记录学习者学习步骤和出现问题的环节。再如,为了解学习者群体在网络学习过程中讨论的关键内容,可通过"文本分析工具"的词频分析和关键词提取方式对学习者讨论的内容进行评价,判断学习者学习中的主要问题。基于学习分析的网络评价在明确了评价目标的基础上,充分发挥信息技术工具高存储、快运算、及时传输等优势来达成评价目标,一方面提高了技术工具使用的实用性,避免盲目收集评价信息,另一方面也提高了评价的有效性,针对问题指导学习者开展网络学习。

(三) 评价内容:从"知识技能"到"综合能力"

促进学习者发展的评价注重对学习者综合素质的考察。评价专家理查德.斯蒂金斯将发展性评价目标确定为"掌握知识、应用掌握的知识进行推理和问题解决、展现一定的表现技能、创造出作品和成果、培养一定的情感倾向"五个方面。课程论专家波斯纳也强调要从认识、情感、知觉技能等方面获取学习者的学习证据。为促进学习者发展,网络评价不仅要关注学习者知识技能的掌握程度,也要关注学生应用知识技能解决问题的能力,以及良好的心理素质、学习兴趣和积极情感体验等方面,是对学习者知识、能力与态度的综合评价。

近年来,网络评价为避免"网络题海"式机械测试,提升学习者的综合能力,评价内容逐步从知识记忆的评价发展为对学习者深层次理解力的评价,既要评价学习者的知识技能掌握程度,也强调学习者高层次技能、学习方法、态度等内容,突显评价内容的多元性。主要表现为:①知识建构过程的评价。知识的评价更重视对知识技能建立过程,评价内容不仅仅是一般的内容知识(即陈述性知识),也包括评价学习者对这些知识的建构过程(即程序性知识),以及在知识建构过程中,理论、假设和观察等科学方法是如何起作用的(即认知性知识)。②利用知识技能解决问题能力的评价,是对学习者面对问题,综合运用知识技能来解决问题的能力,以及在此过程中体现出来的思维活动历程和形成新知识的评价;③网络学习过程的态度评价,包括对学习者学习兴趣和自主学习意识等方面的评价。

强调综合能力的网络评价并非弱化知识技能的评价。事实上,能力的发展正是基于知识技能的应用,但知识技能的评价不能停留在记忆层面,而是要理解知识的内涵以及知识的相互关系。这样的评价把知识、技能和态度统一起来,避免将传统的"纸笔题海测试"变为"网络题海测试"。

三、一种可行的路径：伴随式评价的视角

早期伴随式评价（Accompanying Assessment）更多应用于智能制造业和现代医疗救护等领域。例如，利用电子传感设备实时监测发动机运行指标或通过仪器对患者的心跳、血压进行持续记录，这样可为设备的维修或患者的救治提供精准证据。近五年来，伴随学习科学和信息技术的发展，一些教育网站开始尝试在学习分析的基础上，利用信息技术工具刻画学习者的网络学习状态，伴随着学习者的网络学习，综合评价学习者的学习情况。

（一）网络学习伴随式评价的基本特征

网络学习伴随式评价（Online Accompanying Assessment）是指在网络学习环境中，将评价内容嵌入到学习过程中，依据课程目标，伴随每位学习者的学习历程，有针对性、适时地进行反馈与干预的一种评价方式。伴随式评价有望促进学习者个性化学习（Personalized Learning）和自适应学习（Adaptive Learning）。主要表现为过程嵌入、网络工具和基于数据等特征。

1. 伴随式评价是嵌入学习过程的评价

它将评价嵌入学习过程中，通过学习与评价的交互进行，一方面为指导教师提供学习者学习过程的证据，帮助指导教师在教学中从"是否教完了学习内容"向"是否帮助学习者学会了学习内容"的思维转向，落实"评价促进学习"的理念（Assessment for Leaning）；另一方面为学习者实时提供个人学习证据，加强学习者的自我控制与调节能力，使学习者意识到自己是学习的主体，促使学习者在学习过程中从"是否学完了"到"是否学会了"的思维转向，落实"评价作为学习过程中一部分（Assessment as Leaning）"的理念。

2. 伴随式评价是数据导向的评价

它依据学习科学理论设计学习者学习状况的评价指标体系，通过对相关学习指标数据的收集，判断学习者学习状况，以此进行相应的网络学习指导与支持。在学习科学理论、数据支持下的伴随式评价，可以描述出每一位学习者的网络学习现状，发现他们在学习过程中的问题；分析学习因素的相互关系，确定导致学习者网络学习现状的关键因素；通过网络学习过程跟踪或大样本方式描述学习者学习历程，判断学习者学习的发展趋势，做出相应干预决策。

3. 伴随式评价是技术支持的评价

网络通信、移动终端和大数据等新技术为网络学习伴随式评价提供了支持，也使伴随式评价的实现成为可能。一方面，技术工具使得评价获取学习者学习数据的形式更加多样，可通过网络选择题、填空题、判断题等方式获取学习情况，也可通过软件工具开展情境模拟进行表现性评价，甚至还可通过脑电波测试技术对学习者网络学习专注度、学习信息

反应度进行测评。另一方面,数据处理技术使得网络评价信息的处理更加便捷和精准,可视化呈现方式能清晰反映学习者网络学习的状况,并能将评价结果及时反映给师生,使嵌入学习过程的评价与学习的伴随更加协调。

(二) 网络学习伴随式评价的内容设计

网络学习伴随式评价是否能起到促进学习者学习的效果,关键要看能否帮助学习者达成预期学习目标。从上述综合能力分析来看,评价内容可从知识掌握、问题解决能力、态度发展等方面进行设计。

1. 知识掌握的伴随评价

按照信息加工理论,知识包括陈述性知识和程序性知识。陈述性知识是关于"是什么"的知识,以命题及其命题网络来表征。程序性知识是关于"怎么做"的知识,是一套办事的操作步骤,以产生式表征。陈述性和程序性知识的学习都可以被逐步分解。斯金纳在程序教学理论中就通过积极反应、小步子、即时反馈和自定步调的原则来加强学习者对低层次知识内容的学习。关于学习者对这类知识掌握程度的判断,网络学习伴随式评价中,可依据评价目标,将评价任务细分为多个小任务,其中每个小任务中渗透了相应的知识点。对每个小任务完成情况进行评价后,按照评价做出反馈,分析学习者对知识点的掌握程度,引导学习者更好地达成基本知识学习的目标。基于知识掌握的伴随式评价内容设计如图4-1-2所示。

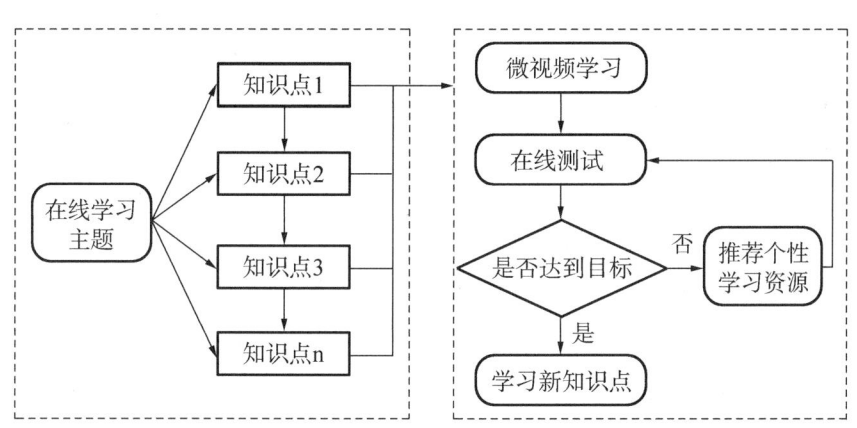

图4-1-2 知识掌握的伴随式评价内容设计

2. 问题解决能力的伴随式评价

20世纪,安德森等心理学家将问题解决看作是有目的指向性的一系列认知操作过程。"问题"是指在现实情境的目标状态和初始状态之间的障碍。问题解决就是运用一系列的认知操作扫除障碍,将初始状态转化为目标状态的过程(王小明,2012)。从问题解决过程来看,布兰斯福特等人将其划分为五个阶段,即发现问题和机会、界定目标和表征问题、探索可能的问题解决策略、预期结果并实施策略和回顾与学习,并将此称为IDEAL问题解决模型。吉克采用闭环方式将问题解决划分为建构问题表征、搜索解决方法、尝试解决方法、评价四个阶段,并通过前期图式经验和新方法探究的方式来解决问题。综合分析问题解决的相关模型,按照网络问题解决的特征,对学习者问题解决能力的网络评价可包括:情境中的问题分析、填补空隙过程和问题解决后的反思等方面,将这三个方面细划分表征问题、条件分析、知识运用、实施流程、目标达成、反思描述六个判断点,以此发现学习者问题解决时的"困境",进而提供相应的网络指导。问题解决能力的伴随评价内容设计如图4-1-3所示。

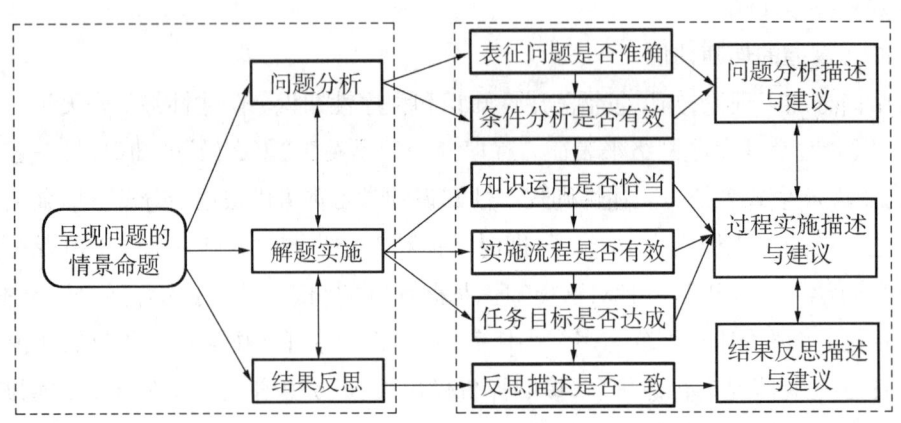

图4-1-3 问题解决能力的伴随评价内容设计

3. 态度发展的伴随评价

从行为特征来看,态度表现为趋向与回避、喜爱与厌恶、接受与排斥等反应,是在特殊情境下以特定方式反应的内部准备状态。态度作为一种内部的状态或倾向,评价其发展时可以通过对个体行为的观察来进行推论。例如,在个体不知情的情况下观察、在不同情境中观察以及在相对稳定情境中持续地观察等方式进行。也可以通过问卷方式,形成个体的自我报告。例如,通过先描述出某种态度表现的情境,然后要求个体自己报告选择哪种行为。网络学习环境中,网络工具为记录学习者学习行为,获取学习者真实表现信息创造了条件。网络学习伴随式评价时,可通过记录学习者网上行为特征,判断学习者的网络学习态度。例如,在一定的网络学习情境下,可将"登录次数""网络时长""提问次数""回复数"等方面作为分析学习者网络学习态度的数据。此外,也可应用网络问卷方式获取学习者学习态度相关数据。通过对学习者网络行为跟踪和调研问卷数据分析,判断学习者的学习态度。学习态度的伴随式评价内容如图4-1-4所示。

(三)网络学习伴随式评价的结果呈现

为清晰描述学习者网络学习现状,判断学习问题,给教学者和学习者提供网络学习指导,网络学习伴随式评价结果不再局限于"分值"或"等级"的评定,还针对"学习现状""问题

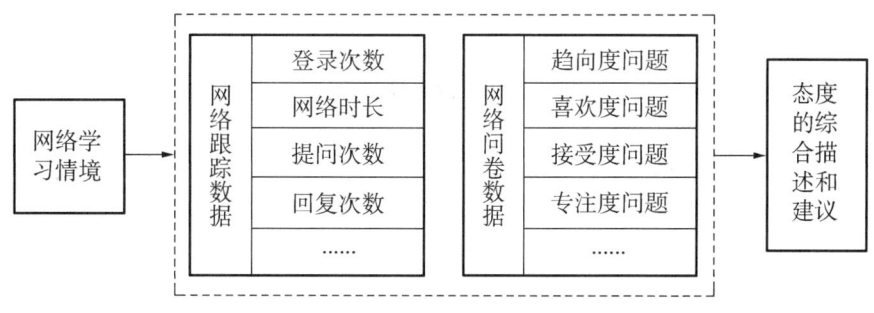

图4-1-4 学习态度的伴随式评价内容设计

分析""调整建议"等方面对学习者的学习情况进行描述、判断与说明,以报告单的方式反馈学习信息。伴随式评价报告单的内容通常包括三个方面:①学习者网络学习现状的描述。例如学习者个人的学习进展、每个主题目标的达成度,以及可视化的学习行为数据呈现等;②学习者学习过程中的问题分析。通过对评价过程中获取数据的分析,界定学习者网络学习中的问题,判断问题出现的可能原因,并对问题和原因进行说明;③网络学习建议与支持。针对学习者网络学习中的问题,在原有分析的基础上给出相应的学习建议,推荐适合学习者的个性化学习资源。近年来,网络技术的发展为评价结果的自动化生成创造了条件,这也有助于将评价结果即时反馈给师生。

网络学习伴随式评价是在网络学习环境中,针对网络学习者流失率高、虚假学习多等问题设计和开展的一种学习评价方式。它在理念上期望实现从"检测学习结果"向"促进学习者学习"的转向,以提升网络学习质量为根本目标;在内容上按照学习目标从知识掌握、问题解决能力和态度等方面进行综合评价,避免将网络评价作为"网络题海"的应试形式;在方法上通过信息技术工具将评价嵌入学习过程中,伴随着学习者学习过程进行评价数据的收集、分析与反馈,实时指导学习者学习。随着网络学习环境的日趋成熟,实时采集到的学习者网络学习数据越来越准确,网络学习者学习状态刻画就会越来越详细,网络学习伴随式评价也就越能精准支持学习者的个性化学习。

第二节 网络学习伴随式评价:工具设计与开发

为将伴随式评价理念与设计方法落实在学习者网络学习过程中,提高伴随式评价的可操作性,需要依据教学需求设计开发与之相适应的评价工具,进一步将这些工具信息化,实现网络学习数据的自动采集与处理。在网络学习过程中可以通过选择题、匹配题、判断题等工具判断学习者对知识的掌握程度;也可以通过记录和分析学习者在线学习问题解决的具体表现,判断其对这些知识技术的应用情况。

一、网络学习客观性试题的设计与开发

(一)客观性试题的特征

客观性试题的测评是通过客观题目对学习者学习进行评价的一种方式。这种评价方式具有评分方便、施测效率高等优点。琳恩和格隆伦德在对教学中的测验与评价研究中分析了客观测验的应用特征:

(1)能有效地测量事实性知识。某些题型(如选择题)如果应用得恰当,也能够测量理解、思维技能和其他复杂的学习成果,但是并不适合测量组织观点的技能、写作能力或者某些问题解决技能。

(2)测验所需的题目总数量比较大,准备耗时且难度大。

(3)完全结构化的任务限制了学习者反应的类型,比较好地防止了评价过程中学习者的欺骗行为,降低了学习者写作技能对评价的影响。

(4)评分结果客观、准确、效率高。

在网络学习过程中,通过客观性试题评价可以比较高效地判断学习者对知识和技能的掌握程度。例如学习信息技术课程中"存储单位的换算关系"后,可通过"一个存储容量为10G的计算机硬盘,其存储空间相当于多少个128兆U盘的存储空间"的试题检测学习者对相关知识的掌握程度,及时提供学习反馈和有针对性的网络学习资源。但是,由于客观性试题不能连续地反映出学习者在评价过程中的分项能力,这就影响了对学习者创造力与组织材料能力的有效评价。

(二)网络客观性试题研制方法与过程

网络学习的目的是使学习者达成学习目标,客观性试题的设计只有反映出学习者预期的学习结果,才能为学习目标的达成度提供有效的证据。因此,在客观题目的研制过程中,首先需要依据学习目标明确其中的知识要点,确定评价内容和题目类型,然后再编制测验题目。此外在评价前还需要对题目进行检测和完善。

1. 依据学习目标,确定核心概念

在网络学习评价设计中,学习目标是学习评价的重要依据。课堂评价与国家科学教育标准编委会指出,"任何评价的质量都要依赖我们将要评价的学习目标……假如我们不知道也不理解这一重要目标,就不能有效地评价学生的学习成果"。因此,通过学习目标支持学习评价,首先需要分析学习目标,判别学习目标所表示的能力与倾向,分析其中蕴含的核心概念。

核心概念主要是指"具有持久价值的概念和原理,或一种适合于学习者理解学习内容的关键思想,它具有恒久性、概念性和简洁性的特征"。通常把握了学科的核心概念以及它

们之间的关系也就把握住了本领域的基本知识结构。例如,信息技术学科中的学习目标有"给出一些信息现象,学习者能正确地推断出这些现象所反映的信息特征",其中"信息的特征"就是希望学习者掌握的核心概念。分析学习目标,确定学习者学习的核心概念是研制客观测试题目的重要环节。

2. 选择合适题型,编制客观性题目

每种客观题型都有自己独特的性质、用途、优势、不足及编制原则。明确学习目标中的核心概念后,需要根据评价内容的特点以及教学的现实需要选择合适的题型,编制相应的客观题目。网络学习评价中经常用到的客观性题型主要有填空题、匹配题和选择题等。

填空题是一种客观描述性的测验题目,它要求学习者用一个词、短语、数字或符号做出符合要求的回答。填空题最大的优点是学习者必须要提供答案,这就减少了学习者通过猜测答案选项获得正确答案的可能性。例如在英语网络课程中,通过设计听写的填空试题,检测学习者对单词的听力和拼写掌握情况。

匹配题目是由两列词或短语组成,要求学习者给一列中的每一条目在另一列中找到合适的、对应的信息。需要从另一列中找到对应信息的条目称作前提项(premises),从中做出选择的那部分称作反应项(responses)。匹配题最大的优点就是结构紧凑,在相对短的时间内测量大量的相关事实材料。例如化学网络学习试题中,通过对实验过程和实验器具匹配设计,可检验学习者在实验过程是否能正确选择实验器具。

选择题是由一个问题和一系列选项共同组成的。选项中有正确(或最佳的)选项,也有错误选项(干扰项)。错误选项的设置主要用于干扰学习者对问题的认识,进而判断学习者对知识的掌握程度。选择题的优势主要在于它可以将几个不同的选项包括在同一个题目里,同时也方便了指导教师对学习者评价结果的评分工作。

3. 结合学习内容,融入网络学习过程

在网络学习过程中,通过"了解学习目标—开展学习活动—检测目标达成度—反馈评价信息—确定下一步学习"组织方式,将客观性测试题渗透到学习者学习过程,实现"目标—活动—评价"一致性,达到"以学为主,以评促学"的目的。将客观性试题融入网络学习过程,评价不再是为了甄别学习者,而是为诊断学习者学习不足,有针对性地提供学习支持。通过这种伴随式评价,一方面可及时了解学习者网络学习效果,给予反馈,促使学习者自己判断个人学习情况,调整学习方式;另一方面网络学习平台也可以按照学习者在学习过程中的问题,有针对性地推荐学习内容,促进学习者个性化学习。当然,客观性试题这种测试方式还较难反映学习者得出结果的过程,较难分析出学习者出现学习问题的原因,还须结合其他评价方式共同促进伴随式评价的发展。

二、网络学习表现性评价工具的设计与开发

(一) 表现性评价的特征

表现性评价(performance assessment)是在某种特定的真实或模拟情境中,运用先前所习得的知识完成某项任务或解决某个问题,以考察学习者知识与技能的掌握程度,或者问题解决、交流合作和批判性思考等多种复杂能力的一种评价方式。其具有建构性、过程性和强调评价规则等特征,为表现性评价应用于网络教学、促进网络教学目标的实现、提高学习者网络学习水平提供了支持。

表现性评价的建构性特征。表现性评价通常要求学习者组织并运用所学知识与技能去解决一个现实问题或完成一项真实(或模拟)任务,在此过程中不仅要求学习者对知识进行"再现"和"再认",更多的是对知识的迁移和应用,是一种"建构性"的评价。表现性评价适合用于评价学习者复杂性的学习(Mitchell, 1992)。它以建构性任务来评价学习者的学习结果,为学习者自主解决问题留下了一定的空间,允许学习者按照自己的方式创造符合要求的学习作品。在网络学习过程中,为能了解学习者网络课程的学习表现,判断学习者运用知识技能解决问题的能力,可以根据教学目标设计网络表现性评价的任务(或模拟性任务),记录学习者的"建构性"过程,给出基于证据的判断。

表现性评价的过程性特征。表现性评价不仅关注学习者"学习结果",也关注学习者的"表现过程"。一定程度上,表现性评价的过程也是学习者完成任务的过程。指导教师可以评判学习者完成的任务结果,也可以观察学习者的表现历程,记录学习者活动过程中出现的错误,为学习者加强学习提供有效的反馈信息,克服传统客观性测验的间接性。因此,通过表现性评价可以较好地实现教学与评价的一致性。例如,学习者在利用技术工具制作作品的过程中,指导教师可以观察学习者的操作流程,记录学习者学习过程。当学习作品未达到学习目标要求时,指导教师通过对过程的观察能够知道学习者什么地方出现了错误,哪个环节还没有掌握,及时为学习者提供有针对性的反馈信息,帮助学习者调整学习。在网络环境中,可通过信息技术创设学习者所需解决问题的情境,记录学习者解决问题过程,保留学习者表现性信息,有效地支持表现性评价。可见,表现性评价"不仅仅是给学习者一个等级判断,更是促进学习者学习的方式,当评价融入学习过程中,评价不像是在对学习者进行考试,更像是促进学习者学习"。

表现性评价的规则性特征。表现性评价不是根据评价者的喜好随意地评价,而是依据"可测性术语来陈述表现的标准"进行评价(Wiggins, 2005)。由于表现性评价任务是一种"建构性"的任务,表现性评价的作品可能会出现多样性。为实现评价的公正,需要有一个公开的、大家都可以理解的评价规则。通过评价规则,"学习者能清楚地理解指导教师的期望,支持自己的学习;指导教师可以使用同样的'准绳'评价学习者学习作品,有针对性地反馈学习者学习作品的信息"。此外,学习者也可以通过评价规则进行自我评价,理解评价准

则,制定下一步的学习目标。从这一特征来看,表现性评价是依据规则进行评价,而不是传统的标准化测验的参考答案。

当然,上述三方面的特征并不是孤立的,它们互相关联,相互影响。正是因为采用了真实(或模拟真实)的表现评价,任务才有可能为学习者创造"建构—反应"机会。建构性的过程也便于指导教师记录与观察学习者的活动过程,为学习者提供有针对性的反馈信息。多样性的学习作品还需采用与之相适应的"评价规则"进行评判。这些特征的相互影响加强了网络表现性评价与学习目标的紧密联系,能够通过表现性评价促进评价与教学的统一。

（二）网络表现性评价工具的研制过程

表现性评价体现在基于学习过程分析与学习作品判断的评价。评价过程要求学习者参与一些活动,引导他们在学习过程中表现出某种特定的表现性技能,或者创建出符合某种特定标准的成果或作品。因此,开发网络表现性评价时需要关注两个关键内容,即设计网络表现性任务和研制表现性评分准则。

（1）设计网络表现性任务。"一个表现性任务至少要能够引发学习者产生一些反应,而这些反应是指导教师借以评价学习者能力的依据"。(斯蒂金斯,2005)首先,一个表述良好的网络表现性任务要有清晰、明确的情境任务说明,让学习者明白为什么要做这个任务。其次,要明确完成任务的结果是怎样的,让学习者知道完成任务的方向是怎样的。此外,还需要描述完成任务的条件,明确完成任务时的行为规范。一个合理的网络表现性任务是与学习目标相一致的任务,它既要体现出知识与技能的应用要求,也要能激发学习者的活动兴趣,才能通过评价任务的开展,促进学习者的学习。

（2）确定表现性评分规则。表现性评价强调的是学习者的建构反应,网络表现性任务是一种情境性(或模拟情境)、开放性任务。因此,表现性任务的结果(或作品)很难有一个客观的、唯一的答案。为能对学习者表现性任务结果有一个合理、公正的判断,有必要在表现性评价实施之前研制出能反映学习者表现特征的、统一的规则,即评分规则。"一个好的评分规则可以反映和揭示出学习者在任务完成过程中的问题,为指导教师评价学习者学习过程和作品提供多样的信息。其中的指标等级划分也可帮助学习者认识到自身的不足,指导学习者自主学习"。在网络学习评价过程中,评分规则对于指导教师的"教"和学习者的"学"都有很大的帮助。按照不同的结构方式,表现性评分规则可分为不同的类型。依据评分规则的内容组织方式,可分为整体(Holistic)评分规则和分项(Analytic)评分规则;依据评分规则的通用程度,可分为一般评分规则和指向特定任务的评分规则;依据评分点的数目,可分为不同等级的评分量表,如3点量表、5点量表等。

整体评分规则是对学习者学习成果或表现整体情况的评分或等级评定。这种评分规则建立在对表现或产品的整体印象上,具有较高的评分效率。通常"它更适合于总结性、大范围的表现性评价"。(Arter & Mctighe,2005)整体性评分规则研制的一个策略可以是：先确定一个整体性较高的评价指标，然后依此标准从不同的维度逐次降低，形成低一级的评价指标，使得评价指标间具有相应的层次梯度。

分项评分规则是"把学习成果或表现设置为几个评分点或评分等级。每个分值或等级代表该成果或表现的一个重要方面或因素"。分项评分规则可以帮助指导教师找出评分的关键因素，了解学习者的优缺点，也能为学习者提供有针对性的反馈信息。通过分项评分规则，学习者可以正确理解作品结果中的关键要素，有针对性地完成任务。此外，分项评分规则也为学习者理解指导教师的反馈信息提供了有针对性的帮助。因此，分项评分更适合于教学过程中对学习者复杂的技能、作品或表现的针对性评价。

无论是整体评分规则还是分项评分规则，任何好的评分规则都应该包括学习成果或学习表现的关键因素。整体评分规则和分项评分规则不同之处在于把它们作为一个整体看待，还是按照某种原则划分为不同的要素。整体评分规则是一种完整性的评分，分项评分规则是对整体的分解，帮助指导教师和学习者了解其中的重要因素，两者各有自己的优点与不足。为合理设计和开发网络表现性评价，应根据评价内容和评价需要选择相适应的评分规则类型。此外，一个具有较强适用性的评价规则是在评价应用过程中不断进行完善而形成的。评价规则的开发是一个不断迭代的过程，通过持续分析学习者的学习作品调研表现性评价的要素，不断地完善评价指标，使其更精准和有可操作性。根据本项研究中的网络学习伴随式评价需要，本书附录1提供了一些网络学习行为的表现性评价工具。

第三节　面向知识技能的网络学习伴随式评价

《基础教育课程改革纲要(试行)》指出国家课程标准是教材编写、教学、评价和考试命题的依据。它体现出国家对不同阶段的学生在知识与技能、过程与方法、情感态度价值观等方面的基本要求。国家课程标准是国家管理与评价课程的基础，网络学习伴随式评价的设计与实施应基于国家课程标准，面向知识技能的评价是其中很重要的一个维度。

一、面向知识技能的评价内容设计：二维目标分类框架

2001年，安德森等人合作完成了布卢姆教育目标分类学认知领域的修订工作。修订版的教育目标分类学将认知领域的教育目标按"知识"与"认知过程"两个维度进行分类，每一维度的类目都分布于一个连续统一体中。其中，知识维度将知识由具体到抽象分为事实性知识、概念性知识、程序性知识和反省认知知识4种类型；认知过程维度将认知过程按照认知的复杂程度分为记忆、理解、运用、分析、评价和创造6种水平。每一个目标单元所指的就

是某一类知识的具体掌握水平。这种分类框架虽然没有直接告诉评估者什么是值得评的,但是通过其中每一类目的特征和其他类目的特征可帮助评价者更好地理解类目中的内容,把标准转化为共同的语言。

(一)知识维度类目

知识是个体头脑中的一种内部状态。信息加工心理学对广义知识进行了分类,一类是陈述性知识,主要是关于回答"是什么"的问题,另一类是程序性知识,用于回答"怎么办"的问题。从信息加工心理学理论来看,技能应是知识的一部分,广义的知识学习也包括了学习者技能的发展。

随着认知心理学的发展,心理学家对知识的含义有了深入的认识。加涅从学习结果的角度分析了学习导致人的五种性能变化,即言语信息、智慧技能、认知策略、动作技能和态度。加涅提出的"认知策略"丰富了知识技能的分类内容,强调认知策略是"学习者用以支配自己的心智加工过程的内部组织起来的技能"。

2001年,由认知心理学家、课程理论与教学专家以及测验与评估专家共同组成的"布卢姆教育目标修订"团队,在心理学研究基础上,从教学实践层面将知识划分为:事实性知识、概念性知识、程序性知识和反省认知知识。同时对各类知识的特征和亚类进行了分析,如表4-3-1所示。

表4-3-1 "知识"维度类目

类目	含义	内容解释
事实性知识	学习者通晓一门学科或解决其中的问题所必须知道的基本要素	术语知识;具体细节和要素知识
概念性知识	能使各成分共同作用的较大结构中的基本成分之间的关系	分类或类目的知识;原理和概念的知识;理论、模型和结构的知识
程序性知识	操作性知识,是研究方法和运用技能、算法、技术和方法的标准	具体学科的技能和方法的知识;决定何时运用适当程序的标准的知识
反省认知知识	一般认知知识和有关自己认知的意识和知识	策略性知识;包括情境性的和条件性的知识在内的关于认知任务的知识;自我知识

研究知识分类的目的是要阐明不同类型的知识的性质、习得过程和有效学习的条件。例如,事实性知识和概念性知识可以用命题网络和图示表征,促进学习者的知识吸收,程序性知识可以使用过程图进行表征,加强学习者对应用过程的理解。这也为针对不同的知识类型采用不同学习结果的伴随评价策略提供了依据。

（二）认知过程维度类目

知识的保持与迁移是教育的两个重要目标。保持是课后将教学材料原封不动地记住的能力。迁移是运用所学知识去解决新问题、回答新问题或促进新材料学习的能力。安德森等人在修订教育目标分类学时，从以下两个方面对认知过程进行了区分：一类是与保持最紧密相关的（记忆），其他五类（理解、运用、分析、评价和创造）逐步增加了与迁移的关联性。在此基础上细化出十九种认知过程，认知过程的维度类目如表4-3-2所示。

表4-3-2 "认知过程"维度类目

类目	定义	所属类目
记忆	从长时记忆系统中提取有关信息	再认、回忆
理解	从口头、书面和图画传播的教学信息中建构意义	解释、举例、分类、概要、推论、比较、说明
运用	在给定的情境中执行或使用某程序	执行、实施
分析	把材料分解为它的组成部分并确定部分	区分、组织、归属
评价	依据标准做出判断	核查、评判
创造	将要素加以组合以形成一致的或功能性的整体；将要素重新组织成为新的模式或结构	生成、计划、产生

从评价角度来看，通过对认知过程分析可以明确学习结果的达成度。在具体评价情境中考察这些过程，可以将学习者的认知过程与知识内容联系起来，设计与教学目标相对应的评价情境任务，达到预期的评价效果。

（三）面向知识技能评价的二维目标分类框架

"知识"和"认知过程"两个连续体结合起来构成一个二维的认知领域目标分类框架，如表4-3-3所示，除表头外，表的行代表不同的认知过程类别，表的列代表不同的知识类别，表中的单元格（空格填写处）表示知识和认知过程的交汇处，代表预期学习者对某一类别的知识采取的认知操作，这样不同的单元格就描述了不同的目标，而所有的目标也都可以置于某一个或某几个单元格中。"知识—认知过程二维"目标分类框架，可帮助指导教师更有效地开展教学。这种帮助主要表现在如下三个方面：①分类框架可以帮助指导教师比较清楚地理解他们所使用的目标（包括别人提供的目标或自己选择的目标），也就是说可以帮助指导教师回答"为什么学"和"学习什么"的问题。②指导教师可以依据目标对教学方法和评价策略做出正确的决策，也就是说分类框架可以帮助指导教师回答"如何教"和"如何判断学习程度"的问题。③分类框架还可以帮助指导教师确定目标、评价和教学活动如何以有意义、有用的方式相互配合，也就是说，分类框架可以帮助指导教师回答"目标、教学、评价一致性"的问题。

表4-3-3　二维分类框架

知识	认知过程					
	1.记忆	2.理解	3.运用	4.分析	5.评价	6.创造
A.事实性知识						
B.概念性知识						
C.程序性知识						
D.反省认知知识						

二、面向知识技能的网络学习伴随式评价的策略与方法

（一）网络学习伴随式评价的策略

网络学习伴随式评价区别于以纸笔考试为主的传统评价方式,它采用过程性跟踪的网络评价方式,目的是为更好地支持个性化学习(Personalized Learning)与适应性学习(Adaptive Learning)。借助网络评价技术,伴随式评价可以实时反馈学习者学习情况并使学习者适应性地调整学习行为。借助适应性测评技术,指导教师可以根据学习者答题情况,适应性地安排练习题组,有针对性地匹配学习者的学习水平,提高练习、巩固的效率。此外,网络学习伴随式评价对于学习者的学习时间、作业正确率、网络交流过程、网络学习方式等都可以进行真实的记录与处理,并给予相应的评价和结果反馈。网络伴随式评价实施策略主要表现为过程嵌入、基于数据分析和技术工具支持等方面。

（二）网络学习伴随式评价实施方法

知识表征是信息加工心理学中的一个核心概念,即理解知识的前提是理解它如何在人脑中表征的。陈述性知识主要以命题网络或图式表征,程序性知识则以产生式,采用表现系列活动的方式进行表征。面向知识技能的网络学习伴随式评价可依据评价目标确定"知识技能链",将评价任务细分为多个小任务,每个小任务渗透相应的知识技能点,以问题的方式描述具体任务。对学习者完成每个任务的情况进行评价,以此反映出学习者对相关知识技能的掌握情况,使学习者按照评价结果做出反馈,安排进一步的学习任务。

1. 依据学习目标建立知识技能链

对基本概念内在含义的分析,也是对这些概念之间的关系及知识结构的分析。对技能操作过程的理解表现在技能和技能的关系之中。通过"结构性"的概念图和"过程性"的过程描述图,可以建立需要评价的知识技能链。

2. 按照学习任务确定网络学习主题

学习主题应体现学科内容的特征,将知识技能链嵌入到学习主题的内容活动,通过学

习活动主题的开展,将评价内容融入其中。当然,涉及的学习内容不同,确定的活动主题自然也就不同。

3. 在学习过程中设计伴随式评价任务

依据学习任务中的知识技能链和学习目标设计网络评价任务,每种客观测验题型都有其独特的性质、用途、优势、不足及编制原则。在明确了学习目标中体现的核心概念和技能后,可根据评价内容的特点以及教学的现实需要选择合适的题型,编制相应的评价任务。

4. 依据已有的问题库进行学习问题反馈。

通过网络学习平台,不断收集学习者开展相关评价任务中出现的问题,并对问题进行梳理,建立与知识技能相对应的问题库和指导对策。在学习活动过程中,对学习者进行伴随评价后,将所产生的问题与问题库进行比对,如果已有相关的问题指导策略,给出相应的学习建议,如果没有相关的问题指导策略,指导教师可在分析学习者学习问题后给出相应的建议,并进一步丰富问题库和指导策略。

三、面向知识技能的网络学习伴随式评价:一个值得借鉴的案例

可汗学院利用网络平台为学习者提供便于移动学习的微课程。该平台开发有伴随式评价系统,用以记录学习者对每一问题的练习过程,分析学习者在学习过程中出现的问题。利用伴随式评价结果,指导教师可以知道学习者还有哪些知识没有掌握,在学习过程中出现了怎样的学习问题,有针对性地进行指导;借助该评价结果,指导教师可以帮助学习者循序渐进地学习,在帮助学习者掌握知识技能学习目标之后引导学习者进一步开展学习。如果学习者哪个环节没有掌握好(或掌握得不够好),指导教师可根据学习者学习过程中的学习数据有针对性地为其推荐学习资源,帮助学习者逐步形成个人的知识技能体系。可汗学院伴随式评价实施过程可包括在学习初期、学习进行中和学习后期。

(一) 设计学习初期诊断评价——以评定学

学习者每开展一个新知识技能目标学习之前,网络学习平台会对学习者的学习基础进行诊断测评,根据测评结果反馈给出相应的学习建议,指导学习者学习与个人基础相适应的学习内容,达到"以评定学"的目的。

可汗学院网络学习平台在学习初期诊断评价设计中,针对知识技能体系建立了知识技能链(图4-3-1是学习者网络学习"线、角"时,平台将该知识细化为一个知识链)。学习者学习某部分内容前,网络平台会根据学习这些内容应具备的学习基础对学习者进行诊断测试,判断学习者的学习基础。如果学习者不具备学习这些内容的基础,网络平台会推荐前期学习资源,给出学习准备的建议;如果学习者具备学习这些内容的学习基础,网络平台会通过"知识技能链"的方式引导学习者逐步开展学习;如果学习者的学习能力已经超越了这些内容,网络平台会对学习者做进一步诊断,帮助学习者找到相关知识技能链的学习起点,

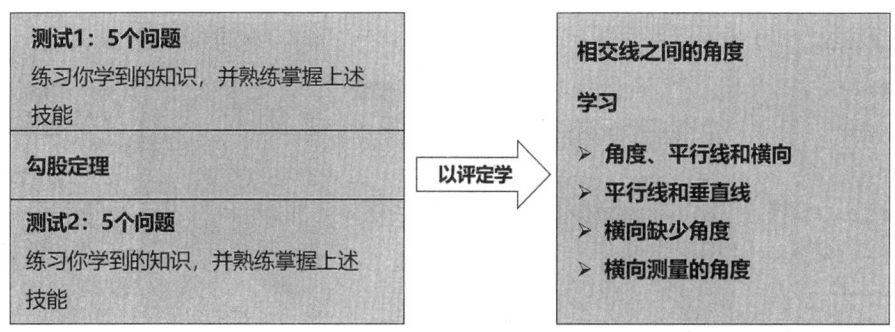

图 4-3-1 伴随式评价—"以评定学"

引导学习者开展学习。

（二）设计学习过程中的评价——"以评助学"

在学习过程中，通过科学、合理的教学评价可以促使学习者集中学习精力，激发学习者学习的内部动机。依据学习目标设计面向知识技能的伴随评价内容，通过边学习边测评的方式，学习者可以较好地把握学习目标，利用及时的测评反馈结果调整自己的学习进程。学习者被赋予较高的自主性和独立性，达到"以评助学"的目的。例如，学习者每完成一个知识技能点的学习，网络平台会提供相配套的评价内容，收集与分析学习者评价结果，为学习者下一步学习提供建议，如图 4-3-2 所示。

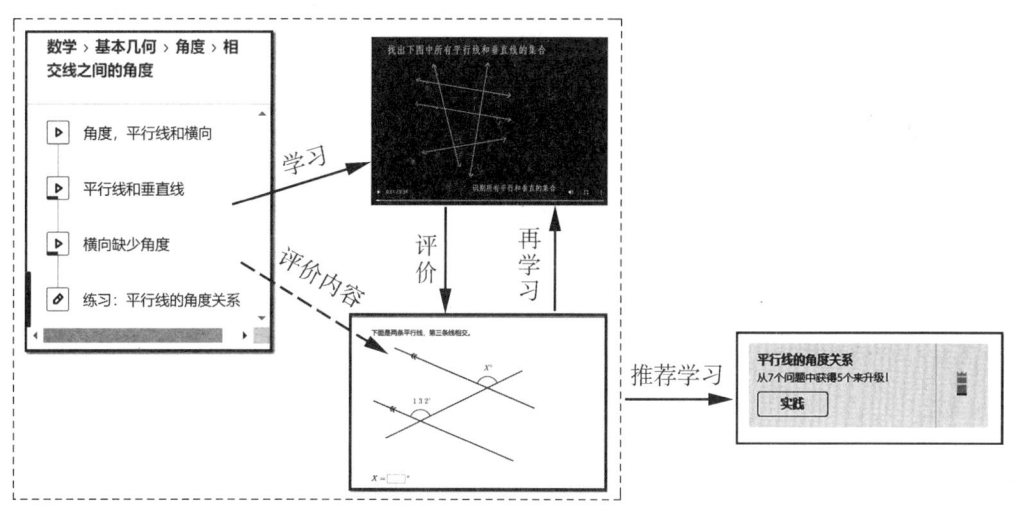

图 4-3-2 伴随式评价——"以评助学"

（三）设计学习后的评价——"以评促学"

在学习者完成学习内容后，通过及时评价可以了解学习者学习目标的达成度，发现学习者的学习问题以及存在问题的原因，为补偿性学习提供支持，达到"以评促学"的目的。例如，学习者完成一单元知识技能学习后，网络平台会提供相配套的单元评价内容，收集和

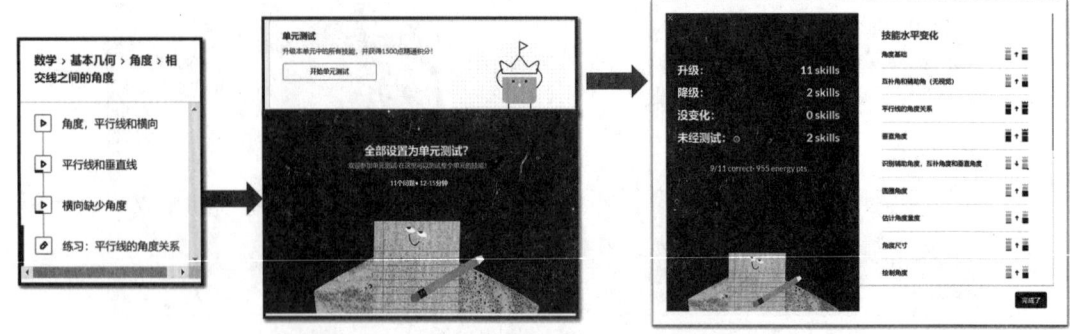

图 4-3-3　伴随式评价——"以评促学"

分析学习者对本单元目标的达成情况,为学习者下一步学习提供建议,如图4-3-3所示。

网络教学环境下,伴随式评价是从传统纸笔评价走向智能化评价的一种新形态,在教育教学实践中已崭露头角,并逐步应用于网络教学实践中。面向知识技能的网络伴随式评价借助网络评价工具对学习者知识技能学习目标掌握情况进行评价,即时给出学习反馈,根据学习者测评情况,适应性地安排学习资源,调整学习方法,支持学习者个性化学习的开展。

第四节　面向问题解决能力的伴随式评价

问题解决是人类适应生存环境、促进社会创新的一项重要能力,也是学习过程与方法的体现。近十年来,信息技术发展创生出全新的数字化生存环境,现实与虚拟空间融合赋予了问题解决能力的新特征。2012年经济发展与合作组织(OECD)举办的PISA测评采用了基于计算机的测评方式,主要关注中学生数字化环境下问题解决能力。相关测评结果显示,虽然我国中学生在数学、科学、阅读等方面成绩名列前茅,但在计算机模拟情境中问题解决的实际成绩与期望成绩落差很大,在43个参评国家(地区)中,成绩排在第42位(Ben & Joachim,2017),反映出我国中学生数字化环境下问题解决能力的不足。在新环境下如何改变传统的评价模式,怎样以评价促进中学生问题解决能力的提升,是我国基础教育面临的严重挑战。

一、问题解决能力评价:现状与挑战

问题解决作为人们有目的指向性的一系列认知操作,这种能力已成为学校教育的一项重要内容。目前,我国对中学生问题解决能力评价的方法,主要采用实验测评、纸笔测试和计算机模拟等。

（一）"实验测评"方式

在实验测评中，测评者通过设计实验情境，采用过程观察、口头提问、要点记录等方式测评学生在实验情境中进行问题解决的能力，依据评价标准对学生解决问题能力做出判断。例如，对于中学物理"测量定值电阻的阻值实验"，测评者可在实验情境中，观察学生对实验问题处理的过程，记录学生解决实验问题的方法与结果，对学生利用物理知识进行问题解决的能力给出判断。"实验测评"方式可以帮助测评者在真实情境中得到中学生问题解决过程的第一手信息，依据直接证据对学生问题解决能力进行评价，便于将实验测评结果反馈于学生学习过程中，及时指导学生学习。但是，在实验测评过程中，由于测评者主观因素与实验情境影响，测评结果存在着较大程度的不确定性。尤其在评价过程中，受限于测评者的个人偏好，评价结果容易出现以偏概全的"晕轮效应"。

（二）"纸笔测试"方式

在这种评价方式中，测评者设计指向问题解决的测试题，包括选择、填空、问答、文本描述等形式。这些测试题可间接反映出学习者利用知识进行问题求解的能力。例如，为测试学生利用"勾股定理"知识解决相关问题的能力，可设计一个房梁直角三角形支架的问题情境——已知支架两个直角边长度，分析另一边至少需要多长材料才能确保支架完成。"纸笔测试"方式对问题解决能力的评价过程、评价内容进行了精细设计，评价结果具有一定的信度和效度，同时也可以进行大规模施测，提高评价效率与可操作性，但是受"纸笔测试"条件限制，在问题解决能力评价过程中，学生缺少与具体问题情境的互动，所看到文本描述的情境问题主要还是结构良好问题（已知条件与需要达成的结果相对比较清楚），较难反映出学生对结构不良问题（或情境中的变化问题）的解决能力。这种评价方式容易造成"尽管中学生知识技能掌握较好，但是在真实问题情境中应用知识技能能力却偏弱"的问题。

（三）"情境模拟"方式

为解决现实情境难以创设、纸笔测试又较难真实呈现情境的难题，"情境模拟"方式可利用计算机模拟问题解决情境，记录学习者在模拟情境中解决问题的过程，再按照评价标准对学生相关解决问题的能力给予判断，这是问题解决能力评价的一种新方式。例如，在生物学习评价中，通过计算机系统模拟"草原食物链"情境，学生可观察模拟情境，与之互动，分析食物链中的层级变量，设计保持食物链平衡的方法与策略，解决食物链平衡问题。"情境模拟"方式通过计算机系统能较真实地呈现问题解决情境，为学生提供与情境中各种问题要素互动的机会。学生在解决问题过程中能比较真实地感受到各类问题的出现及变化，根据问题解决的需要调整策略，从而反映学生问题解决的能力。计算机系统还可以较全面地记录学生的问题解决过程，测评者可据此对问题解决中的能力要点进行评价，依据评价结果给出学习建议。当然,受计算机系统和评价软件等因素影响,"情境模拟"评价更多的是应用于结果性评价中,如何将"情境模拟"评价嵌入学习过程中,怎样通过网络方式及时呈现评价结果,指导学习者学习,还需要进一步研究。

二、问题解决能力评价:趋势与特征

信息技术的日益革新、经济全球化深入发展对社会民众数字环境下的问题解决能力提出了新要求,中学生问题解决能力的评价也被赋予了新特征。

(一) 问题解决作为"能力簇"的评价

心理学研究认为"问题"是在事物初始状态和想要达到的目标状态之间存在障碍的情境,问题解决是要在具体情境中利用所需的知识技能扫除这些"障碍"。从知识应用维度来看,问题解决能力可以看作是对知识技能的理解、应用与调控的认知连续体。例如,格拉泽等人从知觉模式、短时与长时记忆、执行能力、表征问题、自我监控等方面的差异分析专家与新手解决问题能力异同,总结出陈述知识、程序知识和认知策略等对问题解决能力的影响。从实施过程维度来看,问题解决能力可以反映在界定、分析、设计、实施与反思的行为连续体上。例如,布兰斯福特等人将问题解决划分为五个阶段,即发现(Identify)问题与机会、界定(Define)目标与表征问题、探索(Explore)可能的问题解决策略、预期结果并实施(Act on)策略、回顾(Look at)与学习,从而建立了 IDEAL 问题解决一般过程模型。可见,无论是从知识应用还是从实施过程维度来看,问题解决能力均表现为一系列能力。尤其在日趋复杂的数字化环境中,中学生问题解决能力的评价既不应完全脱离学科领域知识机械记录应用行为,也不应剥离具体情境只关注学科领域知识。设计与学生学习生活相关的问题情境,将学科(或跨学科)领域知识应用、问题解决过程分析等方面的综合素养细化为具体情境中"能力簇",使学生对渗透了"能力簇"情境进行理解与问题解决,从而反映出学生相关问题解决的一系列能力。2003 年 PISA 在关于中学生问题解决能力评价中,从"问题情境、跨学科知识、问题解决过程"等方面构建了问题解决"能力簇"测试。

(二) "伴随"作为能力评价新特征

近年来,教育评价沿着"学习结果的评价(assessment of learning)"到"促进学习的评价(assessment for learning)"再到"评价即学习(assessment as learning)"的脉络持续发展。评价伴随学习过程,通过评价提高学习者学习能力已成为教育评价一项重要特征。从评价功能来看,"网络学习伴随式评价"超越传统评价的甄别功能,评价结果可用于及时指导学习者学习。主要表现在:①伴随网络学习历程。在具体实施中,问题解决能力评价可以嵌入网络学习的开始阶段,用以分析学习者问题解决能力的学习基础,从而有针对性地提供学习支持,即"以评定学";也可以嵌入在学习者学习结束后,判断学习成效,为补偿性学习提供证据,即"以评促学";同样还可以将评价作为学习活动,使学习者通过对问题解决能力评价任务的完成来实现学习,即"以评助学"。"网络学习伴随式评价"贯穿于学习过程的始终,成为学习者网络自主学习的一种管理手段。②采用多样的伴随式评价方式。网络学习环境下,问题解决能力的评价可以通过多样的方式进行嵌入。例如,可以是静态问题情境,通过学习者对情境中问题的信息进行分析和解释,以此评价学习者分析、推理、判断等方面问题解决能力;也可以是交互式问题情境,通过理解交互情境中输入、输出变量,评价学习者问题解决策略的能力;还可通过"可穿戴设备"收集学习者问题解决过程中大脑活动数据,评价学习者思考状态。多样的评价形式能更充分地收集学习者问题解决时所表现的能力证据。③实时呈现伴随评价结果。网络学习伴随式评价,通过信息技术工具可实时收集、分析学习者问题解决能力的数据,将分析结果及时呈现出来,用以指导学习者的学习。例如,通过网络追踪技术持续收集学习者解决问题过程中的表现数据;利用数据统计与分析技术按照教育评价特征进行数据分析;用可视化方式呈现评价结果,并实时反馈。

(三)信息技术为伴随评价创造条件

信息技术应用于问题解决能力的评价丰富了教育评价手段,将新的评价理念落实于评价实施中。信息技术的问题情境创设、过程记录、评价结果实时反馈等功能都提高了问题解决能力评价实效,主要表现在:①创设网络问题情境。利用多媒体交互技术可以创设网络问题情境,渗透需解决的问题,呈现随机变化的问题场景,提供问题解决过程中的交互工具。例如,2012年PISA问题解决能力评价中所设计的"室温控制"问题,利用多媒体交互技术创设"控制器""温度""湿度"三者之间的要素关系,通过"应用""重设"交互按钮,为学生提供探索"空调系统控制规则"的问题情境。②连续记录问题解决过程。在问题解决能力评价过程中,信息技术工具不仅使得评价形式多样,也可通过记录学习者的应用行为来测量学习者问题解决过程中的认知过程与实施策略,判断学习者在模拟情境中的问题解决能力。例如,美国自然科学基金支持开发的多媒体交互测试平台(Interactive Multimedia Exercises, IMMEX)将问题解决能力测评过程与结果相结合,实现在学生问题解决过程中,测试平台可记录学生查看某个信息细节的顺序、次数及思考时间,并结合学生问题解决的结果绘制问题解决的思维路径图和效率效果图,记录不同学生的问题解决情况。③全样本描述相关评价指标。通过分析学习者在问题解决过程中的全样本数据,一方面通过可视化方式描述影响学习者解决问题能力的关键因素,为教学者改进教学策略提供支持;另一方面利用学习者学习数据精准刻画每个学习者问题解决的情况,支持学习者的个性化学习。例如可汗学院的网络评价系统对学生所实施的每个问题解决过程都进行记录和数据分析,依据数据分析的结果,向学生个性化推送学习资源和学习建议,利用可视化的方式持续描述学生解决问题的过程,勾画出学生问题解决过程中的思维过程,为判断学生问题解决能力提供证据。

三、问题解决能力评价:伴随方式与策略

问题解决能力作为网络学习伴随式评价的一项内容,在评价设计、网络环境开发和评价结果等方面也都有了新的特点。

(一)界定问题解决"能力簇"

在对问题解决能力具体表现研究中,认知心理学家安德森认为问题解决是指向有目的问题解决既表现在心理过程的操作序列上,同时也反映在问题解决的认知操作上,其观点既反映了问题解决过程中知识技能应用,也强调了具体操作过程。奥苏伯尔和鲁宾逊以"几何问题"解决为原型描述问题解决的模式,他们"不仅描述问题解决的一般过程,也强调原有知识结构在问题解决中的作用"。2003年,PISA在跨学科问题解决测评框架中,通过问题解决过程和推理技能的结合,判断学习者应用跨学科知识解决问题的能力。IMMEX平台利用"信息空间"与"解题路径"方式构建"问题集",通过分析学习者对情境中"问题集"的处理反映其问题解决的能力。可见,问题解决过程中,"知识应用"与"实施过程"相互交织于问题情境之中,进而产生不同的能力要求。

从"知识应用"维度来看,它既包括学科领域知识技能,也包括跨学科领域知识技能。当然,不同学科领域的知识应用表现出不同的特点。例如,2012年PISA测试在数学领域内容包括"变化和关系""空间和图形""数量"以及"不确定和数据"四个方面。从"实施过程"维度来看,结合杜威、奥苏伯尔、布兰斯特等对问题解决过程的研究成果,问题解决过程主要表现为:分析与界定问题、表征与构思问题、制定与执行策略、检查与反思结果等阶段。结合"知识应用"与"实施过程"两个维度,可建立问题解决能力"二维框架"(如表4-4-1所示),其中每一个单元格(或进一步细化的单元格)表示问题解决不同阶段。学习者应用相关知识解决问题所表现出的子能力,构成网络评价的"能力簇",可依据"能力簇"设计与之对应的"问题集"。

表4-4-1 问题解决能力评价设计的"二维框架"

实施过程	学科(或跨学科)领域知识与技能				
	数学领域	科学领域	工程领域	技术领域	……
分析与界定问题					
表征与构思问题					
制定与执行策略					
检查与反思结果					

（二）设计网络学习伴随式评价情境

认知心理学研究表明"情境"决定人们对事件意义的理解和事件发生的可能性,影响着人们的知觉内容及学习方式。问题解决过程中,"情境"作为问题呈现的载体,可以激发学习者在问题解决过程中反映出自身的知识应用等相关能力,进而有针对性地做出判断。网络评价设计过程中,学习者自身经验、评价问题和网络环境等因素都影响着评价情境的设计,主要表现在:①分析学习者背景经验。学习者是情境问题的解决者,情境设计要符合学习者的背景经验,与学习者原有的认知结构相适应。例如,2012年PISA测试题中设计有"个人情境"的内容,该情境与学习者个人的日常活动直接相关,是学习者最常体验、具体经验最为丰富的内容。②渗透"问题群"。情境中的问题是学习者要解决的关键点,依据所需评价的"能力簇"设计"问题群",通过问题群,将评价目标渗透到情境之中,反映出学习者解决问题的相关能力。例如,描述微处理器控制的自动售货机自动售货流程的情境中,对"判断币值的条件是什么""如何用流程图描述处理过程""购物失败可能原因是什么"等问题的回答都反映了学习者的相关能力。③开发评价环境。网络技术丰富了问题解决能力评价的手段,为媒体呈现、互动手段、作品制作等方面提供了强有力技术支持,使情境呈现形式更加多样。常见的网络评价情境有静态问题情境、互动问题情境、作品生成情境等。

（三）以报告形式呈现网络评价结果

网络环境为收集、处理和分析学习者问题解决能力的信息提供了技术支持。利用网络技术可及时生成学习者问题解决能力的评价报告,反馈学习者的相关信息,实现有针对性地提供学习指导。例如,可汗学院网络学习平台将问题解决能力的评价嵌入到学习过程中,用实时的评价结果调节学习者学习进程。从内容与结构来看,网络评价报告可包括事实描述、能力分析与判断和学习建议等方面。①描述学习者问题解决能力的事实。依据评价目标,通过网络工具记录与描述各环节中问题解决的过程与结果。例如学习者在问题情境中对各个子问题思考的时长、所使用到的信息、问题解决的具体结果等。为使描述内容直观易读,除了采用数据、文本描述外,也可根据需要以表格、图表等形式呈现。②判断学习者问题解决的相关能力。结合评价标准,对学习者所解决的各个子问题的情况进行判断,给出相关能力判断结果。为使结果有说服力,可通过评价标准、能力表现、结果判断相互对照的方式进行呈现。③给出问题解决能力提高的建议。对照学习者在问题解决过程中的表现,说明学习者相关问题解决能力的"优势"与"不足",从知识技能实施过程、解决策略等方面给出发展建议,为学习者进一步发展提供支持。

四、问题解决能力评价:一个网络学习伴随式评价的案例

问题解决能力作为学校教育的一项重要内容,在评价实施方面还存在较多的困难。随着信息技术发展,通过网络工具将问题解决能力的评价嵌入学习过程中,利用情景模拟方

式增加测评的真实性,丰富了测评手段,提高了测评数据处理与反馈的质量。以下提供一个中学生问题解决能力网络评价的案例。

(一)案例背景

国家普通高中信息技术课程标准(2017年版)必修课程中有"从生活实例出发,概述算法的概念与特征,运用恰当的描述方法和控制结构表示简单算法"的学习要求。此学习要求中的"运用恰当的描述方法和控制结构表示简单算法"是对学生问题解决能力测评的一项内容。

(二)网络学习伴随式评价案例设计

1. 利用"二维框架"界定问题解决的"能力簇"

从课程标准对"算法"学习的要求来看,主要应用到的知识技能是"算法特征、算法描述方法、算法结构"等。学生问题解决的实施过程可确定为:分析与界定问题、表征与构思问题、制定与执行策略、检查与反思结果。按照"知识应用"和"实施过程"构建的问题解决能力测评二维框架,如表4-4-2所示。

表4-4-2 解决问题"能力簇"的设计

实施过程 \ 知识应用	信息技术学科领域相关知识与技能		
	算法特征	算法描述方法	算法结构
分析与界定问题	√		
表征与构思问题			√
制定与执行策略		√	
检查与反思结果	√	√	√

依据二维框架中"知识应用"与"实施过程"交叉点的内容,将应用算法知识解决问题的"能力簇"设计为:

子能力1:用算法知识分析某一自动控制系统特征,界定其实施条件与结果。
子能力2:用算法结构知识分析该自动控制系统中的要素,明确算法实现流程。
子能力3:用流程图描述该自动控制系统中的算法。
子能力4:针对该自动控制系统的实施过程,判断系统出现问题的可能原因。

2. 按任务需要设计网络评价情境

将解决问题的"能力簇"的评价渗透到具体问题情境中。依据学生生活与学习经验,设计"微处理器控制的自动售货机"评价情境,将各项子能力以"问题集"的方式渗透其中。

(1)情境描述:某自动售货机是由微处理器控制。张明同学在自动售货机前选择了一个价值五元的饮品。然后,在收款入口放入一张十元纸币。自动售货机在接收货币后,会在商品取出口给出张明所要的饮品,并找回五元钱。

(2)渗透"能力簇":依据"能力簇"设计相应的评价"问题集"和网络评价呈现方式,如表4-4-3所示。这些子能力,有的可直接通过答题结果进行反映,有的需要采用模拟操作来反映,还有的需要用发散思维进行反映。按照子能力测评需要,网络测评内容以"文本描述+图片说明+交互操作"的方式呈现。

表4-4-3 依据"能力簇"设计"问题群"

问题集	问题描述	呈现方式	对应子能力
问题1	激活自动售货机的前提条件是什么?	选择题	子能力1
问题2	自动售货机被激活后,如何操作才能达到购买饮品的目标?	选择题	子能力1
问题3	请用流程图描述自动售货机中微处理器处理的过程。	情境交互操作	子能力2 子能力3
问题4	如果张明同学通过自动售货机购物没有成功,请列出没有成功的可能原因。	简答题	子能力4

(3)伴随时机选择:评价内容可以伴随学生对"算法"网络学习的整个过程。网络学习开始阶段,可将问题情境融入学习活动中,引导学生依据个人学习背景对问题1和问题2进行思考,分析学生对自动售货机的应用能力和理解程度;网络学习过程中,将问题3融入其中,引导学生边学习流程图知识,边用流程图知识解决问题,分析学生应用流程图的能力;网络学习任务完成后,呈现问题4,分析学生对结构不良问题的解决能力。

3. 通过评价报告呈现测评结果

学生在不同学习阶段作答后,网络系统以报告的形式给出学生利用算法知识解决该问题的能力评价结果。随着学习深入,评价报告内容会不断完善。报告内容会描述出学生对每项子项目测试题的作答结果。选择题可以明确说明答案正确与否;情境交互操作题通过平台系统记录学生交互过程,给出结果正确与否的判断;简答题可通过系统文本分析方式给出判断。最后按照测评结果针对学生须进一步提高或发展的能力给出学习建议,帮助学生及时调整学习策略。

(三)案例说明

"微处理器控制的自动售货机"评价情境的设计是为检测学生利用算法知识解决问题的能力。通过学科"知识应用"和"实施过程"二维框架界定学生表现出的"能力簇",设计"问题集",将子问题通过文本、图片或互动的方式融入网络评价情境中。在学习过程中,依据评价目的嵌入评价问题,测评者可获得学生在作答过程中反映出的各项子能力的情况,通过与评价标准的比对,以评价报告方式对学生问题解决能力的评价结果进行反馈。

信息技术的发展与应用对社会公民的生存能力提出了新要求,以知识传授为主的教学已很难满足学生的发展要求,提高学生数字化环境下解决问题的能力逐渐为学校教育所重视。针对新的教育挑战,信息技术为问题解决能力的"学"与"评"创造了条件。例如,利用网络系统将评价情境嵌入学习过程中,依据评价需要采用信息技术工具跟踪学生问题解决的过程,收集问题解决过程中反映出学科(或跨学科)领域学生知识技能运用能力、策略选择与执行能力、自我监控与反思能力的证据,分析与描述学生问题解决能力的状况,支持学生问题解决能力发展过程中网络"学"与"评"的伴随实施。

第五节　面向网络学习态度的伴随式评价

态度是个体对特定对象(人、观念、情感或者事件等)所持有的稳定的心理状态,一般表现为倾向与回避、喜爱与厌恶、接受与排斥等。在网络学习过程中,学习者对网络学习方式的接受程度、参与程度、喜爱程度等都影响着学习者的网络学习质量。伴随学习者学习过程,了解学习者网络学习态度,可以有针对性地加强对学习者网络学习的管理与干预。

一、网络学习态度分析

依据教育心理学,态度主要包括三种成分:①认知成分,指个人对态度对象带有评价意义的叙述,它与表达情境和态度对象之间关系的概念或命题有关,如个人对态度对象的认识、理解、相信、怀疑以及赞成或反对等;②情感成分,指个人对态度对象的情感体验,它与概念或命题的情绪与情感有关,例如尊敬—蔑视、同情—冷漠、喜欢—厌恶等;③行为倾向成分,指个人对态度对象的反应倾向或行为的准备状态,也就是个体准备对态度对象做出的反应与行为的预先安排或准备有关(邵瑞珍,2000)。根据心理学的态度成分分析,可从以下三个方面去理解网络学习态度的成分:

(1)网络学习的认知成分。主要指学习者对网络学习环境中网络学习技术工具、网络学习资源、网络学习活动方式、网络学习评价等方面的认知程度。例如,学习者在开展网络学习前从来没有接受过网络技能的学习,对网络学习环境和交流方式也不熟悉,在这种情况下开展网络学习,学习者就较难有积极的网络学习态度。反之,如果学习者能很自如地使用网络技能,了解网络学习环境基本流程,则比较容易接受网络学习。网络学习开展前,学习者对网络学习的认知成分直接影响学习者网络学习的接受度与主动性。

(2)网络学习的情感成分。主要指学习者在网络学习过程中对学习目标达成、他人认可以及个人学习成果等方面的获得感和满足感的程度。例如,学习者在网络学习过程中,按照网络学习计划与课程内容设计顺利地完成学习目标,从与教师和同伴的网络交流中获得鼓励和好评,能够应用网络学习的知识技能创新学习作品,以网络的方式向教师和同学进行展示。在此过程中的获得感和满足感可以成为学习者网络学习的动力,不断进步。

(3)网络学习的行为倾向能力。主要指学习者对网络学习偏好行为的预备倾向,包括是否喜欢网络学习、是否愿意接受网络学习等。例如,学习者如果已经适应了面对面的教学或习惯了用纸质课本和纸笔方式进行学习和记录,那么受学习思维定式的影响,他们缺少对网络学习的知识或技能准备,有可能对网络学习方式有抵触行为,甚至会出现逃避的态度。因此提前为学习者做好网络学习认知层面的准备并加强引导,将有利于提高学习者网络学习态度。

二、网络学习态度伴随式评价方法

网络学习态度受到认知、情感和行为倾向等成分及其关系的影响。网络学习评价中,根据态度成分的强度、范围或包含的内容,可以区分出一个学习者同另一个学习者在学习态度上的差异。即使网络学习的情感成分相同,认知成分、行为倾向成分的不同也可能导致学习者学习结果不同。例如,一个对网络学习方式抱有消极情感的学习者,可能会在学习过程中毫无进展,并最终导致学习的中止;而另一个学习者也对网络学习方式抱有同样消极的情感,但是因为得到教师和同学们的认可,他会不断地努力,最终适应网络学习方式。因此在对网络学习态度各成分进行评价时,需要综合考量。对网络学习态度的评价,可以从网络学习行为过程的跟踪记录、网络学习态度量表等方面进行。

(一)网络学习行为跟踪记录与数据分析

网络学习行为主要反映学习态度中行为倾向的成分,按照网络学习环境设计和网络学习的基本方法与过程,学习者网络学习行为可以分为网络基本操作行为、网络课程资源学习行为、网络学习交互行为等方面。每一方面可以进一步分为:学习者登录、观看视频、浏览网页、做练习题、做自我测试题、访问论坛、网络交流等网络行为。对这些网络学习行为进行持续跟踪记录与分析,可以了解学习者在网络学习过程中的行为表现和网络学习心理状态,进而进行持续的综合分析,判断学习者网络学习的态度。表4-5-1是对网络学习行为的梳理和网络跟踪记录的分析。

网络学习活动中,借助信息技术可以实时记录学习者的网络学习行为。指导教师不仅可以知道学习者在网络学习活动中做了什么,发布了什么,还可以判断学习者在网络学习过程中所做、所说的持续过程,能比较客观地了解学习者的网络学习情况。教学者可根据这些客观、具体的数据对学习者网络学习态度做出判断,尽量减小因为个人的偏见给学习者的行为判断带来的偏差。

此外,网络学习平台用可视化方式对学习者网络学习行为采集和处理后的数据进行呈

表4-5-1　基于学习者网络学习表现的行为倾向分析

网络学习行为分类	伴随式行为表现	评价意义
网络操作行为	登录网络学习课程的总次数	分析学习者网络学习的频度
	每次网络学习持续时长	分析学习者每次网络学习的坚持度
	网络学习持续天数	分析学习者对网络学习的坚持度
	每次开始网络学习的时间	分析学习者对在线学习的依赖程度
网络课程资源学习行为	网络学习视频观看的个数	分析学习者对学习内容的整体学习情况
	每个网络学习视频学习时长	分析学习者对分项学习内容的学习情况
	浏览资源网页的个数	分析学习者对学习内容的整体学习情况
	下载网络学习资源的次数	分析学习者对学习资源的接受情况
网络学习的交互行为	发帖次数	分析学习者网络交互参与度
	读帖次数	
	回帖次数	
	参加网络交流次数	
	网络发言次数	

现,一方面可以比较形象地反映出学习者网络学习过程中的行为表现状况,另一方面也可以动态地体现出学习者网络学习行为的发展和变化。这样既可以帮助教学者了解学习者网络学习行为的实时现状,也可以用发展的视角分析和预判学习者网络学习态度的问题。

当然,目前受网络技术环境和行为分析指标的限制,难以面面俱到地对学习者网络学习行为进行记录,也不能完全真实地反映学习者的实际情况,还需要在技术环境和评价指标方面不断进行完善和发展,同时需要结合其他评价方法来对网络学习态度进行综合判断。

(二) 网络学习态度量表

评价量表是采用量化数值来代表对受测者的某种认可程度,是将非数量化的问题加以量化。在态度评价过程中常用的评价量表是李克特评价量表(Likert scale),这种评价量表是针对需要测评的问题设计相应的陈述,受测者被要求指出他们(或她们)对该题目所陈述内容的认同程度,通常使用五个回应等级(五点量表),即非常同意、同意、不确定、不同意和非常不同意。网络学习态度评价中,教学者可通过针对所评价态度成分进行设计和开发,其主要步骤如下:

(1) 选择关于学习者对网络学习认识积极和消极的观点。例如,关于学习者对网络学习方式的认可程度,诸如网络学习是有趣的、网络学习不能取得好的学习效果等;

(2) 编写一系列与网络学习态度相关的积极和反向的陈述,编写的积极陈述与消极陈述的数量要基本相当。

(3) 确定每一陈述的反应选项,可用五个回应等级(非常同意、同意、不确定、不同意、非常不同意)来进行表述。

(4) 添加指导语,告诉学习者如何作答。倘若用字母(或符号)表示五点量表,在指导语中要标明每个字母(或符号)表示的意义。

(5) 对量表进行修订和完善。通过对测评量表信度与效度的分析,对其中的测试项做进一步的补充、剔除与完善。

以下是为调研学习者对"空中课堂"[1]的学习态度而设计的一个态度量表(部分)示例:

请仔细阅读以下每个陈述的题干,选出你认为合适的一个选项,以准确表明你对陈述的观点同意和不同意的程度。

1. 我觉得空中课堂的学习很方便。
  A. 非常同意 B. 同意 C. 不确定 D. 不同意 E. 非常不同意
2. 我觉得空中课堂对于我的学习有明显的帮助。
  A. 非常同意 B. 同意 C. 不确定 D. 不同意 E. 非常不同意
3. 空中课堂的教学内容很有趣。
  A. 非常同意 B. 同意 C. 不确定 D. 不同意 E. 非常不同意
4. 我不是很喜欢目前空中课堂的学习方式。
  A. 非常同意 B. 同意 C. 不确定 D. 不同意 E. 非常不同意
5. 空中课堂没有很好地解决当前不能到学校上学的问题。
  A. 非常同意 B. 同意 C. 不确定 D. 不同意 E. 非常不同意
6. 疫情结束后,我不希望继续这样的空中课堂学习方式。
  A. 非常同意 B. 同意 C. 不确定 D. 不同意 E. 非常不同意

网络学习态度量表的计分是根据五点量表赋予的权重。对积极的陈述,从A到E的每个选项的分值分别是5、4、3、2、1。对消极的陈述,从A到E的分值是1、2、3、4、5。学习者在每条陈述上得分的总和就是测验的总分,分值越高,说明态度越积极。

评价量表设计完成后,在大规模样本测量前,还需要对量表的信度和效度进行测试。信度是指测验结果的一致性、稳定性及可靠性,通常以内部一致性来表示该测验信度的高低。克朗巴哈系数(Cronbach's α,也称α系数)是分析量表信度的一种常用统计量,反映的

---

[1] 空中课堂指在2020年新冠肺炎疫情期间,国内很多地区开展的电视广播+网络交流的教学方式。

是量表中各题项得分间的一致性;效度是指所设计的量表是否能够准确测出所需测量的内容的程度,即量表的测量有效性。测量结果与要考察的内容越吻合,则效度越高;反之,则效度越低。量表的效度可以分为内容效度、结构效度和效标效度。本书附录1提供了针对中学生网络学习态度的评价量表。

第五章

旨在促进学习者发展的网络教学：
伴随式干预的视角

中学生网络学习问题是由学生内在调研能力和外在管理因素相互影响造成的。加强学生网络学习干预，提高网络学习质量是网络课程实施的新挑战。网络学习伴随式干预是为改善学习者网络学习质量所采取的持续性介入行动，其中技术环境、干预策略和干预方法等因素影响着网络学习干预效果。

第一节　网络学习伴随式干预的策略与方法

一、中学生网络学习伴随式干预：策略分析

教学策略强调的是"为实现教学目标，教师所采用的一系列问题解决的行为决策"。它关注"为什么"的问题，也指明"怎么做"的路径。史密斯在教学设计研究中从内容组织、传播效能和过程管理三方面分析教育工作者在教学中可以采纳的教学策略。从技术应用来看，现实与虚拟空间、真实与"画像"两类学习者、真实与智能两种教育工作者为网络学习伴随式干预的实施创造了数字化学习环境。网络学习伴随式干预将学习理论与数字化学习环境结合起来，教师根据网络学习问题以及学习内容特征制定指导策略，并选用技术工具落实策略，有针对性地调整与优化学习者网络学习过程（如图5-1-1所示）。

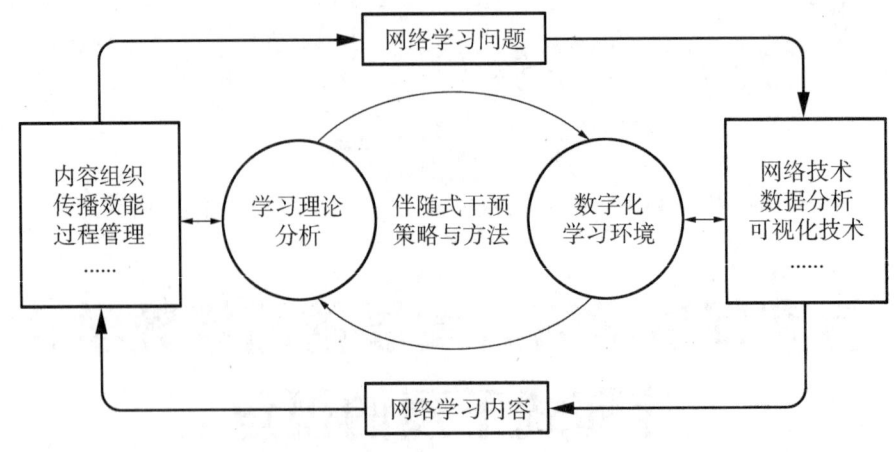

图5-1-1　网络学习伴随式干预策略分析

（一）学习内容"二次组织"策略

知识学习是要将学习者学习的新知识与原有知识建立关联，形成意义建构的过程。网络学习过程中，学习者按照学习要求完成学习过程，但未达成学习目标，这就需要判断学习内容的组织是否符合学习者认知特征，通过对学习内容的"二次组织"进行学习干预，帮助学习者再次学习相应知识，达成学习目标。具体策略主要表现为：

（1）改变呈现方式。不同学习者的学习基础与学习风格不同，所能接受的知识表征方式也不相同。针对学习者学习网络知识过程中的困难，可通过多种知识表征方式为其提供理解学习内容的方法，促进学习者将原有知识与新知识建立关联。例如，利用思维导图工具设计知识结构图，用层级或图表形式表征概念，呈现上位概念与下位概念的关系；通过图片、视频等多媒体方式将新知识与学习者已有知识的衔接点进行关联，将抽象学习内容以形象具体的方式表现；采用虚拟/增强现实（VR/AR）等技术模拟学习情境，分步骤、有计划、按知识逻辑的过程演示学习内容，反映学习内容要点之间的关系。通过改变知识内容呈现方式，为学习者提供多种形式内容的选择机会。

（2）调整学习内容。皮亚杰在儿童认识发展研究中指出，"个体能够进行知识同化的重要条件是内在结构能够理解外在的信息"。如果学习内容难度超过学习者已有知识结构的同化范围，他们就很难对新的知识内容进行同化。网络学习过程中，如果学习者遇到学习困难，需要根据他们的认知基础调整学习内容，进行学习干预。例如，通过网络学习平台对学习者进行学习前测，分析学习者的学习基础，按照测试结果提供适合的学习内容；此外，也可借助网络知识图谱映射出与学习者学习基础对应的学习内容，为具有不同学习问题的学习者提供相应学习内容，促进学习者对新知识的吸收。

（3）转换教学方法。教学方法指向规定学习目标，是受课程内容制约的教与学的操作规范和步骤。其中，学习目标、教学内容、学习基础等因素影响着教学方法的选择。不同教学方法在不同教学情境中会产生不同的教学效果。网络教学过程中,指导教师可依据学习者的学习问题合理调整或转换教学方法,帮助学习者解决问题。例如,对于个别学习问题,可通过远程视频方式一对一交流来答疑解惑;对于共性学习问题,可通过线上线下结合的方式组织研讨,从不同角度分享观点,共同解决学习问题;此外,对于一些实验原理性问题,也可通过视频演示方式,直观展现实验过程。

(二) 学习结果"有效反馈"策略

反馈是信息传播过程中的重要环节。在教学系统中,反馈是将学习结果及相关信息告知学习者,帮助他们感知进步,认识不足,及时调整学习过程的一种干预策略。施瓦茨在教学反馈研究中认为"教学活动能够让学习者的学习得以开展,但教学活动与学习反馈结合才能让学习者的学习变得更加优异"。网络学习过程中,通过即时、有针对性和清晰的反馈,可以帮助师生及时把握当前的学习情况,加强学习者与网络学习环境的联系,避免"学习迷失"的问题。

(1) 根据需要及时反馈。及时性是学习反馈的关键。已有研究结果显示当学习者对解题过程保持有记忆时,反馈能较好地帮助学习者认识学习问题,弥补学习不足,使学习达到好的效果;如果反馈过于迟缓,学习者已经忘记解决过程或解题思维的冲突已经消失,即使反馈内容很详细,也较难引起学习者的关注。因此,网络学习过程中,确定学习者学习问题后,应按照学习者学习需要,利用信息技术工具及时反馈。在技术实现上,可通过网络论坛、短信、电子邮件、作品点评等方式进行交流与反馈,引导学习者及时解决学习问题。

(2) 针对具体问题反馈。针对性是学习者接受反馈内容的一个重要条件。从已有研究成果来看,"反馈内容越能针对个人学习问题,越能从不同类型的知识技能层面给予解释和说明,学习者也就越愿意接受反馈内容"。如果反馈只是简单地给出学习结果的"对"或"错",缺少学习证据支持,不仅不能起到学习支持的作用,甚至还会对学习者学习起到消极效应。网络学习中,通过技术工具,按照多维评测指标收集学习数据,在数据分析基础上,从问题界定、原因分析和学习建议等方面给予反馈,避免简单"对"或"错"的结果反馈,可提高学习者解决学习问题的针对性。

(3) 可视化方式反馈。可理解性的反馈有助于提高学习反馈效能。从反馈形式来看,"要点突出、清晰简洁、指向明确"的反馈内容更易于为学习者所理解与接受。如果只是将所收集到的大量学习数据(或信息)机械地传递给学习者,不仅不能帮助学习者理解反馈中的学习问题,反之还会增加学习者理解反馈信息的负担(Schwartz,2016)。随着技术的发展,目前已有很多网络学习平台采用可视化方式呈现网络学习报告,直观反映学习者学习现状,揭示导致学习问题产生的相关因素,帮助学习者较全面地理解反馈信息。

（三）学习过程"伴随管控"策略

伴随式管控是为提高学习者学习质量，帮助学习者达成学习目标，利用平台系统对学习者学习行为进行伴随式管理和调控的一系列活动。网络教学过程中，学习者流失率偏高的问题一直困扰着网络课程的组织与实施。加强网络学习监督，推进网络学习精细化管理，适时提供学习支持，可保持学习者网络学习的稳定性。

（1）远程管控。开放是网络学习的一个重要特征，但开放学习不是"放任自流"。如果缺少网络学习管控，自控能力差、学习调节能力不强的学习者容易出现学习中断问题。通过伴随式学习管控，可引导学习者在开放环境中逐步提高自主学习能力，实现从外部控制到内力驱动的转换。在技术实现上，利用网络学习平台可跟踪学习者网络学习进度，当学习者在规定时间内落后于学习进度，平台会及时提示，督促学习者学习，培养学习者网络学习的好习惯。此外，利用平台还可以采集学习者网络交互内容，通过文本分析工具判断学习者学习难点，据此提供配套学习资源，提高学习者选用网络学习资源的效率等。

（2）网络分组管理。网络学习平台对学习组织形式引发的显著变化使得以"班级为单位"的学校教学组织形式被以"课程为单位"的网络教学组织形式所替代。新的教学组织方式为学习者自主选择课程提供了便利条件，但是课程实施中"学习成员不固定、教学组织松散"会导致学习者产生学习"孤独感"与"无助感"问题。通过"网络学习小组"可以加强网络学习者之间的联系，有助于学习者利用网络平台进行问题探讨，开展合作学习。网络学习过程中，小组成员的交流与合作作为促进学习者学习动力的"助推剂"，能让学习者感受到"身边"其他学习者的存在，体会个人与小组同学的学习进步。

（3）混合式指导。混合式指导是现实与虚拟学习相互融合的结果。指导教师可针对学习者在网络学习过程中遇到的问题，采用网络学习分析与面对面交流相结合的方式进行学习指导，以取得最优的教学效果（Singh & Reed, 2019）。例如，一些学习者自控能力不强，对于难度较大的学习内容较难实现网络自主学习，无法跟上网络学习进度。指导教师可以根据网络平台的学习分析结果，针对这些学习者的学习问题提供线下学习资源、学习指导和学习评价，采用混合指导方式管理这些学习者学习，帮助他们达成学习目标。

二、中学生网络学习伴随式干预：方法设计

方法是指向特定目标、受特定内容制约的有结构的规则体系，通常它是有计划、有系统、有结构的操作规范和流程。网络教学指导过程中，学习干预方法取决于学习者特征、学习目标与学习内容等因素，同时也会受新技术与新工具影响。追溯网络学习过程中的问题产生，结合信息技术的功能，网络错题库、二次性指导、网络学习报告等成为网络学习干预的几种常用方法，如图5-1-2所示。

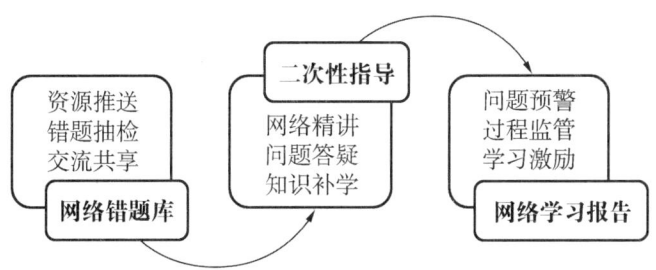

图5-1-2　网络学习伴随式干预方法的实现

（一）利用"网络错题库"实施干预

"错题"是学习者解题过程中的错误作答。每个学习者在学习过程中都会出现这样或那样的错题，错题也常引发师生对学习的担忧。如能分析出"错题"产生的原因，有针对性地提供学习干预，便可将"错题"转化为促进学习者学习的资源。网络平台可为每个学习者建立"网络错题库"，帮助学习者找到个人学习薄弱之处，帮助教学者有针对性地进行学习指导。

利用"网络错题库"，可从"资源推送、错题抽检与交流共享"等方面进行学习干预。①"资源推送"针对学习者网络测试中的错误，从网络资源库找到与之相适应的学习资源，推送给学习者进行补充学习；②"错题抽检"则可在单元学习结束后，利用网络错题库对本单元中学习者所出现过的错题进行再次检测，判断学习者对知识技能的掌握情况，以确定是否继续提供相应学习支持；③"交流共享"是针对错误率较高的习题，将相关习题推送到交流平台。教学者在交流平台上组织学习者对错题进行研讨，或者直接进行面对面的讲解与研讨，提供解决错题的经验和方法。利用"网络错题库"进行学习干预，可直接找到学习者学习的"痛点"，提高干预的针对性。

（二）通过"二次性学习"实施干预

"二次性学习"是指学习者在第一次学习课程内容后，没有达到预设的学习目标，经教学者分析学习问题并对课程资源、学习方法等方面进行再次开发与设计后，进行再次学习。网络工具可以对学习者学习行为进行系统的跟踪与记录，用数据刻画出每个网络学习者的特征和学习现状，为教学者进行学习干预提供证据。

具体实施上，"二次性学习"支持方面包括网络精讲、问题答疑、知识补学等干预方式。"网络精讲"是分析学习者学习过程中集中出现的学习问题，对学习内容进行精讲，组织学习者二次性学习，达成学习目标；"问题答疑"针对学习者网络学习过程中的个性化学习问题，选择个性化学习方法，开展分类或个别网络指导，促进学习者对学习问题的解决；"知识补学"是确定学习者网络学习过程中有"遗漏的学习内容"后，为学习者再次提供学习资源，引导学习者开展网络补学，达成学习目标。"二次性学习"是总结学习者学习失败的原因后再次指导学习者开展学习,它不仅关注学习中出现的问题,也注重分析引发问题的原因,加强学习干预的实效性。

(三)依托"网络学习报告"实施干预

"网络学习报告"是借助学习平台跟踪和记录学习者的网络学习过程,利用信息技术工具分析和呈现学习者学习状况的一种学习分析报告。它描述了学习者网络学习现状和影响学习者学习的要素,给出相应的学习建议。"网络学习报告"是在学习者学习数据分析基础上反映学习者的网络学习情况,能较真实地呈现学习者个人与群体的学习状况。

通过"网络学习报告",针对学习者学习中的问题,可采用问题预警、过程监管和学习激励等方式进行学习干预。问题预警是将学习者网络学习进度与预期学习计划进行比对,如果出现登录次数不足、学习内容进展与规定内容不符等问题,网络学习报告会给出预警提示。过程监控是网络系统记录与描述学习者网络学习情况,及时判断和发现学习者学习的问题和不足,将此反馈给学习者和教学者,起到学习督促与监管的作用。学习激励是根据学习者网络学习进展和所取得的学习成绩,给予相应学习等级和积分鼓励,激发学习者进一步开展学习。"网络学习报告"是对学习者学习状况进行整体"画像",分析影响学习者网络学习的因素,对学习者学习发展进行预判,它可以体现学习干预的持续性。

三、网络学习伴随式干预的实践应用

伴随式学习干预是针对学习问题,将数字化学习环境、干预策略与方法融合为一体的学习指导过程,如图5-1-3所示。

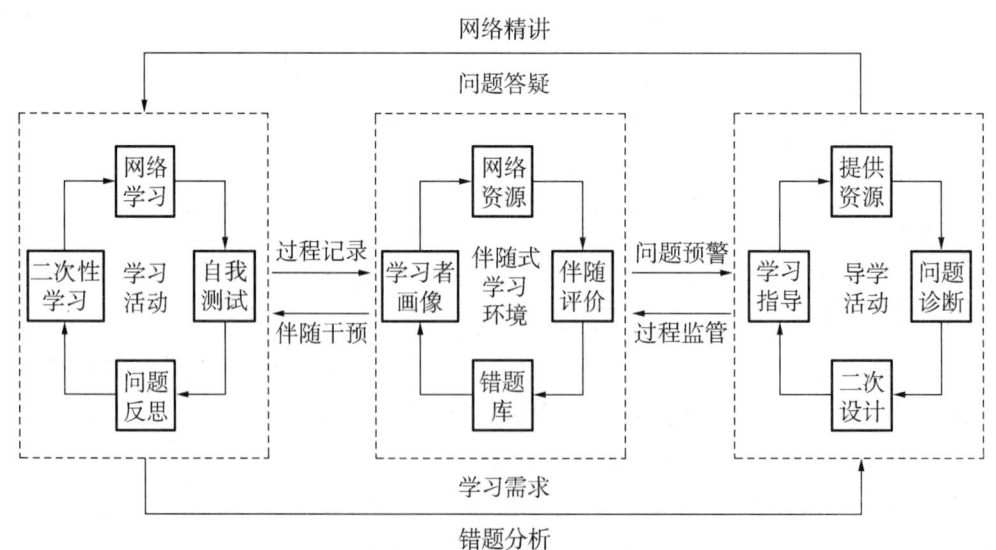

图5-1-3 网络学习伴随式干预的过程设计

网络学习伴随式干预过程中,借助网络学习平台实时采集与分析学习者学习过程中产生的数据,为每个学习者建立"网络错题库",分析网络学习中的问题,提供实时反馈。

教学者利用"网络错题库",明确学习者学习中的问题,梳理学习者网络学习过程中共性与个性问题,重新设计、组织学习资源,调整指导策略,干预和支持学习者学习。

学习者依托不断调整的学习资源和伴随式干预指导,针对个人学习问题与不足进行二次性学习,完成学习任务,达成学习目标。

具体实施中,师生还可将线上与线下干预结合起来,根据学习者的学习特征开展个性化学习与指导。以下提供一个基于混合学习的伴随干预指导案例。

[案例]

案例背景:一位高中信息技术教师采用"线上线下结合"方式组织学生对"循环程序结构"进行学习。教师依据学习目标开发"循环初始化""循环控制条件""循环控制过程"三个微视频,同时按照学习要点及它们之间的关系建立"问题链",设计与开发伴随式学习的测试题。学生开展网络学习的同时,网络平台记录学生学习过程(如登录时间、学习时长、学习后测试情况、测试后主要问题等),进行学习画像,发现学习问题。教师针对学生的学习困难给予伴随式干预和指导。

案例过程:

环节一:开展网络学习,完成伴随测试,反思学习问题

学生使用网络学习平台中的"循环程序结构"微视频资源进行自主学习,学习结束后,完成平台的测试题,对平台给出的反馈进行反思,找到学习过程中的不足。

开展网络学习:35个学生学习网络平台中"循环程序结构"的"循环初始化""循环条件""循环控制过程"三个微视频。

完成伴随测试:学生通过网络平台提供的测评试题进行测试。测试内容以"问题链"的方式进行呈现。学生阅读流程图(图5-1-4),完成以下题目:①标注初始状态;②说明循环控制条件;③描述循环控制过程;④如果输入x的值依次为327、28、59、-46、300,那么该算法的输出数是什么?

反思学习问题:网络平台用可视化方式呈现学生个人学习过程,以及测试过程中不同环节的完成情况。学生可根据这些反馈数据进行学习反思,找到学习薄弱环节。

环节二:伴随学习记录,发现学习问题,完善错题库

网络学习平台持续跟踪与记录学生网络学习过程,分

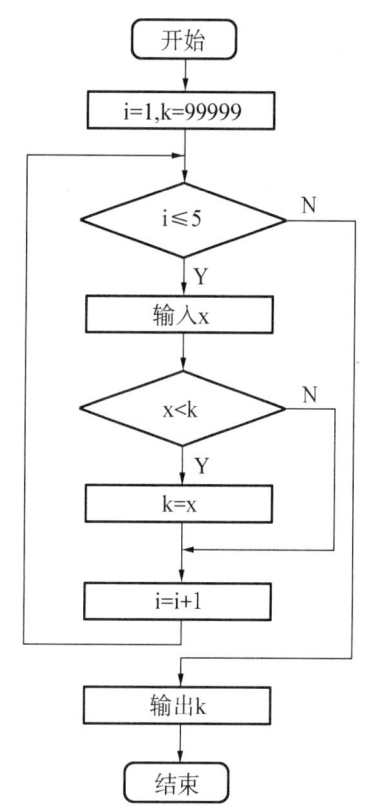

图5-1-4 流程图示例

析学习过程中的问题,从出错率(或出错人数)、出错节点(什么地方出错率高)等方面建立与完善学生"网络错题库",明确学生在学习过程中遇到的"个性问题"与"共性问题"。

伴随学习记录:网络学习平台对学生学习三个微视频过程、学习测试结果进行跟踪记录,描述学生学习情况。

发现学习问题:网络学习平台对学生学习问题做出判断。例如四道测试题错误率分别为:①10%、②15%、③40%、④56%。网络学习平台用可视化方式呈现这些数据。

完善错题库:将每位学生的错题归入到个人网络错题库中,将"错误率"出现显著变化的③和"错误率"较高的④放入公共错题库中,标注为共性错题。

环节三:进行问题诊断,设计指导方法,实施学习干预

教师应用网络平台中学生学习数据,诊断学生学习的困难,分析引发学习问题成因,开展二次教学设计,实施学习干预。

进行问题诊断:依据测试结果,40%的学生在循环语句中的"循环控制过程"环节开始出现学习困难,在这个节点上出现错误的情况明显提高;另外有一半以上(56%)的学生没能正确完成最后的综合分析题(④)。

选择指导方法:对于循环结构学习内容,学生将隐性的算法知识与循环过程显性化有一定困难。尤其是对于测试题中的循环嵌套分支结构,学生在网络学习过程中对其执行过程理解和感悟还不够,这样容易出现问题。针对问题,在方法上可采用面授精讲方式集中讲解,在内容上补充"列表分析法"对循环步骤进行"显性化"分析。

实施学习干预:教师通过"列表分析法"对"循环控制结构"和相关知识的综合应用进行集中讲解,并利用网络平台向学生推送同类型学习内容。

环节四:开展二次性学习,检测学习结果,生成学习资源

学生在前期学习的基础上,针对学习问题,应用教师提供的新学习资源与方法开展二次性学习,检测二次性学习结果,交流学习情况,解释以前出错的原因,生成过程性学习资源。

开展二次性学习:学生对提供的分步骤、可视化的"循环程序结构"学习资源进行二次性学习,对网络平台推荐的综合应用的同类型内容进行实践练习。

检测学习结果:测试重新设置的循环控制结构习题,对照前期学习问题,分析再次学习后进步的地方,说出以前出现错误的原因

生成学习资源:二次性学习后,根据学生总结的学习过程产生问题的原因,生成个人学习资源,将这些资源加入错题库的相关附件中,为以后其他同学遇到此类问题提供参考。

案例说明:

"循环程序结构"是高中算法与程序设计课程中的一个难点。上述网络学习伴随式干预教学案例,通过分解循环程序结构内容,形成一条"问题链",以此为"线索"加入到网络学习环境和资源中,伴随学生的学习过程。在此过程中,教师不仅能知道学生学习过程中出现的问题,还能判断出哪里出了问题,有多少学生出了问题,分析出引发问题的原因,从而

调整教学策略。学生在二次性学习过程中,从学习者角度对问题进行反思,总结学习提高的方法,将生成性的资源加入错题库中,为其他学生遇到此类问题提供参考。

第二节　基于"网络错题库"干预方法与案例分析

在学习过程中,每个学习者会出现这样或那样的"错题"。教学者对这些"错题"进行分析可以发现学习者在学习中存在的困惑。现代信息技术为教学者梳理"错题"提供了支持。利用网络学习平台,为每个学习者建立"网络错题库",将"错题"转化为促进学习者发展的学习资源,帮助学习者找到个人学习过程中的薄弱环节,引导学习者开展多种形式的网络学习,是支持学习者个性化网络学习的一种策略。

一、"网络错题库"的教学功能

从多元智能理论来看,学习者的智力存在着一定的差别,不同学习者在智力方面的优势各异。因此,在学习者在线学习过程中,教学者需要根据他们表现的能力特征提供与之相匹配的学习资源与方法,有的放矢开展个性化指导。教学者利用"网络错题库"可跟踪学习者学习过程,分析学习者学习过程中出现的问题及原因,为每个学习者建立错题内容及错误分析的档案,依据学习者学习差异提供学习资源和个性化学习支持。与传统错题库相比,"网络错题库"在"错误习题分类整理""个性化学习资源推荐""错题库更新与完善""错题资源共享与交互"等方面有了新的特征(图5-2-1)。

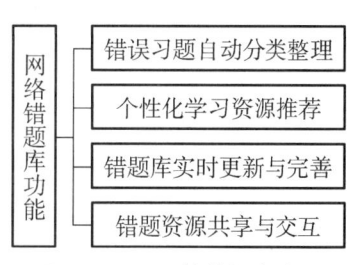

图5-2-1　网络错题库功能

(1) 错误习题自动分类整理功能。"网络错题库"能根据学习者学习过程,自动记录学习者在练习与评价过程中答错的习题的编号与内容,设置错题序号。按照知识技能体系对错误习题分类整理,厘清错题所属的知识类别,以可视化方式(比如知识结构图)呈现学习者在学习过程中的不足。

(2) 个性化学习资源推荐功能。"网络错题库"能标识学习者解题过程中出错的地方,给出错误的归因分析(从知识要点、过程方法等方面给出归因)。也可以针对学习者练习过程中的错误习题及出错原因给出进一步学习的建议,提供与之对应的学习资源。还可以补充一题多解、同类归纳和题目改编等学习资源,帮助学习者通过练习触类旁通。

(3) 错题库实时更新与完善功能。随着学习者网络学习的深入,"网络错题库"还可将学习者在学习过程中所出现的新问题持续地补充到错题库中,同时将新的错题实时纳入相应的类别项目,建立错题之间的关联,提供解决错题所需知识技能方面的学习资源。

(4) 错题资源共享与交互功能。网络学习过程中,学习者练习易错题会获得新的学习方法与体会。"网络错题库"可以方便学习者将学习成果进行分享与交流,帮助其他学习者少走弯路,提高全体学习者网络学习质量。

二、基于"网络错题库"的学习干预案例

在教学实践中,教学者利用"网络错题库"可以梳理学习者在学习过程中产生的共性与个性问题。针对这些问题,教学者再次设计并组织教学资源,改进教学方式,提高教学质量。例如,一位信息技术教师在"信息基础知识"一章的复习课教学中,将此章中学生出错率最高的习题重新组织,专门设计了一节"学生错题复习课",帮助学生梳理学习内容。该课程的设计、组织与实施过程如下所述。

1. 遴选错题,明确复习内容

教师利用网络平台分析班级中学生的网络错题库,筛选学生出错率较高的习题;分析这些容易出错的习题,界定与之相对应的学习目标,找准学生未能掌握的知识技能要点;在错题分析的基础上确定复习重点。

[案例]

(1) 高错误率的习题:"一段时长为100秒的双声道音乐,采样频率为44.1kHz,量化位数为16,请计算该音乐文件的大小是多少兆。"网络数据显示该题的错误率为50%。

(2) 对应教学目标:了解数字化的意义和作用,理解数据编码的基本方式。

(2) 知识技能要点:①音频文件大小与采样频率、量化位数、声道数、时长的关系;②存储单位之间的换算。

2. 分析原因,实施二次教学设计

教师应用网络平台的记录功能诊断学生答题过程中出错的原因,依据错题所对应的学习目标和问题成因,进行二次教学设计。具体做法如下:细化教学目标,将教学目标进一步分解,便于学生分步理解;改变教学方法,如对于采样的原理知识,采用视频观察和动手体验方式完成;提供更多的教学资源,如增加微视频内容,便于学生进行选择性学习。

[案例]

判断习题出错原因:学生对声音数字化过程没有正确理解,只记公式,在计算过程中容易忘记计算相关的参数。例如,较多学生忘记双声道的记入,还有学生只是套公式,忽视了应将存储单位转化为"兆"。

二次教学设计:教师借助"微视频"进行教学资源二次设计,分步骤讲解声音数字化过程,明确每个参数的特征和意义。在复习过程中,教师可要求学生根据微视频寻找错题出现的原因。

3. 改变错题呈现形式,伴随学生复习

依据学习目标,从形式上对错题进行重新设计。例如,改变描述情境,重新设置题型

等。教师将重新设置的习题嵌入本节课的复习过程中,利用重新设计的习题检测复习效果,确保学习目标的达成。

[案例]

二次设计习题,检验复习效果。小张同学录制了两段音乐:一段时长100 s,双声道,采样频率48kHz,量化位数16;另一首时长200 s,单声道,采样频率44.1kHz,量化位数为8。在未经压缩的条件下,请比较两段音乐的存储量大小。

4. 组织小组讨论,反思错题复习效果

复习完成后,教师组织学生分组对所出现的错题进行讨论,要求学生分析个人答错的原因。讲解复习后所采用解决错题的方法,比较学生之间解决问题的异同,针对学习目标设计习题,引导学生相互练习,学会举一反三。

[案例]

小组交流,相互检测:针对上述错题完成对应的知识点复习后,学生以小组为单位进行交流,反思学习过程。针对知识技能点,各组学生相互出题练习。

三、"网络错题库"在教学中的应用总结

"网络错题库"的建设过程伴随着学生的学习与评价而不断完善与更新。教师利用"网络错题库"可以"刻画"每位学生在学习过程中所遇到的困难,以及对学生的知识技能掌握情况"画像",以可视化方式反映学生学习过程中存在的不足,找到问题产生的原因,为个性化辅导和学生自主学习提供支持。

(一)利用"网络错题库"可以有针对性地促进学生学习

学生利用"网络错题库"的自动分类整理、交流互动空间及个性化资源推荐等功能帮助自己对掌握欠佳的知识技能进行分类梳理,交流问题及解决方法,开展有针对性的学习。

(1)利用"网络错题库"进一步明确个人需要解决的问题。"网络错题库"可对学生学习中出现的错误进行自动标识和归类。学生根据网络学习中的错题标注,找到学习薄弱之处,按照问题的归类,分析出现错误的原因,在系统的提示下有针对性地学习相应的知识技能,找到解决问题的方法。

(2)利用"网络错题库"实现学生间"错题与解决方法"的共享与交流。学生对问题的解决方法会有不同,思考的深度、广度也存在差异,利用网络平台对遇到的问题及解决的方法进行交流,取长补短,可避免出现类似的错误。

(3)利用"网络错题库"的资源推荐功能提高学生学习的针对性,避免"题海战术"。教师利用"网络错题库"分析学生的答题情况(错题内容),可以提示学生需要进一步学习的内容,明确学习方向。实际应用中,借助"网络错题库"还可阶段性地为学生推荐前期出现的类似错题,帮助学生有针对性地练习,将错题转化为学习资源,降低机械练习的负荷。

与传统错题库相比,"网络错题库"不只是改变了"错题"呈现方式,还能根据学生学习进展实时更新,快速分析出每位学生的"学习短板",促进学生个性化学习。

(二)利用"网络错题库"有助于教师开展补救性教学

"网络错题库"的分类整理功能非常有用。教师应用该功能可实现对学生个人学习时序数据的比对、全体学生集中数据的分析、学习资源的二次开发及学习资源的梯度分解,根据分析结果进行集中或个别辅导,提高补救性教学效果。

(1)借助"网络错题库"辅导学生解决共性问题。借助"网络错题库",教师梳理学生在学习和评价过程中遇到的共性问题,通过网络分析系统对有共性的错误习题进行归类、排序、汇总,分析出现共性问题的原因;针对问题和需要,对教学资源进行二次开发,对教学方法进行再次设计,并调整教学策略;采用线上、线下结合的方式对学生开展集中指导。

(2)利用"网络错题库"指导学生解决个性问题。通过网络平台"学生学习数据中心",教师可查看每个学生在伴随评价过程中的情况分析报告,发现学生的个性化学习问题;对"习题"归类,分析每个学生对不同类型习题的掌握情况;采用可视化方式(例如雷达图)呈现每个学生的知识掌握情况,分析学生错题出现的原因,进而有针对性地制订个性化学习辅导策略。

(3)利用"网络错题库"辅助教学设计。"网络错题库"既是学生学习的资源,也是教师备课的资源。教师利用"网络错题库"了解学生对"错题"的掌握程度,辅助教学设计。例如,在教学设计中,教师从"网络错题库"中有针对性地抽题,对学生学习进行诊断,将评价和教学结合起来,实现"以评促学"。此外,教师借助"网络错题库"让学生分组对错题进行研讨学习,提高小组学习质量。

科学建设与应用"网络错题库"可将学生学习过程中出现的"错题"转化为学习资源。利用这种资源,一方面可以提高教学指导的针对性,为教师调整教学策略提供依据;另一方面也可避免"题海战术",通过有效判断学生学习过程中的不足,为学生指明学习方向。合理地建设并利用"网络错题库",既有利于学生的学习,也有利于推动教师从基于经验教学向循证教学的转变。

第三节 基于微视频的"二次性学习"干预方法与案例分析

网络学习过程中,不同学习者的学习基础、学习风格以及学习动机可能存在着不同,这会引发学习者学习需求、学习方法以及学习结果的不同。在相同的学习环境下,有些学习者可能达成学习目标快一些,有些学习者可能稍微慢一些。为使每个学习者都能达到预期学习目标,在学习过程中需要按照学习者的学习特征与学习需求采用与之相适应的学习干预方法,提高学习者网络学习质量。

一、"二次性学习"

日常学习活动中,学习者通过教学者的教学预设开展学习,以达成对学科知识、技能、方法等的理解和掌握,可以称此为学习者的"一次性学习"。其实,大多数教学者都有这样的教学经历与体验:即使是精心设计的一堂课,在教学结束后,总会留有某种遗憾,即学习者的"一次性学习"并不能保证全部学习者学习"成功"。

基于此,一些教育学者提出"二次性学习"的策略,通过教学者给学习者提供更加适切和精准的帮助,发挥微视频在学科教学中的作用,设计与开发"二次性学习"微视频,以弥补"一次性学习"存在的缺憾。这里的"二次"概念含有两层意义:一是指教学者在课后在原有教学设计基础上,结合学习者生成资源与自己的课后反思进行再开发,引导学习者再次学习,达成学习目标;二是学习者在学习后对新资源的再次学习,进一步加深对所学知识技能的理解和应用。

二、基于微视频的"二次性学习"干预方法

微视频作为一种教学资源,在二次开发过程中需要根据教学者的教学反思进行再次设计和应用。①设计。在内容上,微视频属于加工、改造类。其加工、改造指向的是原有的上课资源,包括课件、典型例题、课堂生成资源等;通过重新组合,对其进行二次开发,使这些资源围绕某个教学主题,在统整的基础上形成微视频课程设计。②分类。设计、制作过程中的分类研究是为后期应用做铺垫。微视频主要分为三类:一是知识架构讲解,主要用于加工、整理原有课堂教学资源,针对章节知识的重点、难点以及知识框架内容;二是典型例题讲解,主要是知识的实际应用;三是针对某个课时内容,通过整合课堂教学资源,以巩固、提高学习者课堂学习的效果,激发学习者进一步探究的兴趣,指导学习者深度学习。

按照学科知识体系,分知识点、课时、章节等主题,设计和制作微视频。教学者通过网络教学空间,将包含这些微视频的"图文"内容进行网络推送。学习者通过智能终端设备登录网络学习空间,就可开展"二次性学习"。

对于设计与制作针对"二次性学习"的微视频,教学者应注重它的日常应用效果,引导学习者自主学习,促进学习者对学科知识的深入理解。目前,微视频的实践应用,主要落实在两个方面:一是通过教学者网络教学空间,直接推送给学习者;二是在复习阶段,由学习者在计算机教室根据自身需要,自由选择观看。其中,通过网络推送,一是要"及时",指在课后即推送,帮助学习者及时弥补学习中的不足;二是"适时",指教学者根据任教班级的学习者实际情况,有针对性地选择合适时间点推送相应内容,指导学习者进行深入学习。

三、"二次性学习"的实施案例

在教学实践中,研究者结合高中信息科技学科中算法部分的一节综合实践课,以《寻找"水仙花数"》为例,设计了一个用问题做媒介,包含4个环节的教学方案(表5-3-1)。

表5-3-1 《寻找"水仙花数"》的教学环节(简案)

教学环节	教师活动	学生活动
问题初探	引导学生思考:258、519、371,哪些属于"水仙花数"?	计算,个人思考,描述自己判断的过程。
二次探究	给出32个数据,启发学生思考:设计一个方法,能在最短时间内找出"水仙花数"。	分析可能出现的两种方式:分布式(全班学生分任务完成);枚举式(学生个人依次借用工具,逐个计算)。
深入探究	要求学生尝试解决:找出100~999之间的所有"水仙花数"。	运用"枚举算法"原理,设计问题解决方案;完善流程图及程序代码。
组织讨论	重现32个数据(有规律),组织学生讨论:是否能分析出哪些数不用前面的计算机程序就可以知道不是"水仙花数"?	在教师提示下思考:$9^3=729$、$8^3=512$、$7^3=343$……探索算法优化。

课堂教学结束后,根据师生互动情况,结合伴随式评价结果的分析,对教学设计与实施进行教学反思。设计制作针对"二次性学习"的微视频,在网络教学空间中发布。该设计主要基于以下考虑:

(一)针对学习问题,加强新旧知识衔接

通过学习分析,部分学生在"问题探究"环节,用时比预设较多。其主要原因在于学生对于分解三位正整数中的个位数、十位数、百位数方法掌握得不够熟练。虽然这部分内容属于教材前期"进位计数制"的知识,但在本次课程学习过程中应该有一定的提示,以便于学生"回顾旧知"。所以在"二次性学习"微视频中,特设计相关的内容,以加强学生与之前学习内容的"衔接"。

(二)紧扣学习要点,细化内容结构

在课堂教学中,通过三重任务的层层推进,学生在学习过程中运用分支结构和循环结构,用枚举算法解决实际问题。本部分涉及的学科知识点比较多,所以在"二次性学习"微视频中,可对课堂教学内容进行回顾和总结归纳,以方便学生回顾这些知识点,进行复习巩固。对于课堂中学习存在困难的学生,"二次性学习"是一种有益的补偿性学习。

(三) 聚焦学习难点，精讲算法流程

计算思维是目前信息科技学科的核心素养之一，它体现了信息科技学科的根本思想，本质特征是抽象和自动化。在针对"二次性学习"的微视频中，可针对"问题初探"环节中的自然语言描述算法和"二次探究"中的分支结构语句，对比分析自然语言和程序设计代码，通过概括总结，明确算法步骤，使学生进一步体验算法设计的过程，引导学生由自然语言描述转向程序语言表达，让学生感受、思考计算思维的抽象性（运用变量代替具体数值）和自动化（算法程序自动完成）的特征。

(四) 设计思考讨论，加强学习探究

针对"二次性学习"的微视频中的实践活动，引入采用循环嵌套方式解决该问题的程序流程图，引导学生实践验证思考。一方面呼应教材中本节课时后面知识学习中"排序""查找"算法的循环嵌套问题。另一方面让学生进一步理解解决一个实际问题的算法不唯一。视频中最后的思考还融入了算法优化的思想，结合课堂学习中的"讨论"环节，根据课堂讨论结果，引导学生尝试修改课堂上编写的程序代码，以简化算法执行的次数。这样的设计，对于学有余力的学生来说，可加深对本课时的探究和思考，进一步理解算法思想。

基于微视频的"二次性学习"策略，打破教与学的时空，创设相对宽松的教学情境，转变了学生的学习方式，借助智能终端设备和现代信息技术，激发学生的学习潜力。同时"二次性学习"可以针对不同学生推送不同的微视频，改变以往所有学生"上课听讲、课后作业"的统一学习模式，对不同学生进行课后复习巩固、学生自主学习习惯的养成大有帮助。此外，"二次性学习"中的微视频是教师根据班级课堂实际情况而二次设计的，可让学生开展补偿学习和深度学习，深入探究课堂问题，不仅有助于学生对学习内容的理解和掌握，还可促进学生高阶思维的发展。

第四节 基于数据分析结果的个性化干预方法与案例分析

传统教学中，个性化学习指导往往根据教师的课堂观察和教学经验进行设计和实施，对于教学设计的有效性界定比较模糊。网络学习平台的发展与应用，记录更多的学习数据，让教学者可基于学习数据审视教与学的过程和结果，丰富教育教学研究的科学性内涵与特征。

一、网络学习中的数据

随着大规模开放网络课程的开发与应用，网络学习成为一种新的学习方式。网络学习

与面对面学习的不同之处除了依托互联网平台进行学习内容传播,它还具有丰富的学习活动与交互形式,可将学习者的学习行为数据完整系统地跟踪与记录(上超望,2018)。网络学习平台从学习者注册平台账号开始,可一直采集记录学习者网络学习数据,如观看学习视频时间的长短、访问学习资源的次数、所学内容的评价等一系列的相关数据。根据网络学习历程,网络学习数据可分为三种基本类型的数据:基础性数据、过程性数据和学习结果数据。

(一) 基础性数据

网络学习中的基础性数据是学习者在网络学习前所产生的数据,它主要是学习者的基本情况和学习情况。学习情况指的是学习者在学习前原有的学习水平程度,这是学习者在上一次学习发生后经过一系列的活动反馈得到的数据,作为基础性数据进行保存。因此,基础性数据不仅仅是原始数据,还可以是最终数据处理后得到的结果(作为下一次网络学习的基础性数据)。例如,学生A在学习"分数乘法"单元网络课程时,在第一课时"分数乘整数"学习中呈现出结果:能够独立计算分数乘整数,并能综合运用计算方法解决问题。这一结果将提供给接下来第二课时"分数乘分数",作为基础性数据应用。

(二) 过程性数据

网络学习过程性数据指的是学习者在学习过程中所表现出的各种反应,是学习者在自然状态下的细微而又真实的行为表现。这些表现都有隐性的特点,一般情况下教师难以观察。网络学习平台能够最大限度地保留这些细微而又反映真实现状的数据。过程性数据具有连续性和即时性的特点,在学习过程中,精细化的活动数据都可以即时地保留下来。过程性数据包括知识点掌握程度、资源使用情况、学生作业和学科学习时间、学生与教师课堂环节同步率、学生对课堂素材的选择、阅读时长、顺序等。例如,当学生通过网络学习英语口语时,师生课堂环节同步率可作为过程性数据,据此对课程环节设计进行评价。

(三) 学习结果数据

学习结果数据是指在学习者完成网络学习后,根据学习目标了解学习者的发展情况,对学习者的学习情况进行客观总结,同时也对教学者的教学质量进行评估所产生的数据集。学习结果数据可以包括教学者基于学习过程对学习者个人能力进行的评价,如学习者在网络学习过程中对于教学者提问的答题情况。也可以包括基于学习结果对学习者学习表现与成绩的评价,即学习者在完成网络学习后,通过对课内知识进行巩固练习而得到的测试正确率与做题时间等信息情况。还包括基于学习互动、学习者合作方式的评价等。

二、学习者学习行为数据对网络学习的指导作用

网络教育的推广使得网络中的教育数据量快速增长。很多网络学习平台根据学习者

学习进程中产生的数据构建和完善学习结构模型,分析学习者学习特点,持续跟踪学习状态,帮助教学者了解学习者,从而达成"因材施教",为学习者提供精准化个性化指导,提高学习者网络学习效果。

2012年,美国教育部发布的《通过教育数据挖掘和学习分析促进教与学》指出:教育中有两个特定的领域会用到大数据,分别为教育数据挖掘与学习分析。罗梅罗等人认为数据挖掘技术在网络学习系统中的应用是一个循环迭代的过程。网络学习行为研究中应用数据挖掘的流程包含四个阶段,分别为数据收集、数据预处理、数据应用、数据挖掘。

借鉴已有网络学习数据研究成果,网络学习过程中,网络平台可将学习者的学习内容、学习时间、学习过程等作为过程性数据进行记录,学习者在学习过程中得到的学习评价以及课后的学业评价等也都将以数据形式保存,从而形成学习者学习数据集。根据教学指导需要,网络平台对学习者的学习数据进行预处理,删除非学习关联的数据(如因为网络故障产生的学习时间延迟等),挖掘和分析学习者各类数据所反映的学习信息,形成数据分析的结果,并反馈给网络指导教师。指导教师根据学习者学习数据的分析结果,对学习者的学习情况进行判断和评估,有针对性地进行个性化干预与指导,提高网络学习质量。

三、学习者学习行为数据应用案例

学习者的网络学习数据可以帮助教学者对学习者的学习状况进行比较准确的判断和评估,以此支持教学者做出合理的个性化学习指导。例如,某学校使用的网络学习平台具有对学生在学习过程中学习数据进行跟踪记录的功能,同时还能对学生课后做习题的情况进行分析,并以可视化方式呈现数据分析结果。在教师端,教师可以从学生个人、学生集体以及学习内容完成情况等方面查看学生的学习数据,从而根据学生出现的学习问题和学习需求做出教学指导决策,对学生网络学习做进一步指导。

例如,在"乘除法的教学"教学过程中,需从乘法引入到有余数的除法,这里涉及的知识相互衔接和递进,以螺旋式上升逐步推进。教师若能够掌握学生每一环节中的学习情况,便可以更合理地选择教学方法和教学指导策略。

教师通过教师端可以布置每一课时的练习作业。学生完成后,教师可通过教师端查看每个学生的答题正确率、学习时长等评价性数据,也能进一步查看学生详细的学习情况数据。通过观察图5-4-1可发现,序号为13的同学,学习时长为46分钟,比班级平均高18分钟,练习题正确率是87%。教师可以根据这位同学在网络学习过程中的学习时间、正确率等相关数据,对其学习情况做进一步分析和判断,依据判

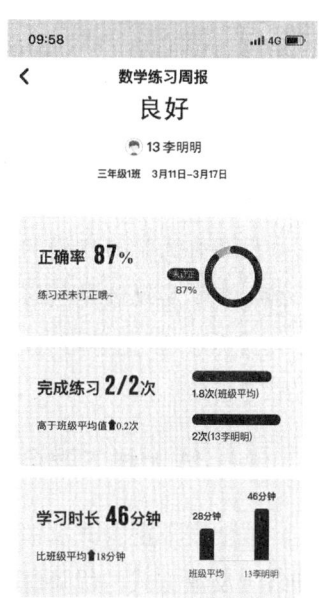

图5-4-1 某数学网络学习平台练习结果数据

图5-4-2 数学网络学习平台整体学情深度挖掘

断结果进行有针对性的教学干预。

此外,该学校所使用的网络学习平台还能通过自带的"智能学情分析"系统对学生整个单元的练习情况进行评估,让教师能从整体上了解学生的学习情况,从整体学情数据中深度挖掘,以"知识技能""数学思考""问题解决"三个维度对学生学习情况做出分析。如图5-4-2所示,教师可知全班学生的"知识技能"与"问题解决"能力处于平均水平,但"数学思考"模块中"几何直观"的能力较弱。因此,教师在日常教学中可以有意识地设计相关内容的教学,加强相应的教学指导。

"因材施教"是教育的高层次境界,需要教师精准把握每个学生的学习情况,为他们提供个性化的指导。学生个人学习数据的合理运用,可给教师的教学带来了新契机,实现将教育数据运用于课程、教学等领域,通过教育数据的分析与应用提高教学质量,推动学校教育教学的改革,让教学实践研究有了新的探究空间。

第五节 线上线下混合式反馈的干预方法与案例分析

反馈作为学习过程的重要环节之一,对任何形式的学习来说都是必不可少的。线上线下混合式学习反馈是网络环境下师生的新型互动方式,它结合线上跨时空交流和线下互动深入的优点,根据学习者的学习风格,采用恰当的学习方式给予学习者学习激励,提供个性化学习指导。

一、线上线下混合式反馈

线上线下混合式反馈是线上反馈和线下反馈的有机整合,把传统课堂的线下反馈方式和线上反馈方式的优势综合起来,强调在不同环境、合适时间下,运用恰当工具、策略,为学习者提供反馈信息,以满足学习者个性化的学习风格和学习需求,不断缩短学习者学习表现同教学目标之间的差距,促进学习者的认知参与和知识建构。其核心思想是根据不同的问题、要求,采用不同的方式解决学习者的问题,使其取得最大的学习效益。比如教师在向学生阐明课程基本内容的同时,可以观察到学生对教师所提供教学内容的反馈信息,如哪些内容学生反映难以学习、哪些内容学生感觉易于理解等。在课堂讲授中,教师可以对学生的表情予以观察,在网络教学中,可以对学生反馈的论坛帖子或电子邮件予以分析。

线上线下混合式反馈主要具有以下优势:

(1)对教学者教学的意义。首先,通过线上线下混合式反馈,教学者获取反馈的信息源、信息渠道增加,有助于教学者较全面地了解学习者掌握知识和技能的程度;其次,教学者可以通过课前学习者的线上反馈,提前获取反馈信息,了解学习者原有知识基础,从而根据实际情况随时修改课堂教学计划,选择教学方法,调整教学内容和教学策略。另外,教学者也可知晓不同学习者的知识基础差距,有步骤地在课内和课外做到因材施教,使教学更有针对性。

(2)对学习者学习的意义。据调查,在传统课堂教学中,一节课中有回答问题机会的学习者仅占20%左右,而学习者主动质疑的时间更少。因此,线上线下混合式反馈弥补了传统教学中由于课堂时间有限,教学者反馈不足的问题。此外,也弥补了传统教学中由于时空的限制,学习者在课堂之外的学习问题不能得到教学者及时帮助的问题。学习者通过课前的线上反馈信息,可以提高自主学习能力,避免思维的依赖性,有助于把新知识与有关的旧知识联系起来,在一定认知基础情况下进入新课学习。另外,控制论的研究表明,人的感官在接收外界信息时,对不同的外界信息有不同的反应时间,信息不可能连续进入人的大脑。线上线下混合式反馈可以为教学中的反馈留足时间和空间,使师生都有思考的时空。

二、线上线下混合式反馈的方法与过程

在加涅的信息加工学习理论中,反馈阶段是学习过程的八个阶段之一,也是影响学习进程与效果的重要阶段。研究者指出,当反馈以不同方式提供并允许多次交互时,是最有效的。有研究认为,学习者在学习的过程中可能会碰到各种各样的问题,这些问题可以分为良构问题(well-structured problem)和劣构问题(ill-structured problem)两大类型:良构问题是指限定性条件的问题,具有明确的已知条件,并在已知条件范围内运用若干规则和原理来获得同一性的解决方法;劣构问题的特点是具有多种解决方法、解决途径和少量确定性的条件,这些条件不仅不易操作,而且包括某些不确定性因素,如哪些概念、规则和原理对求解方法是必要的,如何将它们组织起来,哪种解决方法最为合适等。无论线上还是线下,教学者应基于学习者遇到的不同问题给予恰当的反馈策略。另一方面,传统教学中的反馈过程更多地发生在课堂教学过程中,而对于同样需要反馈干预的课前与课后阶段却较少涉及。开展线上线下混合式反馈可将反馈贯穿课前、课中和课后的全教学过程。线上线下混合式反馈设计方案如图5-5-1所示。

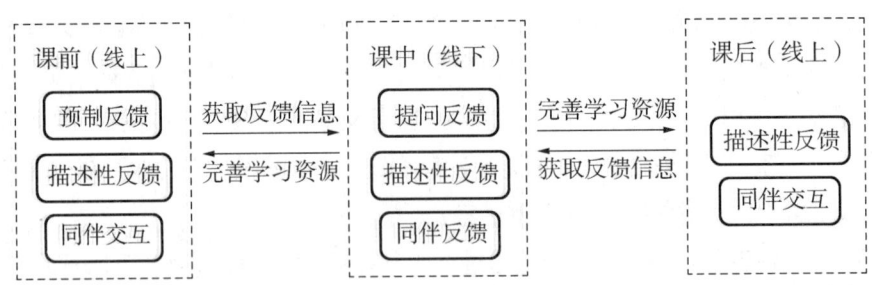

图5-5-1 线上线下混合式反馈设计方案

(一) 课前——预设检查性反馈

在教学过程中,每位教师的教学时间有限。当教师对于只涉及基础知识的良构问题时,若给每个学生都讲一遍,无疑会浪费教师的时间,降低教学效率,也不利于学生发挥学习自主性。这时,教师可将线上相关的学习资源推送给学生,或制作微课程上传到网络学习平台,通过预制反馈(prefabricated feedback)引导学生进行自主学习。有研究指出,在学习材料中嵌入基于学习者先前学习经验和最常遇到的问题的预制反馈是减轻教师工作量的一种有效方法。例如,某一位高中信息科技学科教师依据课程标准制作了信息科技学科学习微视频,通过微信公众号发布,当学生在微信上向他留言,询问关于"逻辑运算"的问题时,他及时发给学生相关微视频资源,引导学生进行自主学习。

在课前的学习过程中,当学生遇到涉及复杂情境的劣构问题时,教师可给予学生描述性反馈,启发学生思维,引导学生进行自主探索。伦敦大学教育学院学者坦斯特尔和吉普斯指出要想让教师反馈为教学改善服务,那么教师就应该使用描述性反馈,这种反馈为学习提供脚手架,推动学生向前建构。伊利诺伊大学学者罗森夏恩和迈斯特提出这种"脚手架"式的描述性反馈主要有五种形式:提供范例,提供线索,进行提示,进行暗示、提供部分答案以及直接教学。教师也可引导学生在网络学习平台上开展同伴协作,对复杂问题进行讨论。

通过课前的预制检查性反馈,学生可以及时了解上节课或以前学过的知识与新知识的关联,以一种有认知基础的状态进入新课学习,教师也可了解学生学习现有水平与预定教学目标的差距,从而调整课堂教学的内容与方式。

(二) 课中——新授引导性反馈

课堂教学(课中)阶段,教师在收集课前学生问题的基础上,针对不同的问题给予不同的反馈方式,如针对基础性知识问题,教师可采取提问反馈或同伴反馈的方式,让学生来概述新课涉及的基础知识要点。检验教师在课前制订的教学计划是否合理,要看大多数学生是否确实接收并理解了学习内容,具备了某种技能。此时,线下师生面对面反馈的优势得以发挥,极大地满足了这种教学的需要。例如,教师在新授知识时,可以一边讲课一边注视每个学生的表情,观察学生的眼神,实时收集学生反馈信息;在与学生对话时,教师给予一定的正反馈,提高学生学习的热情。线下面对面的反馈方式让教师能充分了解学生的思想状况、学习基础、理解能力和学习方法,从而对症下药,使教学更有针对性。

此外,教师还应在课上激励学生提出疑问,对一些复杂问题采取描述性反馈和同伴协作的方式开展小组交流,解决问题。佩洛内认为学生不仅应该被告知他们的答案正确与否,还应该获得教师的激励以保持学习动力,或者当他们在考虑正确答案时教师应给予必要的提示和线索。

(三)课后——巩固深化性反馈

课后阶段,对于一些客观知识,教师可充分利用网络学习平台中的评价功能,及时反馈学生课上学习的新知识或掌握新技能的程度。对于开放性问题,可采取教师反馈和同伴反馈的方式。教师可根据学生的问题进一步完善线上学习资源库。此外,教师也可在网络学习平台上进一步提出延伸性问题,引导学生运用规律、掌握规律和发现规律,在不同的情境中迁移知识,培养创造性思维。

三、线上线下混合式反馈的案例

在高中《算法与程序实现》模块的教学过程中,课前和课后采用以网络学习平台作为学习交流的主要方式,微信群作为辅助交流工具。在课堂教学过程中,结合网络讨论和活动中的问题,以面对面的方式进行交流研讨,实现线上线下的混合式学习。

课前阶段,学生开展网络自主学习,观看网络学习平台中的课程资源(微视频、教学方案等),完成课前练习。教师通过分析网络学习平台所收集到的学生学习过程性数据,了解学生的学习进度。教师在网络学习平台中为学生设计课前小测验,分析学生测验结果,总结课前学习过程中的学习难点及共性问题。

课堂面授阶段,教师反馈学生的学习进度与预习情况,对其中重难点问题进行讲解和研讨,帮助学生理解和掌握学习内容。对学习有困难和个性化要求的学生进行个别指导与交流。在此过程中,学生可通过访问网络学习平台,获取与个人学习需要相适应的课程资源来进行自主学习或合作学习,将完成的学习成果通过学习平台或课堂展示方式分享给同学。教师组织学生进行学习成果汇报与交流。

课后阶段,学生完成学习平台测评诊断系统中相对应的练习题。教师检测学习结果,通过查看学生答题情况,筛查出失分率较高的题目,反馈给学习平台,进行线上答疑,引导学生进一步深入学习。

移动通信、智能终端、大数据等信息技术的发展使得线上线下已经融为一体,这为教学反馈提供了多样的方式。面对面讲解反馈的真实感与网络数据分析反馈的准确性结合起来,可提高学习问题反馈的质量;面对面问题研讨的亲切感与网络共同评价反馈的及时性结合起来,可提高问题反馈的深度,有助于学生在学习改进过程中更深入地思考问题;面对面分析解释的直接性与网络问题反馈的多样性结合起来,可加强问题反馈的广度,有助于学生在自我调节过程中从多维度思考问题。当线上线下学习环境完全融合为一体时,线上线下混合式反馈并不是将课堂反馈方法和线上反馈方法简单叠加,而是在全新教学环境下,根据学生学习需要,设计与实施与之相适应的反馈方法与策略。

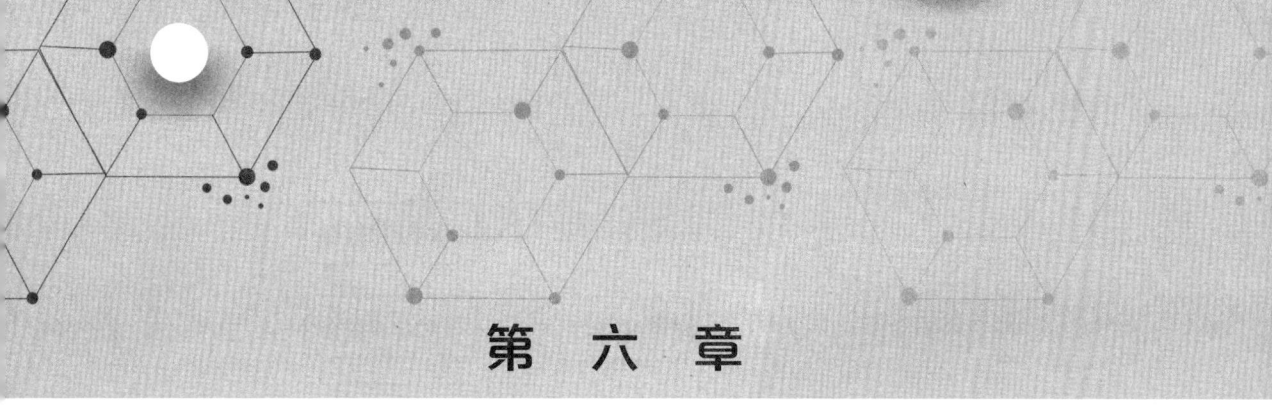

第 六 章

网络学习伴随式评价与干预：实践与应用

网络学习伴随式评价与干预旨在及时发现学习过程中的问题，优化学习过程，促进网络学习质量。本章结合案例分析在网络教学实践中检验和完善网络学习伴随式评价与干预的方法和策略。主要内容包括：网络学习伴随式评价与干预的环境设计和开发、网络学习伴随式评价与干预的案例实施，以及网络学习伴随式评价与干预的效果分析和进一步完善。

第一节　伴随式学习环境设计与开发

在网络学习伴随式评价与干预的教学实践中，研究者与A学校教育信息化团队合作，利用该校网络学习平台，将伴随式评价方法与策略融入学校网络学习平台中。A学校客户端结构包括"我的学习""学习资源"和"学习交流"三个主模块，其中"我的学习"包含"我的学习数据""我的学习课程"和"我的学习结果"等子模块；"学习资源"包括"微课程资源""拓展学习资源"和"网络习题库"等子模块；"学习交流"包括"问题研讨区"和"网络调研区"子模块，其结构如图6-1-1所示。

"我的学习"模块主要功能是对学生的学习过程、学习内容以及伴随式评价结果进行跟踪与记录。其中，"我的学习数据"用于汇总学生网络学习时长、次数、评价结果等相关数据，以可视化方式进行显示。该子模块可用以实现对学生学习的督促、教师对学生的监控和自我学习分析与调整。"我的学习课程"是通过网络系统记录学生学习过程中完成的课程

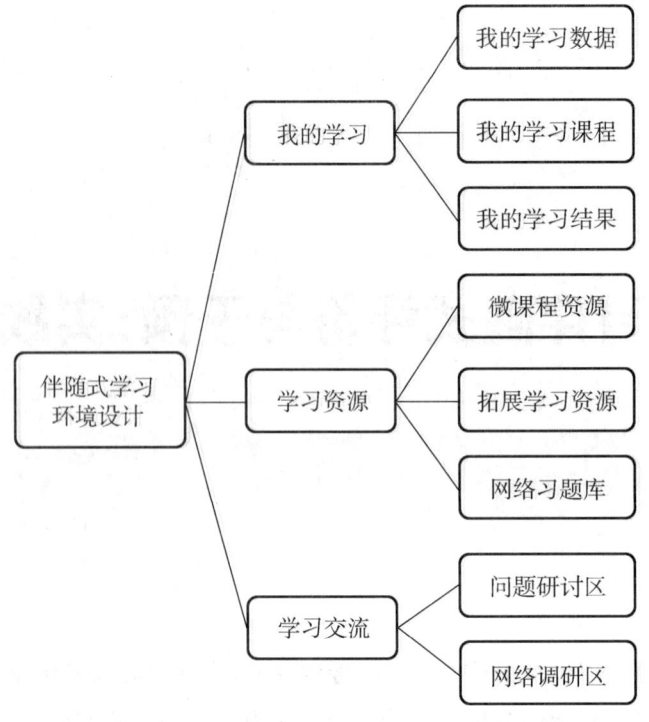

图6-1-1　A学校网络学习平台客户端的模块结构图

内容。"我的学习结果"呈现学习的评价结果,可形成"网络错题集"。

"学习资源"模块为学生提供了与课程标准相适应的微课程资源、拓展学习资源和网络习题库。其中,"微课程资源"是依据课程标准,将学习目标细化为小的学习问题,针对问题链设计开发的微课程体系,是学生网络学习的主要内容。"拓展学习资源"是从学科内容的深度和解决问题的难度上加强学习资源的建设,是对微课程体系内容的拓展。"网络习题库"针对学习目标设计与开发相关习题,可用于学生网络学习过程中开展伴随式评价,实现根据评价结果为学生提供相应的学习资源与学习指导。

"学习交流"模块为学生提供了讨论交流的平台与途径,满足学生根据学习需要进行提问及得到问题反馈的需求。其中,"问题研讨区"用于帮助学生解决学习过程中的问题。如果学生在学习过程中遇到学习问题,可通过"问题研讨区"寻求帮助。教师和其他同学会针对问题对学生进行帮助。"问题研讨区"会对学习者提出的问题及得到的答案进行梳理,逐步形成"智能问答"。"网络调研区"可帮助师生开展阶段性学习调研,用以了解学生的网络学习态度与学习需要。

伴随式学习环境的设计体现出"学生网络学习—伴随式评价(问题交流)—学习反馈(资源汇总整理)—学习干预和进一步学习"的"以评促学"教育理念。在教学实践过程中,研究者与A学校教育信息化团队合作,选择高中信息技术课程"算法与程序实现"内容开展相应研究,分析伴随式评价实施与干预效果,进一步完善网络学习环境。

一、"我的学习"模块功能设计与应用

"我的学习"模块包含"我的学习数据""我的学习课程"和"我的学习成果"三个子模块,该模块是对学生网络学习过程与结果的伴随式记录、分析与评价,帮助师生及时了解网络学习情况,提供学习反馈,为师生调整教学/学习提供支持。

(一) 我的学习数据

该子模块的功能主要是记录学生在移动学习环境中是否进行学习、何时参与学习、每次学习持续时长、网络各项活动时长(例如微课程学习时长、测试所用时长等)及参与学习的次数,是对学生学习过程伴随式评价的记录。通过相关数据统计分析,可方便教师了解学生利用该平台进行学习的情况。

为帮助学生及时了解个人的学习情况和学习进展,当学生"登录"网络学习平台,点击"我的学习"菜单,可以在"我的学习数据"中看到自己网络学习的过程数据,以及针对这些学习数据的个性化学习提示与建议。这些学习数据和学习建议还可通过电子邮件或在线交流软件传送给学生,对学生的网络学习起到提醒和监督的作用。学生学习数据与伴随式评价功能如图6-1-2所示:

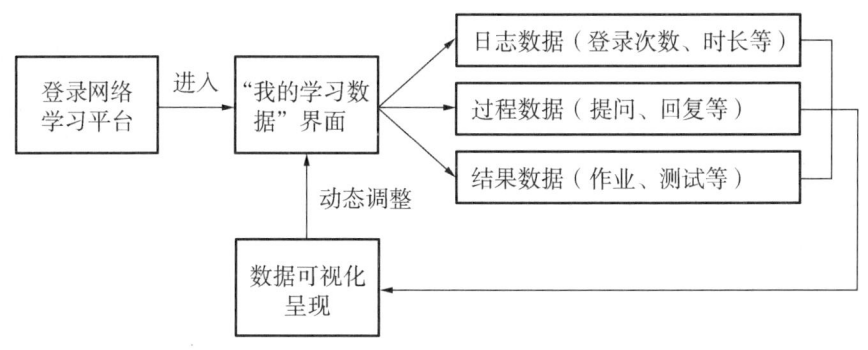

图6-1-2 "我的学习数据"子模块结构图

网络学习平台中"我的学习数据"子模块可以客观地描述学生的网络学习状况和学习过程。教师可使用这些数据的分析结果进行网络学习管理与支持。通过对学习日志中学生的登录次数、学习时长、学习时间段等数据的分析,了解学生网络学习习惯、学习频度、学习规律、学习方式等网络学习特征。当学生网络学习日志数据出现较大波动时,网络平台中的学习预警系统会及时提醒指导教师给予相应的关注和学习支持。

记录与分析网络学习过程中学生的课程学习进度、学习研讨的回复情况、个人提问与交流等数据,既可帮助教师分析和判断引发学生学习问题的原因,有针对性地进行指导和帮助,也可以帮助学生分析个人在不同学习时段的学习进展情况。当遇到学习困难时,学生可以通过分析个人在不同时段对学习内容的学习情况,判断困难出现的原因,进行有针

对性的"查漏补缺"。

通过对学生网络作业、平时测试以及学习作品评价等学习结果数据的记录与分析,可及时了解学生对学习目标的达成程度。对于未能达成学习目标的学生,教师可依据学生的学习数据分析学生出现问题的原因,为学生提供相适应的学习资源和学习指导,帮助学生及时地解决学习问题,达成学习目标。

"我的学习数据"持续地对学生网络学习数据进行收集与处理,逐步形成学生个人或群体的学习大数据。应用这些数据可以对学生个人和学生群体进行"学习画像"。在对学生学习数据分析的基础上,按照学生的学习风格提供个性化学习指导,根据学生的学习需求给予相应的学习支持。也可通过分析学生群体的学习特征,设计和提供共性的学习内容,提高整体的学习质量。

在教学实验中,"我的学习数据"主要通过三种方式提供给学生:①每次学生登录学习平台,均可以观察到"我的学习数据"的可视化界面,通过数据分析的方式了解个人学习情况;②"我的学习数据"以报告形式定期发送到学生的电子邮箱中,对学生的网络学习起到督促与提醒的作用;③以微信方式将"我的学习报告"定期发送给学生,帮助学生对个人的学习情况进行分析和判断。上述方式也可以帮助教师便捷地了解学生个人以及学生群体的网络学习情况,并给予相应的网络教学指导与支持。网络学习数据的伴随式分析与监督,在教学实践中提高了学生网络课程完成率,帮助学生逐步形成新的网络学习方式。

(二)我的学习课程

该子模块主要采用网络动态跟踪方式记录学生对网络课程体系中知识技能点的学习情况,包括所选择的课程内容、进展程度、时间分配、学习效果等,旨在帮助师生及时了解学生网络学习的内容与过程,快速找到不同时段的学习节点,提高网络学习效率。"我的学习课程"结构图如图6-1-3所示:

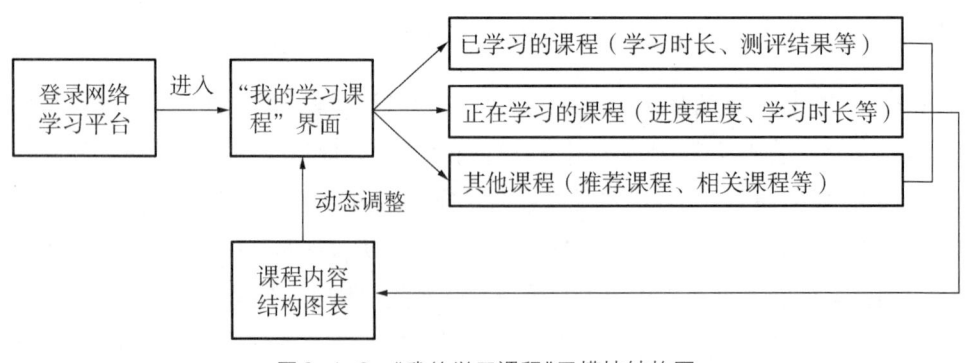

图6-1-3 "我的学习课程"子模块结构图

学生进入网络学习平台首页后,可点击"我的学习课程"子模块,进入相应的课程内容界面。网络学习平台通过"我的学习课程"子模块对学生的学习内容、学习过程进行跟踪记录,用以帮助师生查找学生已学习过的课程内容,了解正在学习课程的进展情况,以及所选课程的完成情况。教师可按照学习目标判断学生还需要进行下一步学习的课程内容,为新课程学习计划的制订提供指导。其中:

"已学习的课程"如同学生"学习档案"一样记录着学生已经完成的课程主题、所用时长、测评结果等内容,比较系统地描述出学生学习历程和已取得的学习成果。在应用过程中,教师可按照所选择的字段对学习完成的课程及学习结果进行分类、整理,从多个维度了解学生的学习状况,对学生已经学过内容与结果进行判断。当学生在学习过程中遇到困难时,系统可以从学习基础方面分析引发学习困难的原因,提供相应的学习支持。

"正在学习的课程"从学习课程的内容主题、进展程度、所学时长、过程评价等方面记录学生的学习进程,通过伴随式评价及时检测学生的学习情况,帮助师生及时发现网络学习过程的问题,针对学习问题提供相适应的学习资源,达成相应的学习目标。该模块中的学习记录、伴随式评价与资源推荐等功能可以对学生的学习过程起到监管、督促和学习指导作用,引导学生按计划、有步骤地开展网络学习。

"其他课程"是通过分析学生的学习历程,按照学生学习状况,推荐一些与学生学习能力相适应的课程。这些课程包括:学生完成正在进行的课程后,依据学习目标中的知识技能体系要求需要继续学习的课程;学生在学习过程中遇到学习问题时,网络学习平台推荐的课程主要用于学生开展补偿性学习;根据其他学生所取得的学习成果和学生现有学习能力而推荐的一些拓展性学习课程,供学生选择性学习。"其他课程"伴随学生的学习过程,提供下一步需要学习的课程内容,从而提高学生学习获得感,维持学生网络学习动力。

在教学实验中,点开"我的学习课程"子模块后可以看到"已学习的课程""正在学习的课程"和"其他课程"三个栏目。由于学生学习进程不同,不同学生在三个学习栏目的学习内容可能也不相同。本次教学实验主要集中在"算法与程序设计"内容,因此三个学习栏目的课程主题主要集中在算法,算法的概念与特征,算法的三种基本结构,枚举、查找、排序等基本算法,程序设计中的数据类型及表达式,顺序、分支、循环三种基本语句,程序编写与调试等内容。学生在网络学习过程中,网络学习平台通过实时分析学生网络学习状况,按照评价结果和学生学习基础给出学习建议,推荐相适应的学习资源,给出学生完成已选课程后需要进一步学习的课程。通过这三类课程的栏目,不仅可以让学习者明确已经学习了什么和正在学习什么,还能比较清楚地知道当前个人学习问题和下一步需要学习什么,以加强网络学习过程的连续性和衔接性,让学生在感受学习进步的过程中,提高网络学习的积极性。

(三) 我的学习结果

该子模块主要是对学生网络学习过程中所取得的学习成果和所存在的学习问题的归类和梳理,主要包括学习测试结果、生成性学习结果和在线错题库三个主要栏目。这些栏目可以帮助师生及时了解学生网络学习过程中的学习成果和学习薄弱之处,通过分析伴随式评价结果有针对性地进行学习干预。"我的学习结果"的结构图如图6-1-4所示:

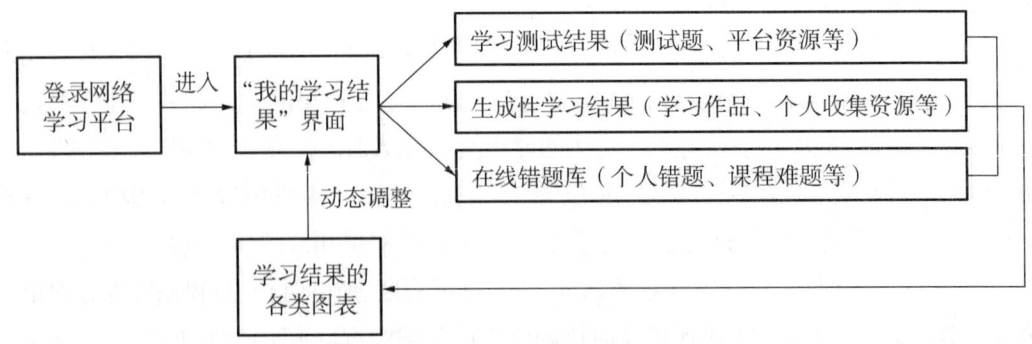

图6-1-4 "我的学习结果"子模块结构图

学生登录网络学习平台后,点击"我的学习结果"子模块,该模块记录和呈现学生的阶段性学习成果、生成性学习作品以及学习过程中可能出现的学习问题,帮助师生知晓网络学习的进展情况,了解存在的不足,使学生在完成学习目标,具有学习获得感的同时,能针对具体学习问题进一步开展学习。其中:

"学习测试结果"栏目是对学生网络学习过程的各项测试内容和结果的记录与分析,用以判断学生不同阶段学习目标的达成度。这些测评结果会伴随学生的网络学习过程而不断丰富与完善。伴随式测试不仅可以检测学生学习目标的达成度,也可督促学生按照学习计划开展学习,达到"以评促学"的目的。

"生成性学习结果"栏目是对学生网络学习过程完成的学习作品、解决问题的表现性成果的记录与分析,反映学生的生成性学习结果。这些学习结果既可用作对学生利用所学知识技能解决问题能力和创新能力的评价,也可作为一种生成性学习资源支持学生解决其他相关的学习问题。

"网络错题库"栏目是对学生网络学习过程中出现的错题进行梳理和分析,按照学习目标分类及出错原因进行分类汇总。例如,"知识技能错题"是因为学生未能掌握学习目标要求的知识技能而出现的错题,可将此类错题按单元分类归纳,进行难度分析;"应用性错题"是在具体情境中学生应用所学知识技能解决问题时出现的错题,可给出此类题易出错的原因;"共性错题"是指学习群体中出错率较高的题目;"偶发错题"是因学生粗心而引发的错题。通过错题汇总与整理,可将学生出现的错题作为一种学习资源,引导学生进行二次性学习及检验,提高二次性学习的质量。

在教学实验中,"我的学习结果"子模块点开后可以看到"学习测试结果""生成性学习结果"和"在线错题库"三个栏目。在具体应用中,网络学习平台通过伴随式评价持续完善与补充这三个栏目的内容。教师借助这些内容了解学生的学习目标达成度,分析出现学习问题的原因,在学生二次性学习后,筛选在线错题库中的错题,进行适当调整后对学生进行再次测试,提高再次测试的针对性;学生通过查阅个人错题库可以比较准确地判断个人学习薄弱之处,找到自己还未掌握的知识。另外,学生通过分析个人学习结果,可针对具体的学习问题制订网络学习计划,调整学习策略,达成学习目标。

二、"学习资源"模块的功能设计与应用

"学习资源"模块是依据课程与教学理论,按照学习目标,从学习内容、学习方法和评价实施等方面开发的学习资源,包括"微课程资源""拓展性学习资源"和"网络习题库"等三个子模块。该模块与"我的学习"模块相联系,提供网络学习资源与伴随式评价的内容,支持网络学习的开展。

(一) 微课程资源

该子模块主要是为学生提供系统的、成体系的网络学习课程资源,采用微视频形式,通过问题链的方式形成学生所需学习的课程体系,并将伴随式评价嵌入到微课程学习过程中。通过微课程聚焦学习要点、采用伴随式评价及时发现学习问题,借助学习干预帮助学生解决学习问题,达成学习目标。"微课程资源"子模块的结构图如图6-1-5所示:

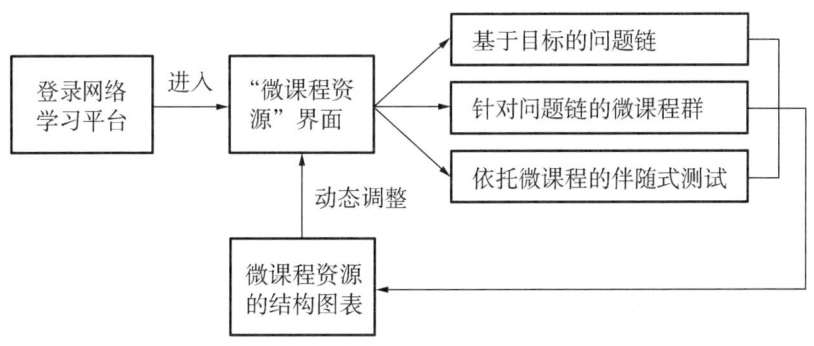

图6-1-5 "微课程资源"子模块结构图

学生登录网络学习平台,点击"微课程资源"子模块,可以看到依据学习目标开发和组织的微课程资源群。学生通过微课程可学习理解其中的知识与技能和应用相关知识技能解决问题的方法。借助微课程对应的伴随式评价内容,教师可判断学生学习目标的达成度,为下一步学习提供支持。

"问题链"界定与作用。微课程群依据学习目标、知识结构的逻辑进行组织,在学习目标分解基础上,将学习目标细化为几个关键的问题,并将这些问题再细化为子问题,分析问题之间的逻辑关系,形成问题链。问题链为学生搭建学习"脚手架",引导学生有步骤、有计划地通过微课程学习,一个一个地解决学习问题。学生在分析学习问题过程中,能够理解这些问题所指向的学习目标,明确学习方向,从整体上理解学习目标中的问题结构,在学习过程中某一环节遇到困难时,能够依据问题链判断引发学习问题的原因,有针对性地弥补

学习过程中存在的不足。

"微课程群"开发与应用。微课程针对每个学习问题进行设计与组织。每个微课程时长5~7分钟,每个微课程解决一个学习问题。每个微课程的内容主要包括三部分:首先通过学习导入,明确微课程的学习要点;其次通过学习问题分析、讲解与示例,解决学习问题;最后进行学习总结,指明该课程学习难点、重点和注意事项。微课程开发完成后,通过"问题链"梳理微课程之间关系,形成微课程群。网络学习过程中,网络学习平台记录学生对每一个微课程的学习情况,包括学习日期、学习时长、不同微课程学习的先后顺序,根据学生学习过程中出现的问题给予建议。

"伴随式评价"设计与实施。微课程学习过程中,教师可通过伴随式评价及时检查学生学习效果,判断是否达成了学习目标,从而提供相应的学习指导。伴随式评价的设计与实施过程主要包括:①依据微学习目标设计伴随式评价的内容与形式,实现学习内容与评价内容相对应,确保"学—评"一致性;②根据学习问题链将评价内容嵌入到微课程的学习过程中,针对问题链中每一个小问题,将与之相对应的评价内容嵌入其中,及时检查学习效果;③网络学习平台向学习者反馈伴随式评价的结果,给出进一步的学习建议。例如,若学习者未能通过伴随式评价中的测试,系统会降低测试难度,进一步判断学生学习能力,然后给出学习建议,并推荐相应学习资源。

教学实验中,学生点击"微课程资源"栏目后,可以看到与学习主题相关的学习问题描述、微课程资源群以及与微课程相对应的伴随式评价链接。学生在开始学习前,通过对学习问题的思考,可以从整体上了解需要学习的内容和要达成的学习目标。随着微课程学习的展开与深入,学生可以逐步掌握其中的知识与技能,理解微课程群中的问题逻辑关系和问题组织方式。借助伴随式评价的实施,教师可以在学习过程中判断学生的学习情况与学习困难,针对伴随式评价中所发现的学习问题给予学习干预与指导,引导学生进行自我调节,逐步深入到网络学习内容之中。

(二)拓展学习资源

该子模块为学生提供了巩固学习知识、延伸学习深度和发展学生创新能力方面的学习资源。通过拓展学习资源可以实现:①巩固学生学习成果,依据学习目标为学生提供形式多样的学习资源;②延伸学习内容的深度,为学有余力的学生提供个性化学习需求的支持;③提供创新型学习资源,拓宽学生学习思考与视野,引导学生从多维度思考学习中的问题,发展学生创新能力。基于这样的目的,拓展学习资源的类型主要包括知识技能巩固型、学习内容延伸型、特色创新型等学习资源类型。网络学习过程中,学生可根据个人学习需求选择使用拓展学习资源。平台中拓展资源功能结构图如图6-1-6所示:

学生登录网络学习平台后,点击"拓展学习资源"子模块,可以看到与本课程相关的拓展学习资源。在资源组织上,"拓展学习资源"与课程内容相关联,在对拓展资源进行分类

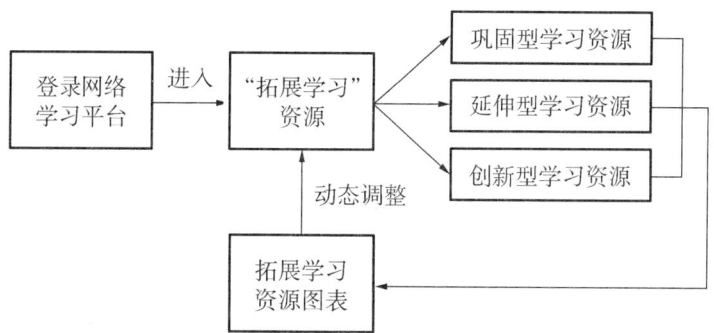

图6-1-6 拓展学习资源功能结构图

处理后,按照单元主题的方式组织拓展资源,便于学生根据个人学习需要选用。此外,拓展学习资源的设计与微课程资源相关联。在学生学习微课程资源后,根据伴随式的评价结果,网络学习平台会自动推送相关拓展学习资源的链接,帮助学生进一步开展学习。

巩固型学习资源是在学生完成相关微课程学习后,为学生进一步巩固所学知识技能提供的学习资源。心理学家艾宾浩斯研究发现,遗忘在学习之后会立即开始,最初遗忘速度很快,之后逐渐缓慢。因此学生学习结束后,网络学习平台提供与学习目标相一致的学习资源,可以促进学生将原有知识结构与新知识相融合,巩固新知识与技能。这部分拓展资源是依据学习目标,基于不同题型和不同案例情境所设计的学习资源,题型多样、内容丰富。学生可根据学习需要有选择地进行练习和使用。

延伸型学习资源是为学有余力的学生提供的、在原有知识技能基础上深度有所加强的拓展学习资源。认知心理学研究显示智力结构的差异影响着学生学业成绩,一个有40名学生的班级(生源未经挑选),总会存在少数智力较高的学生,他们对学习内容有着较高的要求。因此,网络学习平台采用延伸型学习资源为学生提供进一步深入学习的资源,其内容包括综合应用、任务探究等不同难度、不同形式的学习资源。

创新型学习资源是按照学生学习需求多样性而提供的富有创新特色的学习资源。例如,"图片搜索"这一学习内容提供了解决图片搜索相关问题的多种方法与技巧。学生学习过程中可以体会到解决一个问题会有多种方法,这些方法的时效性可能存在不同。再如,创新型学习资源还提供解决学习问题的新技术、新工具。学生通过比较不同技术工具解决问题过程的效果,可以体会到课程内容的学习不应局限于教材中的案例,还要用发展的视角来学习和应用新技术、新工具。创新型学习资源让学生在学习过程中学会从多角度思考问题,体验解决问题的不同方式。

教学应用过程中,学生点击"拓展学习资源"可以看到巩固、延伸、创新三种类型学习资源。网络学习平台根据学生个人学习情况与全体学生对资源的使用情况,在页面中显示推荐学习资源的列表,学生可根据个人学习需要对学习资源进行选用。此外,学生还可以根据资源主题对所需资源进行查找。学生在使用"拓展学习资源"时,网络学习平台会对学生的学习过程进行记录与分析,将学生对学习资源的使用数据进行反馈,引导师生选用合适的学习资源。

(三) 网络习题库

网络习题库用于收集、汇总信息技术学科学业水平合格性考试题、学业水平等级考试题以及日常测试的试题,并每年对习题进行补充与完善,是一个持续更新的在线习题收集系统。网络学习平台对习题进行分析与梳理,按照试题对应的单元学习内容、试题难易程度(错误率)以及试题区域和日期进行归类与重组。通过网络习题库,学生可根据测试需要查找与索引相关试题来进行自我检测,按照测试反馈指导个人学习。网络学习平台的网络习题库结构如图6-1-7所示:

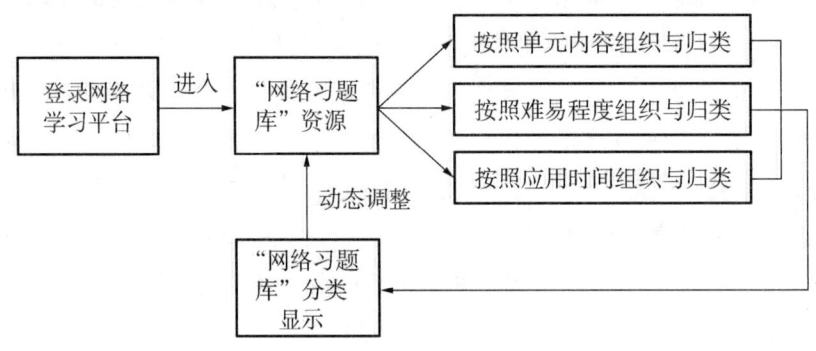

图6-1-7 网络习题库功能结构图

(1) 按照教材单元(或章节)内容组织与归类。将相关试题归类到所对应的单元(或章节)中,使之与相应的学习目标以及知识技能保持一致。学生在日常学习过程中,可选择与单元目标相对应的测试题进行练习与学习,通过测评抓住学习内容的重点与要点。

(2) 按照试题难易度(错误率)组织与归类。根据学生测试错误率,对测试题进行组织与归类。为便于学习应用,网络学习平台还可提供测试题易出错的原因,说明与之相关的注意事项,帮助学生吸取其他学生的经验教训,避免学习走"弯路"。

(3) 按照试题应用时间组织与归类。根据学生对测试题的应用时间、前后顺序进行组织和归类。通过这种组织和归类方式可记录学生对测试题学习与应用的过程,判断学生出现学习问题的节点,将评价结果与学生学习问题结合起来,引导学生针对个人学习问题开展学习。

此外,网络习题库还提供搜索和查找功能。学生可根据学习主题关键词对习题库进行检索,获取与关键词相关的学习资源。例如,网络学习平台将"算法""顺序结构""双分支结构""单分支结构""信息编码""信息处理系统"等习题内容与对应的关键词建立联系,学生只要搜索这些关键词,便可以轻松检索到相应的测试题。

网络习题库设计与应用从学习目标与内容、他人学习经验、学生个人学习需求等方面来加强学生学习的针对性,帮助学生在学习过程中判断学习目标的达成度,知道个人还需要掌握什么,其他同学在学习相关内容时出现了哪些错误,自己该如何避免出现相同的错误。学生可根据个人的学习需求选择测试题,减少重复学习与重复"刷题",将学习时间应用到更需要解决的问题上,提高学习质量。

三、"学习交流"模块功能设计与应用

"学习交流"模块是师生网络交流的主渠道。该子模块为师生提供针对学习问题进行网络交流研讨与网络调研等功能,包括"问题研讨区"和"网络调研区"两个子模块。

(一) 问题研讨区

在面对面的课堂教学中,由于每节课通常固定为40~45分钟,教师按照教学计划完成教学后,留给学生提问与交流的时间已不多。同时,课与课之间的间隔很短,教师想要利用课间时间与学生深入交流也比较困难。因此,学生在课堂学习中存在的疑问较难有机会得到解决,尤其是学习主动性不高的学生更容易将学习问题积累下来。而网络学习环境中,学习时空的拓展为师生交流与问题研讨提供了更多机会。目前网络学习中常使用的研讨方式包括:网络学习平台公共讨论区、教师留言区、即时交流工具等。

本次教学实验的网络学习平台中增设的"问题研讨区"栏目,采用链接到合作交流系统的方式,可实现多人同时在同一文档上进行编辑与实时讨论,提高了同步响应的速度。在学习过程中,学生可随时将个人学习问题放到编辑的文档中。教师定期查看学生在上面的提问,选用合适方式(个别交流或集体解答等)进行解答。其他学生看到问题也可以进行解答。这样,师生便可借助集体的力量解决问题。

学生也可以利用上述方式进行在线实时讨论交流,所有的交流内容都会在文档中保留。教师可通过查看学生网络学习和交流的内容,分析学生学习过程中存在的共性问题和个别问题,选用相应的策略进行学习干预与指导。"问题研讨区"学生操作流程图如图6-1-8所示:

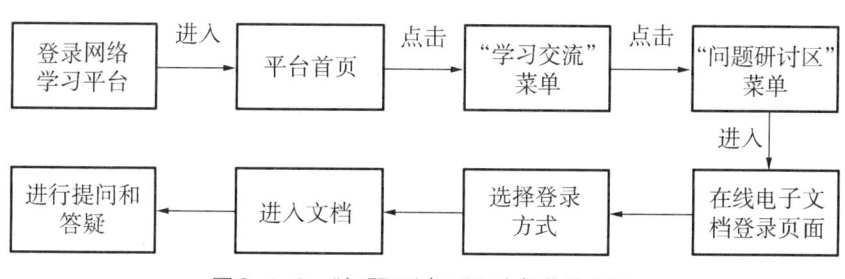

图6-1-8 "问题研讨区"学生操作流程图

（二）网络调研区

"网络调研区"栏目可有助于师生通过电子问卷的方式对相关的学习问题进行调研,获取相关的数据,指导网络学习的开展。此外,教师也可通过调研问卷的方式对学生学习态度进行测评,了解学生网络学习情况,进行学习干预和指导。在教学应用中,教师在"网络调研区"设置好调研问卷后,学生在客户端可进行填写。"网络调研区"学生学习操作流程如图6-1-9所示。

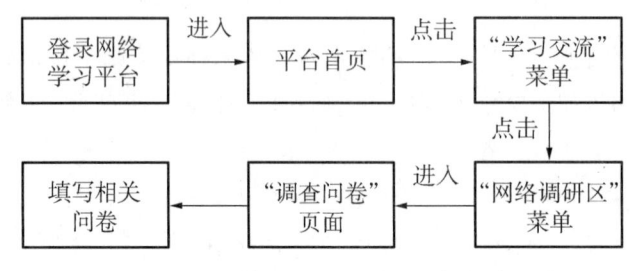

图6-1-9 "网络调研区"学生学习操作流程图

四、伴随式学习环境的实施策略

A学校伴随式学习环境设计与应用将"学习—评价—反馈—干预"融合为一体,为教师指导学生学习提供技术支持。教学实验中,通过该平台可将跟踪学习记录、嵌入学习评价、实时数据分析和及时进行干预等策略应用于网络教学实践。

(1)策略1:跟踪学习记录。学生登录学习网络平台点击"我的学习"模块,获取模块的学习资源,开始网络学习。网络学习过程中,网络学习平台记录学生网络学习过程中的内容与行为。学生的信息,例如,学生所选择的学习课程内容、每项课程学习时长、课程学习进度、课程学习次数、课程完成日期等都将保存在"我的学习数据"中。

(2)策略2:嵌入学习评价。网络学习平台按照学习目标所设计的"问题链",将与学习问题相对应的评价内容(或链接)嵌入到学习资源之中。针对学生网络学习过程中每完成一项学习的目标,网络学习平台会适时地给出对应的评价内容,对学生学习结果进行评价,并根据评价结果给出学习建议。教师还可利用网络学习平台设计与发布网络问卷,了解学生学习状况,对学生问题解决能力与学习态度进行评价。

(3)策略3:实时数据分析。网络学习平台将收集到的学生学习数据(包括学习过程数据、学习结果数据以及学生网络交流中所产生的数据)进行归类、分析,用可视化方式呈现,将学生学习数据分析结果反馈给师生,提供学习干预的依据,给出与之对应的学习建议,对学习问题较大的学生进行学习预警。

(4)策略4:及时进行干预。根据伴随评价数据分析的结果,针对学生学习过程中出现的学习问题,教师可通过在线即时指导、二次性资源提供、面对面指导等方式对学生的学习进行干预,及时调整教学策略和教学内容,帮助学生解决学习困难,指导学生按计划完成学习任务,帮助学生达成学习目标。

根据学习活动的特征,在网络学习平台中融入伴随式评价功能,可对学生的网络学习起到积极督促与指导作用。

第二节　伴随式教学实验设计与实施

为判断伴随式评价与干预的方法和策略对学生学习效果的影响度,研究人员采用教学实验进行研究,通过实验组与对照组的后测实验模式,判断使用伴随学习评价功能的学生与不使用伴随式评价功能的学生的学习成绩是否有显著差异。通过访谈方式分析师生对网络学习干预策略实施的认识与想法。

一、伴随式评价的实验设计

(一) 教学实验目的

(1) 在网络学习环境下,对比在采用伴随式评价功能的平台中开展网络学习(实验组)与在不采用伴随式评价功能的平台开展网络学习(对照组),学生学习效果是否有显著差异。

(2) 分析参加教学实验的师生对网络学习伴随式评价环境的认可程度。

(二) 教学实验对象

本研究选择A学校高一甲、乙两个班级的学生,甲班32名学生,乙班29名学生,两个班级学生的入学分数在同一分数段内,学生学习基础基本一致。两个班级的信息技术课由同一位教师教授。教学实验选用同样的教学内容。在教学实验过程中,甲班为实验班,乙班为对照班。

(三) 教学实验的自变量、控制变量与因变量

(1) 自变量:网络学习平台中伴随式评价功能的应用。将伴随式评价功能进一步细化为:学生每完成一个学习目标即进行评价,评价内容与学习目标保持一致,及时反馈评价结果,并对测试题给予解释和说明;

(2) 控制变量:学生学习的内容、学习水平、学习时长。在实验过程中,学生学习目标和内容一样,学生基础基本一致,实验组和对照组学生的学习时长也一样。

(3) 因变量:学生学习效果(通过测试结果得出)。

(四)实验工具

(1)学习内容设计包括:算法部分的顺序结构、单分支结构和双分支结构等内容的教学课件和学习微课程的设计。

(2)伴随式评价测试内容:顺序结构、单分支结构和双分支结构的三个伴随式评价测试题、正确结果和试题内容讲解。

(3)学习后的测试题:与顺序结构、单分支结构和双分支结构三部分内容对应的练习题,第一部分7道练习题,第二和第三部分各5道练习题,共17道练习题。这些练习题与伴随式评价中的测试题的表述内容和呈现方式不同。

(4)网络学习平台:实验班启用网络学习平台中的伴随式评价功能,对照班不启用网络学习平台中的伴随式评价功能,其他网络学习功能均相同。

(5)SPSS 19.0:本研究收集到的关于学生练习题成绩情况的相关数据都采用SPSS 19.0进行描述性统计和基于独立样本T检验的分析(适用于两个样本之间彼此独立没有关联,各自接受相同的测量,不要求样本个数相等的情况)。

二、伴随式教学的实验过程

本实验针对算法部分的"顺序结构""单分支结构"和"双分支结构"的学习内容,收集实验数据。整个实验过程为:

甲班(实验班)在启用有伴随式评价功能的平台中学习"算法"部分内容。学生登录网络学习平台之后,可以从平台界面查看到每个主题的课程内容,然后学习相关课程的微视频。在学习过程中,每一个主题学习结束后,平台会即时对学生进行评价,并且将评价结果即时反馈。反馈结果不仅告知学生答题正确与否,而且还会对该题的解答内容和方式进行解释和说明。三个主题网络学习和伴随式评价在40分钟内完成,平台会对学生学习三个主题的学习时长进行记录。启用伴随式评价功能的网络学习过程如图6-2-1所示。

乙班(对照班)在没有启用伴随式评价功能的学习平台中学习"算法"部分内容。学生

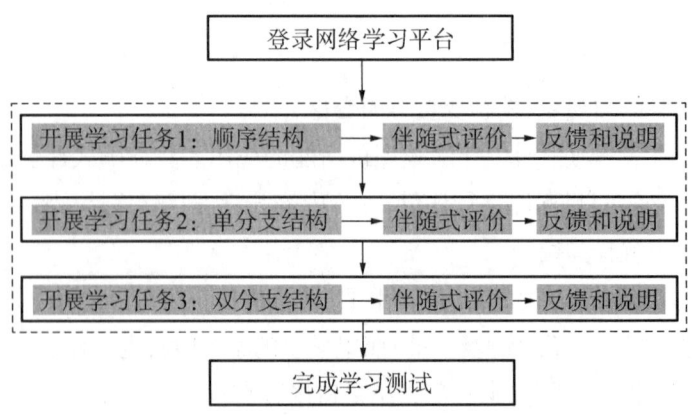

图6-2-1 启用伴随式评价功能的网络学习过程图

登录网络学习平台之后,可以从平台界面查看到每个主题的课程内容,然后学习相关课程的微视频。学习过程中,学生在第一部分学习结束后,再学习其他的课程内容,直到三个主题的学习内容结束。三个主题网络学习要在40分钟内完成,平台会对学生学习三个主题的时长进行记录。如果学生能较快地学习完课程内容,在剩余时间,还可以继续学习这三个主题的微视频。未启用伴随式评价功能的网络学习过程如图6-2-2所示。

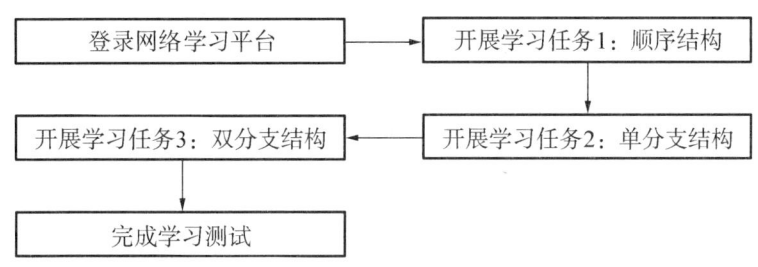

图6-2-2　未启用伴随式评价功能的网络学习过程图

三、数据采集与处理

本实验分别对实验组和对照组最后测试题作答数据进行分析,结合师生对网络学习平台的主观感受数据和测试效果的客观数据来说明伴随式评价对网络学习起到的效果。

(一)测试题的设计与分值安排

按照本单元学习目标,针对"顺序结构""单分支结构"和"双分支结构"分别设计了测试题目。

"顺序结构"7道题目中包含6道填空题和1道选择题,每道分值为1分,总共为7分。

"单分支结构"5道题目中包含3道选择题和2道填空题,每道分值为1分,总共为5分。

"双分支结构"5道题目中包含4道选择题和1道填空题,每道分值为1分,总共为5分。

(二)分析学生测试数据

实验班和对照班学生完成三个主题学习和最终测试后,研究人员收集学生的测试结果,按主题对实验班和对照班学生测试结果进行统计分析,从极小值、极大值、均值、标准差、均值标准等方面得出相应的测试统计结果,如表6-2-1、表6-2-2和表6-2-3所示。

表6-2-1　顺序结构练习情况描述统计量

班级		N	极小值	极大值	均值	标准差	均值的标准误
分数	甲	32	4.00	7.00	6.1875	0.89578	0.15835
	乙	29	3.00	7.00	4.6538	1.12933	0.22148

表 6-2-2 单分支结构练习情况描述统计量

班级		N	极小值	极大值	均值	标准差	均值的标准误
分数	甲	32	3.00	5.00	3.7407	0.59437	0.11439
	乙	29	0.00	5.00	3.1154	1.10732	0.21716

表 6-2-3 双分支结构练习情况描述统计量

班级		N	极小值	极大值	均值	标准差	均值的标准误
分数	甲	32	2.00	5.00	3.7143	0.85449	0.16148
	乙	29	1.00	5.00	2.9310	1.22273	0.22706

通过表6-2-1可以看出，甲班顺序结构练习题得分的均值约为6.19，乙班顺序结构练习题得分的均值约为4.65。从得分情况来看，甲班顺序结构的练习效果要优于乙班。通过表6-2-2可以看出，甲班单分支结构练习题得分的均值约为3.74，乙班单分支结构练习题得分的均值约为3.12。从得分情况来看，甲班单分支结构的练习效果要优于乙班。通过表6-2-3可以看出，甲班双分支结构练习题得分的均值约为3.71，乙班双分支结构练习题得分的均值约为2.93。从得分情况来看，甲班双分支结构的练习效果要优于乙班。

标准差能反映一个数据集的离散程度。从上面三个表格可以看出：顺序结构练习题中，乙班标准差(1.13)>甲班标准差(0.90)；在单分支结构练习题中，乙班标准差(1.11)>甲班标准差(0.59)；双分支结构练习题中，乙班标准差(1.22)>甲班标准差(0.85)。甲班成绩的离散程度要小于乙班成绩的离散程度，说明甲班学习的效果总体上比乙班好。

（三）实验班和对照班测试成绩差异分析

实验班和对照班样本人数都不多，本次实验采用独立样本检验方式对实验班和对照班三个学习主题的测试得分进行分析，分析结果如表6-2-4、表6-2-5和表6-2-6所示。

表 6-2-4 顺序结构测试得分独立样本检验

	方差方程的Levene检验		均值方程的t检验						
	F	Sig.	t	df	Sig.（双侧）	均值差值	标准误差值	差分的95%置信区间	
								下限	上限
假设方差相等	1.697	0.198	−5.770	56	0.000	−1.53365	0.26581	−2.06614	−1.00116
假设方差不相等			−5.633	47.155	0.000	−1.53365	0.27227	−2.08134	−0.98597

表6-2-5　单分支结构测试得分独立样本检验

	方差方程的Levene检验		均值方程的t检验						
	F	Sig.	t	df	Sig.（双侧）	均值差值	标准误差值	差分的95%置信区间	
								下限	上限
假设方差相等	2.787	0.101	−2.575	51	0.013	−0.62536	0.24285	−1.11290	−0.13781
假设方差不相等			−2.548	37.985	0.015	−0.62536	0.24545	−1.12224	−0.12847

表6-2-6　双分支结构测试得分独立样本检验

	方差方程的Levene检验		均值方程的t检验						
	F	Sig.	t	df	Sig.（双侧）	均值差值	标准误差值	差分的95%置信区间	
								下限	上限
假设方差相等	1.541	0.220	−2.794	55	0.007	−0.78325	0.28034	−1.34507	−0.22144
假设方差不相等			−2.811	50.176	0.007	−0.78325	0.27862	−1.34284	−0.22367

从表6-2-4中可以看出，顺序结构测试得分的Levene方差齐性检验表明甲、乙两个班显著性概率(sig.)为0.198，大于0.05，方差不显著，可以认为两个独立样本的方差齐性。在方差相等的条件下，P = 0.000< 0.05，均值之差显著，可以认为两个独立样本均值有显著差异。在顺序结构测试情况总体分析中已知甲班练习得分的均值(6.19)>乙班练习得分的均值(4.65)，结合两个独立样本均值的显著差异，说明具有伴随式评价功能的网络学习平台明显提高了学生的学习效果。

从表6-2-5中可以看出，单分支结构测试得分的Levene方差齐性检验表明甲、乙两个班显著性概率(sig.)为0.101，大于0.05，方差不显著，可以认为两个独立样本的方差齐性。在方差相等的条件下，P= 0.013< 0.05，均值之差显著，可以认为两个独立样本均值有显著差异。在单分支结构测试情况总体分析中已知甲班练习得分的均值(3.74)>乙班练习得分的均值(3.12)，结合两个独立样本均值的显著差异，说明改进的网络学习平台明显提高了学生的学习效果。

从表6-2-6中可以看出，双分支结构测试得分的Levene方差齐性检验表明甲、乙两个班显著性概率(sig.)为0.220，大于0.05，方差不显著，可以认为两个独立样本的方差齐性。

在方差相等的条件下，P=0.007<0.05，均值之差显著，可以认为两个独立样本均值有显著差异。在双分支结构测试情况总体分析中已知甲班练习得分的均值(3.71)>乙班练习得分的均值(2.93)，结合两个独立样本均值有显著差异，说明带有伴随式评价功能的网络学习平台明显提高了学生学习的效果。

通过上述分析可以看出三个主题学习测试结果都显示：采用网络学习伴随式评价功能的实验组学习效果相对于没有采用网络学习伴随式评价功能的对照组学习效果，在测试成绩上有显著提高。这一定程度上说明伴随式评价可以支持学生网络学习过程中对知识与技能的学习，并能达到不错的学习效果。

（四）学生对网络学习伴随式评价的认可情况分析

为了解学生使用网络学习平台中伴随式评价功能的真实感受以及他们对该功能的建议，在教学实验结束后，研究人员与实验组学生就网络学习平台中的伴随式评价的功能、伴随式评价的作用、伴随式评价改进建议等方面进行了访谈交流。

关于"你认为伴随式评价对个人学习的自我管理有怎样的作用"，94%的学生认为伴随式评价在网络学习过程中能够起到督促学习的作用。有学生指出，网络学习开始之前，指导教师告知学生每观看完一个微视频会有相应的测试与反馈。有了这样的要求，为能在随后测试中有效地完成试题，学生在观看视频中的学习要点时会有意识地集中精力，加强其中要点的记忆与理解，这一定程度上保持了学生网络学习的注意力。还有学生指出由于知道每一个微视频的学习后会有相应的评价，为能获得较好的评价，学习时会提高认真程度，这对学生网络学习能起到督促作用。实验组学生的这种认知学习心理，切合了评价促进学生学习的教育理论。评价不只是甄别学生学习等级，也是为了促进学生学习的发展。

关于"你认为伴随式评价对网络学习效果有怎样的作用"，85%的学生认为伴随式评价的及时反馈(包括判断结果和相应的讲解)有助于学生在网络学习过程中抓住学习重点，提高学习效率。有学生指出微视频学习过程中，难以将有些知识技能要点自觉地关联起来。通过网络学习伴随式评价，测评反馈结果的进一步解释与说明，就能把微视频中的学习内容与测试题结合起来，有助于掌握学习要点、理解这些要点之间的相互关系。还有学生认为将伴随式评价放在微视频学习后，学生可以根据个人学习检查的反馈进行自我总结，及时改进。实验组学生的这些观点也验证了根据个人学习结果有针对性的学习反馈要优于参考全体学生学习结果的反馈，反馈的针对性与及时性是提高学生学习效果的一项重要因素。

关于"你认为伴随式评价在实施过程中的改进建议"，实验班学生提出的改进建议主要指向如何提高考试成绩方面。有学生建议在伴随式评价过程中，应提高评价试题的实战性，认为试题最好来自历年的统考试题，帮助学生按照统考要求来学习相关内容。也有学生建议增加伴随式评价结果反馈内容，最好能根据学生学习的不足之处，提供更有针对性的学习指导与更多的配套练习题。这些建议对伴随式学习评价实效性的改进有一定帮助，但也应注意伴随式评价实施不能仅仅局限于"为了考试而学"，要从提高学生网络学习兴趣、激发学习动机、加强网络学习的自我管理等方面进行完善与改进，避免将伴随式评价等同于网络"刷题"。

（五）指导教师对网络学习伴随式评价实施情况分析

为了解网络学习平台中伴随式评价功能对指导教学的应用情况和指导教师通过网络学习伴随式评价功能指导学生学习的真实感受与想法。在教学实验结束后，研究人员与参与网络教学的教师就网络平台中的伴随式评价功能、伴随式评价效果、伴随式评价改进建议等方面进行了访谈。

关于"你认为伴随式评价对网络教学指导管理有怎样的作用"，参与教学实验的指导教师认为网络学习伴随式评价为教学指导提供了比较准确的学习证据，可以帮助教师有针对性地为学生提供学习指导。实验班指导教师周老师指出伴随式评价跟踪学生网络学习过程并收集学习数据，网络学习平台分析这些数据并用可视化方式呈现出来，能清晰地刻画出学生的学习情况，发现学生学习问题，从而帮助教师针对这些问题，根据不同学生的学习情况进行指导和交流。此外，指导教师也认为通过网络学习伴随式评价，既能即时反映出个体学生对哪些学习内容掌握得好，哪些学习内容掌握得不好，也能反映全班学生的学习目标达成度，发现共性的学习问题。教师根据学生学习的数据，通过线上线下结合方式个别指导学生学习，提高教学指导的针对性；根据全班集体学习数据，对存在的共性问题集中指导教学，提高教学指导效率。

关于"你认为伴随式评价对学生学习效果的作用"，参与教学实验的指导教师一致认为"网络学习伴随式评价能促进学生网络学习目标的达成"，有助于学生明确学习目标，抓住学习要点，从而根据个人的学习基础开展学习，提高网络学习的效率。实验班指导教师隋老师认为网络学习伴随式评价能让学生在学习过程中思考：个人"是不是已经达到了学习目标""如果没有达到学习目标，是由什么问题引起的""为达到学习目标自己该怎样努力"等问题。根据伴随式评价结果的反馈，学生可不断地进行思考，提高网络学习的自我调节能力。网络学习过程中，学生头脑中除了有一条自主学习的主线外，利用伴随式评价还形成一条自我调节的主线，两条主线交织在一起，共同促进学生开展网络学习。上述观点切合了教育评价领域所倡导的"学—评—致性""以评促学"的教育改革理念（崔允漷，夏雪梅，2013）。

关于"你认为伴随式评价实施过程中的改进建议"，参与教学实验的指导教师认为当前网络学习伴随式评价的功能主要是针对知识技能学习的评价，通过"微课程学习—伴随评价反馈"方式，检验学生学习结果并及时进行补充教学，对学生掌握知识技能目标有很大的帮助。测试结果也反映出实验班学习成绩有显著提高。但是，对于学生解决问题能力的培养,网络学习伴随式评价还不能提供相应的支持,网络学习平台通过伴随式评价提高学生信息技术解决问题能力方面还需要进一步加强。例如,在"信息技术课程中利用编程解决问题"学习过程中,其中所应用到的问题分析、算法设计、代码编写、程序调试等能力不能通过单一的填空、简答、选择题反映出来,还需要在具体任务情境中通过解决具体问题才能够得以体现。因此,网络学习伴随式评价还需要针对评价目标,在评价内容设计与评价形式上进行完善。

四、伴随式评价教学实验研究结论与可持续研究

从网络学习效果来看,伴随式评价功能对学生学习成绩有显著提高。教学实验中,在相同的学习内容(顺序结构、单分支结构、双分支结构内容)和学习时间(40分钟)里,采用网络学习伴随式评价的实验班学生最终测试成绩显著高于对照班学生。因此,在网络学习环境设计过程中,针对学习目标设计与之相一致的伴随式评价内容,对学生学习过程进行评价,及时给予反馈和指导是提高网络学习质量的一项有效策略。

从自我管理方面来看,网络学习伴随式评价功能可以加强学生的自我控制与调节能力。在教学实验后的访谈中,实验班的学生也提到伴随式评价在学习过程中起到的督促作用,认为"为了能比较好完成伴随式评价的测试内容",在观察微视频过程中能有意识地集中精力,思考课程内容中的问题要点,加强对相关内容的记忆与理解,提高了网络学习质量。因此,为充分应用网络学习伴随式评价的督促功能,网络学习开始前,有必要告知学生伴随式评价功能的应用方法和过程,引起他们对网络学习的重视,通过伴随式评价帮助学生管理与调节个人的网络学习。

从网络学习指导方法来看,网络学习伴随式评价提高了教师网络学习指导的针对性。学生网络学习数据为教师选择学习指导内容、确定网络学习指导策略提供了帮助。指导教师指出网络学习平台通过伴随式评价收集学生学习结果的数据,分析并可视化呈现这些数据,教师据此判断出哪些学习目标(或内容)需要集中指导,哪些学习目标(或内容)有必要提供个别化支持。因此,网络学习伴随式评价的设计与实施,改变的不仅是学生的网络学习流程,还有教师的网络指导方法与策略。借助伴随式评价产生的数据,教师可以比较有效地选择学习干预的策略和方法,实现从基于经验的网络教学指导向基于证据的网络教学指导的发展。

网络学习伴随式评价为学生的"学"和教师的"导"提供了支持,提高了学生网络学习效果。由于教学实验受网络平台环境的影响,在伴随式评价内容、收集数据方法以及评价结果的反馈等方面还存在不足。①在伴随式评价内容方面,网络学习平台中的伴随式评价主要是通过选择题方式对知识技能目标进行评价,而对学生解决问题相关能力的评价还缺少相应的设计与开发。加强网络问题情境设计,通过情境性问题对学生解决问题的能力进行伴随式评价是网络学习伴随式评价需要进一步完善的内容。②在收集数据方式上,网络学

习平台中的伴随式评价主要是通过记录学生答题情况来分析学生的学习结果,对学生的非认知能力的表现(如注意力、答题思考过程等)还缺少有效的评价方法。借助可穿戴设备(例如脑波仪),加强学生网络学习行为指标设计,丰富网络学习伴随式评价数据来源是伴随式学习数据收集方法进一步研究的内容。③在伴随式评价结果反馈上,网络学习平台中的伴随式评价可对学生的解答结果给出判断并进行相应的解释,但如何针对学生所存在的问题个性化开展补偿性学习,精准推荐学习资源是学习平台需要进一步加强与完善的功能。

网络学习伴随式评价与干预是依据现代教育理论将网络学习过程、评价方法、指导干预进行一体化的融合。伴随式评价与干预加强了学生网络学习的自控制与调节能力,提高了学生的网络学习效果,为教师网络有效干预提供了技术工具和数据证据支持。随着教育理论与信息技术的发展,伴随式学习评价与干预在评价内容、数据采集、反馈方式、干预方法等方面将会得到进一步的发展。

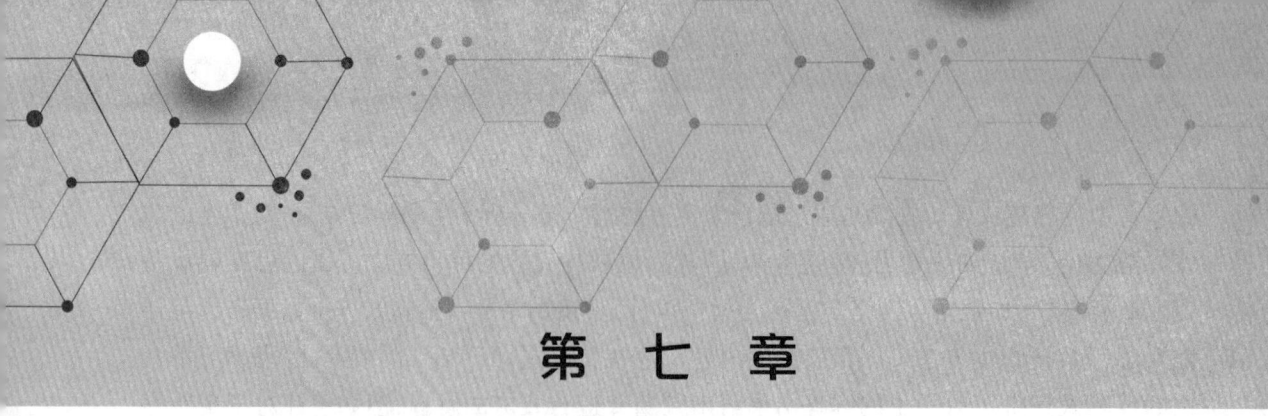

第 七 章

网络环境下的教与学:走向融合式教学

线上线下相互融合的教学环境为学校教育的课程开发、教学设计、资源建设、学习评价提供了新思路与新路径,推动了学习者个性化学习发展。尤其是随着智能终端、移动通信、大数据等技术发展,现实与虚拟学习空间深度融合,线上线下学习可随时转换、相互支持,进一步促进了线上线下融合式教学的开展。

第一节 融合式教学的概念、内涵与特征

融合式教学旨在发挥线上与线下教育的不同优势,对线上线下教学进行整体、系统的设计与实施。融合式教学不再局限于将线上教育作为线下教育的补充或常规教学辅助组成部分,而是实现线上与线下教育两者各取所长,优势互补,通过一体化的教学设计共同加强学习者深度学习,促进大规模个性化教育的开展。

一、理解融合式教学:发展的视角

在现实与虚拟空间深度融合学习环境下,线上线下融合式教学是根据信息社会发展需求与学习者学习特征而发展起来的一种新型教学方式。从发展历程来看,其经历了在线学习、混合式学习和融合式教学三个主要阶段。

（一）在线学习（e-Learning）

20世纪90年代，互联网技术的发展改变了人们获取信息和交流信息的方式，为学习者获取学习资源、进行自主学习提供了一个全新网络学习空间，催生学界对网络学习的研究与推广。美国教育部《2000年度教育技术白皮书》对e-Learning确立了一个明确的概念，我国教育信息化专家向克抗在解读此概念的基础上，指出：在线学习是通过因特网进行的学习与教学活动，它充分利用现代信息技术所提供的、具有全新沟通机制与丰富资源的学习环境，实现一种全新的学习方式。这种学习方式将改变传统教学中教师的作用和师生之间的关系，从而根本改变教学结构和教育本质。

相对于面对面学习，在线学习在技术层面上具有教育信息传播快、受众范围广等技术优势。学习者在学习过程中具有较大的自主性和选择性，可自定学习步调，体现出"学习者中心"的教育理念。但是，在线教学实践表明"教育信息传递并不能等同于学习者的知识建构"。由于在线学习环境缺少教育情感关怀，在线学习过程中出现了"高注册率、低结业率和学生大量流失的问题"。因为缺少人际关系的交互，在线学习者容易产生对学习的厌倦情绪，甚至会产生学习受挫感和孤独感，进而造成在线学习的失败。

在线学习环境的巨大投入与实际学习效果的"落差"，引发了学界对在线学习的反思。学界重新审视"面对面教学"的优势，将面对面教学和在线教学的优势结合起来提高学习质量，推动了混合式学习发展。

（二）混合式学习（blended learning）

面对在线学习在实践中的一些现实问题，可把传统学习方式的优势和在线学习的优势结合起来，使两者优势互补，以获取最佳学习效果。这种观点逐步成为国际教育技术界的共识，推动了混合式学习的研究与发展，不同学者对混合式学习概念提出了不同的定义：

概念1： 混合式学习是将网络学习方法的优势与传统学习方法的一些优势（例如面对面的教与学互动）结合在一起，即将传统的实体课程与虚拟课程的元素结合在一起。这种结合既要发挥教师引导、启发、监控教学过程的主导作用，又要充分体现学习者作为学习过程主体的主动性、积极性与创造性（何克抗，2004）。

概念2： 混合式学习的重点是通过应用"合适的"学习技术来匹配"适合的"个人学习风格，以在"恰当的"时间将"正确的"技能转移给"正确的"人，从而达成学习目标（祝智庭，孟琦，2003）。

概念3： 混合式学习是有组织、有计划实施的一种整合式学习，它具有三方面特征：①混合式学习是正规的教育项目，学习者的学习过程至少有一部分通过网络进行。网络学习期间，学习者可自主控制学习时间、地点、路径或进度；②学习者的学习活动至少有一部分是在家庭以外受监督的实体场所进行；③学习者学习某门课程和科目时的学习路径模块，要与整合式的学习体验相关（Horn & Staker，2019）。

上述这些概念分别从混合学习方法(概念1)、混合学习效果(概念2)、混合学习表现特征(概念3)给出相应的定义。尽管描述的侧重点有所不同,但这些概念都强调多种学习要素的混合,以达到最优的学习效果。从教学空间(校内与校外)、技术环境(线上与线下)、师生关系(自主学习和教师指导)、最优效果等方面来强调教学要素的整合,从更宽广的学习空间(校内与校外)、更强的技术支持(线上与线下等)、更新的教育理念(导学一体等)来分析教学中各要素的关系,为师生创设良好的教学条件。调研数据显示混合式学习开展过程中,教学者要花费更多时间与精力进行网络学习资源、学习活动的设计、开发与实施,增加了工作量;此外,混合式学习过程中,如果将大量知识放在课外,让学习者在网上自主学习,那么在课程标准高度统一和考试模式极其单一的情况下,要求学习者大量利用课外时间自学,势必会加重学习者课业负担。

混合式学习将"网络学习"和"面对面学习"两种学习方式结合起来,希望能从线上线下混合、家校混合、学习路径(方法)混合为学习者提供更合适的学习资源和学习环境。但是在具体实施中,这些"混合"更多反映的是"时间延长与空间拓展"的思想:通过延长线上学习时间让学习者自主学习,从而"腾出"时间开展课上研讨;通过拓展教室外的空间让学习者加强练习,巩固知识,但缺少针对学习者个别化学习问题的指导,可能会导致"网络刷题""学习抢跑"等问题。

(三) 融合式教学(Online Merge Offline instruction,OMO instruction)

物联网、大数据、人工智能技术使得线上线下学习环境深度融合为一体。例如,学校教室本身就是一个线上线下融合很紧密的学习环境(线上线下已越来越难分开),教学者可以快速收集和分析学习者学习数据,据此为每位学习者提供适合且需要的学习内容,引导学习者做需要的习题。在深度融合环境下,采用"时间延长和空间拓展做加法"的思想来设计与实施教学已很难满足学习者发展需要,无法使新技术环境与学习者个性化学习需求产生"化学反应",这就需要为学习者提供适合其学习特征的学习方案。

"融合式教学"概念目前还没有统一明确的定义,但这种理念已经体现在教育政策和教育研究之中。2017年美国教育部发布的《再思考技术在教育中的作用》提出借助技术将评价嵌入到学习过程中,通过伴随式评价收集学习者学习过程数据,在数据分析基础上提供个性化学习支持,通过技术环境加强学习过程与评价过程的融合,促进学习者自适应学习的开展。2018年,我国教育部印发的《教育信息化2.0行动纲要》要求持续推进信息技术与教育深度融合,要充分利用云计算、大数据、人工智能等新技术,构建全方位、全过程、全天候的支撑体系,助力教育教学、管理和服务的改革发展。

在全新技术环境下,线上线下融合理念逐步成为共识。线上线下融合是指在信息化环境下,线上线下活动双向交织,通过数据互相导流,借助智能工具高效服务的一种新型信息化活动方式。这种理念被引入教育教学之中,在改变学习环境、学习工具和学习方法时,也改变着教学流程与教学组织方式。表现为：①空间融合更加紧密。融合式教学是在线上线下可随时转换的学习环境中实现教育目标(例如智能终端、VR/AR)。②学习数据流是融合的重要线索。融合式学习通过分析学习者学习数据进行学习诊断，选用相应的教学方法指导学习者开展个性化学习。③以最优化学习结果的教学流程和组织方式作为融合的表现形式。融合式学习根据学习者学习需要组织学习流程，选用学习工具，以产生最佳的学习效果。

综上所述，线上线下融合式教学是在现实与虚拟深度融合的教学环境中，教师采取个人或合作的方式，通过资源与任务引导，借助信息技术工具优化学习过程，引导学习者个人或小组经历讨论或实践性任务、过程，获得学科核心知识技能、方法，提高学习质量，促进思维品质提升，适应信息化环境所进行的一种有计划、有组织的教学活动。

二、融合式教学的特征

线上线下融合式教学是将现实与虚拟学习空间作为一个整体学习环境进行教学设计与实施。现实与虚拟学习空间促进了教学模式和教学方法的发展，赋予了教学新的内涵与特征，主要表现为：教学流程再造、课程资源重组、多样态合作教学、伴随式学习评价等。

（1）教学流程再造。现实与虚拟融合式教学环境下，教学过程中的课前预习、讲授新知、练习反馈、内容总结、课后作业等教学环节会根据教学环境与学习者学习需求的变化进行流程重构。在教学实践中，不同学科、不同课型、不同学习内容，利用线上学习与线下学习的环境和资源优势，合理设计与实施线上与线下教学的学习活动，将教学活动融合至线上线下一个整体的学习环境中，线下学习能够根据教学需要迅速转入线上学习，线上学习也可以按照具体需求切换到线下学习中。在教学过程中，各教学环节在线上线下融合中的流程再造，逐步模糊线上线下边界，形成一种全新的融合式教学过程。

（2）课程资源重组。新技术和新工具在教育教学中的应用，丰富了线上线下融合式教学资源，改变了知识传递、呈现和交流的方式。遵循以"学习为中心"的原则，依据教学目标和教学需要，将新技术、新工具融入教学环境中，结合教学内容，设计与重组教学资源，突出学习资源的体验性、互动性和创新性，以大环境、大单元、真情境、任务群的方式，引导学习者在课堂内外都能用科技手段去发现问题、解决问题。

（3）多样态合作教学。线上线下融合式教学环境对教师教学能力提出挑战。针对现实与虚拟深度融合的教学环境、丰富的教学资源、多样的个性需求，融合式教学更需要教师之间多元广泛的合作。主要表现为：跨学科教师教学合作。线上线下融合式教学在教学环境、技术工具、资源建设等方面都有了很大的发展，不同学科教师之间可发挥各自的长处，共享教学资源，例如，信息技术教师可与其他学科教师合作开发数字化学习资源，与数学、科学、艺术教师合作开展STEM课程等；跨区域教师教学合作。优质教学资源是线上线下融合式教学有效实施的保障条件，为加强优质资源共建共享，不同区域教师可以加强合作，共建优质教学资源库,促进教育均衡发展。此外,在合作方式(如远程合作)、合作工具(如合作编辑软件)等方面也都会有新样态。

(4)伴随式学习评价。学习者在学习过程中,网络学习平台可实时记录学习过程所产生的数据,并分析这些学习数据,伴随学习者学习过程进行评价,及时地给予学习反馈与建议。基于学习者学习数据的伴随式评价使得评价结果从模糊走向精准,评价方式从结果性转向过程性,使线上线下融合教学不再割裂,而是基于学习者学习数据的全面聚合。数据支持对个体成长的纵向追踪,也有利于建构学习者的学业和身心成长轨迹,促进学习者全面成长。

三、融合式教学的实施准备

线上线下融合式教学对教师的教学能力提出了新挑战,教师在全新的学习环境下要具备教学过程设计、课程资源重组、评价促进教学的能力,同时也对学校的教学环境、教学资源以及课程组织提出了新要求。

(1)创设现实与虚拟融合的学习环境。借助移动互联网和智能终端,可创设线上线下融合为一体的学习环境,学习者学习时可以在现实和虚拟学习空间流畅地进行切换。在课堂里,每一个学习者通过智能设备和互联网开展自主与协作学习。在校园的任何一个地方,包括教室、走廊、图书馆、食堂、操场等,都能够"以学习者学习为中心",开展形式多样的线上线下融合式教学。当学习者离开校园回到家里,学习场域并没有被切断,可通过智能学习平台营造时时连接、处处联通、高频互动的学习环境。

(2)开发形式多样的数字化学习资源。现实与虚拟学习空间的深度融合和网速的提升促进了形式多样的数字化资源开发。新技术、新工具在教学中的应用创生出新型的学习资源。例如借助VR/AR(虚拟现实/增强现实)技术可以为学习者创设体验式的学习环境。在此环境中,当学习者遇到与其技能水平相匹配的挑战时,可以全身心投入到目标导向的活动任务,达到忘我的心理状态(也称作"心流"),或者在虚拟学习环境中感受身临其境的感觉,获得最优的体验(也称作"代入感")。又如利用人工智能技术可智能化检测学习者的实验操作过程,为其提供针对性的指导建议。形式多样的数字化学习资源建设与应用促进了教学方法和教学模式的变革。

(3)研制开放弹性化的学校课程体系。丰富多样的课程资源形式与内容也促进了学习者课程学习方式的变革。例如,结合不同类型课程的学习方式,研发线上线下开放弹性化的课程体系,开展线上或线下选课走班制,实现课程分层分类的丰富性和选择性,实现课程班级规模的灵活性,为一人一张个性化课程表做好准备。

第二节 融合式教学模式和未来发展趋势

一、融合式教学基本模式

随着网络教学在学校中的实施,我们对线上线下融合式教学模式在课堂教学中的应用也进行了初步的探索与实践。梳理已有融合式教学实施成果,可概括为三种基本教学模式,即线下教学与线上指导教学模式、翻转课堂教学模式和双师课堂教学模式。

(一)线下教学与线上指导教学模式

线下教学与线上指导教学模式是以师生现场面授教学、交流、讨论为主导,以网络远程环境下指导学习为辅助的一种融合教学模式。此教学模式充分利用教室物理空间与网络虚拟空间深度融合所生成的信息化教学环境,将"课堂面对面教学与网络远程指导"融合为一体,将教学系统从课堂延伸至师生活动的各个空间,形成课堂集中学习和课下分散学习的"闭环"学习系统(如图7-2-1所示)。

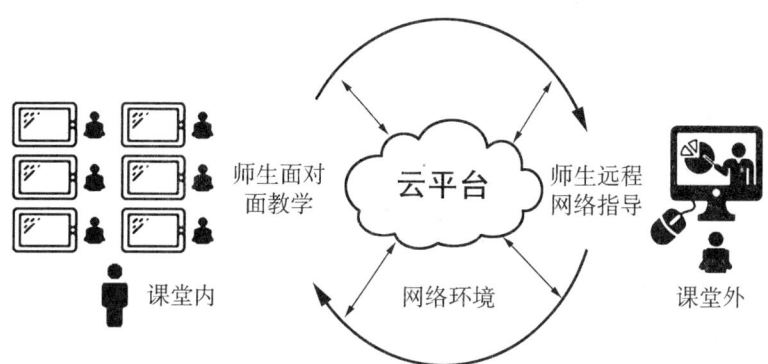

图7-2-1 "线下教学与线上指导"教学模式示例图

在教学实施中,线下教学与线上指导教学模式保持了面对面教学过程中"教师讲解声情并茂""师生情感交流深入""学情判断及时准确""教学调整灵活多样"的课堂教学优势,同时发挥出网络环境下"跨时空学习""伴随式评价""个性化资源推送"的信息化教学特征,延伸了教学时空,丰富了学习方式。它的实施,有助于教师按照既定教学计划以班级教学方式整体推进学习进度,也能够照顾到个别学生的学习需求,对学生的学习问题进行针对性学习指导。

1. 线下教学与线上指导教学模式实施的一般过程

线下教学与线上指导教学模式将"课堂集中学习"与"课后分散学习"融合为一体，主要包括课堂面授和线上指导两个阶段。

(1) 课堂面授阶段，即线下教学阶段。教师通过"教学引入""新知授导""小组合作""学习总结"等环节激发学生学习兴趣，在对新知识分析、比较、示例讲解过程中，帮助学生建立知识关联，组织学生合作学习，完成学习目标。面授过程中，教师可借助信息化工具与学习资源调动学生学习积极性，应用形象、可体验的多媒体工具帮助学生理解新知识，建构新知识，通过网络系统进行伴随式评价，针对学生学习问题（或需求），面对面地为学生提供共性或个性化指导。

(2) 线上指导阶段，即分散式学习指导。课堂学习结束后，学生学习形式由"集中状态"转变为"分散状态"。在分散学习过程中，学生同样可能会遇到学习问题与困难。学生利用移动设备和网络平台可将课堂延伸至更广泛的学习空间，获得相应的学习指导。主要包括：①网络"一对一"学习指导方式。教师针对个别学生提出的学习问题，进行网络指导，帮助学生解决学习问题；②网络集中学习指导方式。教师针对学生共性的学习问题，通过网络论坛或网络视频的方式对学习问题进行集中讲解；③智能化推荐学习资源。网络学习平台通过分析学生的网络学习情况，针对学生学习问题推荐相应的学习资源，帮助学生解决学习困难。

课堂面授与线上指导两个阶段的相互融合、循环往复，构成一个"闭环"的学习系统，将"知识传授""知识内化"和"个别指导"放在更大的时空中开展，加强了师生之间的互动交流，为师生创造出更多的指导与学习机会。

2. 线下教学与线上指导教学模式的实施策略

线下教学与线上指导教学模式不仅能打通现实与虚拟学习空间，还可以利用网络技术跟踪记录学生的学习过程，有针对性地为学生提供学习资源，利用技术优势，采用"基于数据的网络学习指导策略"和"基于二次资源开发的网络补偿学习策略"等开展教学。

(1) 基于数据的网络学习指导策略是利用网络平台对学习者学习行为数据分析和可视化结果进行教学指导的一种教学策略。"线下教学与线上指导"融合式教学过程中，网络平台可以对学习者网络学习内容、学习时间、学习测试以及课后的学业评价等学习过程性内容以数据形式进行记录，形成学习者个人学习数据集。学习数据集经过网络平台系统处理后，以可视化方式反馈给师生。教学者根据数据分析结果，结合学习者学习特征，进行个性化的干预与指导，提高学习者学习效果与学习成绩。

案例 基于数据的网络学习指导策略应用

S市M区教育信息化管理平台按照学生身心健康、学业进步、成长体验、个性技能4个维度，设立14个一级、38个二级、53个三级数据采集指标，构建学生电子档案系统。学校依托此平台,可为每一位学生设立电子学生证,动态抓取、实时记录学生日常行为数据,并在系统内自动生成各种数据可视化图表。薛老师是M区某初中的一名数学教师。在七年级数学教学中,每次课后,他通过区教育信息化平台布置与此课时相对应的练习作业。学生网络完成作业后,平台会及时处理学生的作业结果。薛老师通过平台查看每位学生每次作业的答题正确率、错误题型等数据,分析每位学生持续作业的数据情况,比对全体学生作业的完成数据情况。根据平台分析结果,薛老师针对学生的学习问题,通过面对面或网络方式与学生交流,提高了教学指导的质量。随着学生网络数据量的不断增加,薛老师还将这些数据分析结果用于日常备课和复习课的习题准备中,提高了学生学习需求的精准性,降低了学生重复"刷题"的负担。

(2) 基于二次资源开发的网络补偿学习策略是指课堂教学结束后,对于一些未能达成学习目标的学生,教师通过网络学习平台提供再次学习的机会,帮助这些学生达成学习目标。该策略实施过程中,教师要结合课堂教学中生成的学习资源与自己的课后反思,对原有教学设计进行调整和补充,针对学生学习问题对原有教学资源进行二次性开发,并通过网络平台提供给学生。学生通过网络学习方式,再次学习调整过的学习资源,以达成学习目标。

案例 基于二次资源开发的网络补偿学习策略应用

S市Q区某中学信息科技教研组通过对微课程学习资源的二次性开发,将二次开发的资源发布于教学微信公众号中,组织相关学生开展补偿性学习,以达成学习目标。其实施步骤主要包括:

(1) 基于证据的学习问题判断。教师应用网络学习平台在课后组织学生进行学习评价,然后基于评价结果诊断学生学习状况、存在的学习问题,并分析引发学习问题的原因。

(2) 开展教学反思,二次开发学习资源。教师对教学过程进行反思。针对学生学习问题,结合课堂教学生成的学习资源与教学反思,教师对相关学习问题的内容进行二次教学设计,对学习资源再次开发。

(3) 发布二次开发的学习资源,组织学生开展线上补偿学习。教师以微课程方式将再次开发的微课程发布于教学微信公众号中,通过网络方式组织相关学生进行补偿学习,针对学生的学习问题进行线上个别化指导,帮助学生达成学习目标。

网络补偿学习过程中,信息科技教研组教师们也发现,针对具体学习问题二次开发的学习资源,更易于被学生接受和理解,将这些资源应用于新班级教学中也能起到较好的学习效果。

3. 线下教学与线上指导教学模式学习环境设计

线下教学与线上指导教学模式学习环境由课堂教学空间和课堂外的远程学习空间融合而成。其中课堂教学空间可包括教室、学习终端、网络、网络学习平台等设备及学习资源。在课堂教学空间,师生可以面对面交流,学生可以进行现场的小组合作,通过网络实现"学生终端""教师终端"和"公共终端"的三屏同步,支持师生网络资源查询,开展自主学习。课堂外远程学习空间包括个人学习场所、学习终端、网络、网络学习平台等设备及学习资源。通过课堂外远程学习空间,师生可以进行网络交流,教师可以对学生开展远程学习指导。

线上学习指导过程中可能会出现一些常见问题的解答,为避免重复回答相关问题,教师可采用技术策略和教学策略进行解决。在技术策略上,教师可通过网络学习平台开设"问题与解决(Q&A)"交流区,将常见问题和解决方法添加到交流区中,并对交流区进行持续更新。这些问题及解决方法可按照问题添加日期、询问次数、评语次数等主题进行排序,还可通过"关键词"对交流区中的内容进行搜索。当学生遇到学习问题时,可先通过交流区进行查找以自行解决。在教学策略上,对于一些常见的难点、重点或学生容易出现错误的地方,可通过网络直播的方式集中为学生讲解,解决学生共同的问题。

(二)翻转课堂教学模式

翻转课堂教学模式是在信息化学习环境中,学生依托网络学习资源,对知识点和概念进行自主学习和探究,教师根据学生学习结果和存在的学习问题,进行知识讲解、答疑解惑和交流讨论的一种教学模式。相较于"教师讲—学生学"的教学流程,翻转课堂教学模式注重学生学习的主动性和能动性,强调学生自主学习。教师按照学生学习问题组织教学,提高教学的针对性。翻转课堂教学模式将学生的学和教师的导融合为一体。近年来,随着网络技术和微课程在教学中的广泛应用,也进一步推动了翻转课堂教学模式的实施。图7-2-2是一般课堂教学流程和翻转课堂教学流程对比示意图。

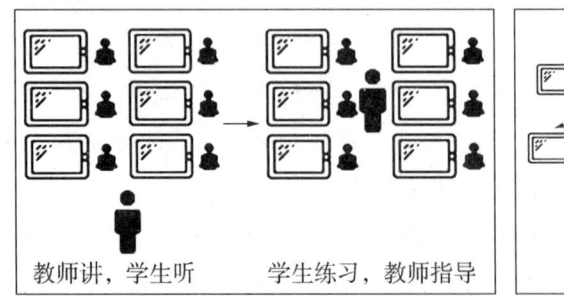
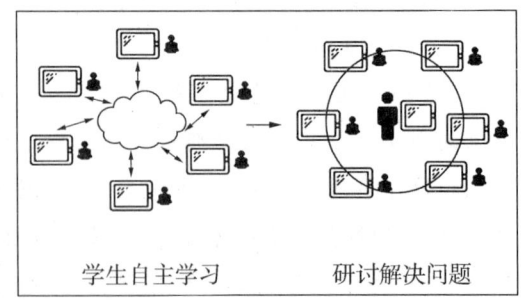

图7-2-2 一般课堂教学流程与翻转课堂教学流程对比

1."翻转课堂"在教学实施中的基本类型

我国教育工作者在教学实践中按照翻转课堂实施的空间、时长等因素总结出家校翻转、校内翻转和课内翻转三种翻转课堂类型。

(1) 家校翻转是教师提前准备好学习资源(如事先录制的微视频),布置学习任务,发放给学生,学生在家中提前学习相关的学习资源(如观看视频和其他学习材料等),完成学习任务,并将学习结果提交给教师(如通过网络学习平台提交给教师)的一种类型。教师根据学生学习任务完成情况以及学生提出的问题,进行教学设计,有针对性地组织课堂教学。但是在组织过程中,如果教师课前安排过多学习任务,无疑会延长学生课外学习时间,加重学生学习负担。因此,在家校翻转课堂教学实施过程中,教师需要根据教学目标合理安排课前学习任务,提供学习资源,在不增加学生学习负担的情况下,引导学生在家中自主学习,为师生留出更多的课堂时间进行交流、研讨。

(2) 校内翻转是在连续课堂学习中完成翻转课堂学习的一种类型。例如,信息技术课中使用信息技术工具完成某一作品的设计与制作,需要两课时的教学时间。校内翻转课堂模式下:第一课时,由学生在课堂上通过视频或其他学习资料自学技术工具,完成学习作品,提交给教师;第二课时,教师根据学生的自主学习情况和学习作品制作情况组织课堂教学,有针对性地提供帮助指导,组织学生交流、展示、练习等。校内翻转类型将学生的自主学习放在课堂中完成,为师生留下足够的时间进行交流研讨,同时避免了因课外学习而增加学生的学习负担。但是,如何根据教学需要将两节课连排在一起,这对学校课程安排还是一个较大的挑战。

(3) 课内翻转是在一节课内完成"先学后教"的一种类型。在课堂教学中,可以先让学生观看教学视频中的介绍或案例,增强学生的体验。在此基础上,教师组织学生发表各自的观点,讨论交流,及时加以总结和引导。在教学组织过程中,由于受一节课时长的限制,"课内翻转"的学习内容相对来说不应很难,要确保学生能够在较短的时间内完成自主探究任务,这样师生才能继续进行深入的探讨和交流。可见,课内翻转教学有效实施的关键条件是,既要保证学生在有限的时间内能够深入地自主学习,又要保证师生能够进行充分的交流和研讨,实现学习目标。

2. 翻转课堂教学模式的实施策略

翻转课堂教学模式实施对教师的课前学习资源准备和课堂学习组织都提出了更高的要求。随着信息技术在教学中的应用,中小学教师总结出了"基于微课程的翻转课堂教学策略"和"基于网络协作工具的远程合作学习策略"。

(1) 基于微课程的翻转课堂教学策略。"翻转课堂"教学中,微课程的应用可以帮助学生"聚焦学习问题",在较短的时间内达成相应的学习目标。微课程之间通过"问题链"的方式形成微课程群,为学生逐步深入学习搭建阶梯。微课程易于传播,有助于学生及时获取学习信息,开展自主学习。近年来,为推动线上线下融合式教学的开展,一些教育部门和机构按照学科教育目标,分门别类地建立微课程体系,为教师教和学生学提供丰富的、成体系的微课程资源。

案例 基于微课程的翻转课堂教学策略应用

2013年以来，S市P区教育局利用微课程和网络平台为全区师生打造"J课堂"。师生基于"J课堂"中的微课程资源在教学实践中探索出："预学/翻转式""课堂/辅助式""个别/辅导式"等教学应用模式。

"预学/翻转式"教学应用模式聚焦预学习阶段。在课堂前，学生通过微视频和作业单完成自主学习，实现第一次学习；课堂上，教师根据学生的预学习情况设计相应学习活动，巩固强化新知识，从而培养学生的高阶思维能力。"课堂/辅助式"教学应用模式将微视频运用于课堂教学的各个环节，辅助学习的全过程。"个别/辅导式"教学应用模式主要关注学生的个别化学习和个性化发展，为每一位学生提供一个可以实现自主学习的环境和资源。

S市P区"J课堂"建设与应用在保证基本教育目标的基础上，满足了学生多样化和个性化的发展需求。

(2) 基于网络协作工具的远程合作学习策略。随着用户网络交流的深入和需求多样性的提出，网络协同工具得以不断地创新与发展。借助这类工具，用户可以通过网络实时协作处理信息，合作完成网络作品，进行远程分享交流，还原应用过程等。随着翻转课堂中网络合作要求的提升，越来越多的网络协作工具开始应用于翻转课堂教学中。同一小组同学利用网络协作文档软件，可以基于某一学习主题，利用网络合作完成融入每位成员的学习观点的文档作品。师生还可以通过网络评价交流作品，及时对作品进行调整和改进，丰富了师生网络合作学习、交流的方式。

案例 基于网络协作工具的远程合作学习策略应用

学生利用网络协作工具，通过分工、合作、集成的方式创作、交流与呈现学习作品，拓展合作学习时空，丰富了合作学习方法。

例如，石墨文档是一款实时协作的云端文档处理软件，支持网页、微信等，可在手机、计算机等终端实时同步应用。利用这款软件，多人可同时在同一文档或表格上进行编辑和实时讨论，并将操作实时保存在云端。在协作编辑状态下，可以修改文档内容，所有修改都会留下修改痕迹。如果不希望别人进行修改，也可以使用评论功能（类似批注功能），最后整合意见选择最有价值的意见进行修改。

在教学中，教师可创建文档，邀请学生编辑。学生可即时进行评论，所有的操作均有历史记录可查。教师不仅得到学生协作讨论的结果，还能够了解学生思维的演变与发展。

3. 翻转课堂实施中的常见问题与对策

"翻转课堂"教学实施过程中，学生有足够长的时间接触并使用电子产品，对于自控能力较弱的学生,可能会出现用电子产品做与学习无关的事情。教师可通过技术策略和教育策略加强学生使用电子产品的管理,以提高学生学习质量。①在技术策略上,可以为学习终端安装加密的屏蔽软件,将功能限制于学习应用范围之内,限制学生进行非学习的操作。此外,还可通过网络学习日志追踪,记录学生学习终端的应用过程,对超出应用范围的操作给予相应的预警和警告。②在教育策略上,教师提前制定学习终端在学习应用中的规则与要求,开展技术工具的基本操作和应用规范的培训,明确学习纪律。此外,对于低学龄段的学生,还可以明确规定学习终端使用的时间段、时长等要求,必要时建议监护人陪同使用,避免学生在学习期间对电子产品的非学习之用。

案例 用于监控学生学习终端应用的常用软件

为引导学生对电子工具的正确使用,在技术方面可借助一些应用软件进行管理。通过远程监管、应用控制、学习管理和提前预警等功能规范学生的网络学习行为。

"家长无忧"是一款互联网访问控制和信息过滤软件,它可以帮助教师和家长对学生的上网行为进行管理。例如,它具有:屏幕绑定功能,可将学生用户绑定在专用学习界面,不允许调整终端界面进行其他非学习的操作;远程管理功能,可对学生网络学习的行为、网站停留时间以及使用流量等进行统计分析,根据设定的预警指标及时给出预警和警示;专项设置功能,可对学习终端的学习应用操作功能进行绑定,对于超出指定的操作行为进行限制。

在教学应用中,教师可根据情况合理地使用学习终端管理软件加强对学生使用学习终端的管理。当然,监管工具在具体应用中,还需要和日常行为教育相结合,通过技术管理和教育引导,帮助学生养成应用信息技术开展学习的好习惯。

(三)"双师型课堂"模式

"双师型课堂"一般是指"主讲教师+助理教师"组合的一种教学模式,是将主讲教师精讲视频与助理教师的具体辅导结合起来所形成的一种教学模式。其中,主讲教师发挥其教学特长,承担起对新授课知识的讲解,助理教师利用熟悉学生的优势,进行学习组织,答疑解惑和个性化辅导。"双师型课堂"的开展使更多学生有机会倾听优秀教师的讲解,推动了优质教育资源共享,促进了教育均衡的发展。

不同教学情境下,"双师型课堂"实施各有特征。2020年新冠肺炎疫情时期,我国很多地区采用网络教学的方式开展教学。有的学校通过网络学习平台,采用"20分钟省市级(区级)教师共享视频+20分钟一线教师线上互动交流"方式开展教学。在保证网络学习有序实施的情况下,通过优秀教师讲解的资源共享提高了网络教学质量。随着学校复课,"双师型课堂"在教学中得以应用,授课教师选取优秀教师知识精讲、学习方法归纳、新颖解题思路等视频内容,与个人课堂教学相结合,一方面为学生提供了丰富的学习资源,另一方面也提高了个人教师专业发展。

"双师型课堂"的推广与应用加强了信息化教学资源的整合,为学生提供多样的学习机会,提高教师教学分工合作的效率,促进教育均衡发展,使教学从传统意义上的"单个教师独立教学"转变为"多位教师的合作教学"。

1. "双师型课堂"的组织与实施

有些教师曾提出在这种教学模式实施中,助理教师的工作是否仅限于播放优秀教师的教学视频就可以了呢?在实际教学中,为了提高教学质量,这种教学模式对助理教师提出更大的挑战。

(1)助理教师要深入了解班级学生,遴选适合于学生学习的优秀教师教学视频。由于不同特征的学生,其学习方式、学习风格等存在差异,即使是学习相同内容,也不能完全按照教师的知名度选择讲解视频,而是选择与本班学生学习特征相适应的教学视频。

(2)助理教师要精心设计"双师教学过程",实现两类教师的教学优势互补。为提高课堂教学质量,除了将优秀教师教学视频融入课堂教学中,助理教师还需要根据班级教学情况将优秀教师的教学讲解视频与课堂教学指导进行整合,找到两者相互转换的衔接点,按照学生学习发展的需求设计教学流程,预设学生在学习过程中可能会出现的问题,做好指导学生开展学习的准备。

(3)助理教师要调整好"双师教学过程",按计划达成教学目标。"双师教学过程"相对于授课教师个人讲解,其教学过程更加多样,组织方式更富有变化性。助理教师一方面要了解教学视频中优秀教师的教学特征,另一方面也要判断学生在学习过程中存在的问题,以决定个人指导学生学习的方法与策略。在此过程中,助理教师既是一个学习者,通过向优秀教师学习教学经验,不断提升个人的教学专业水平,又是一个指导者,在实践中提高课堂教学质量。

由此看来,双师型课堂教学模式并不是"拿来主义,一播到底"的方式,它更需要教师研究教学资源,重组教学内容,再造教学流程,在提高学生的学习质量过程中,不断提高自身专业水平。

2. 双师型课堂教学模式的合作与分工

在"双师型课堂"中,教师存在不同分工与合作。主讲教师往往是经验丰富的、善于讲授知识的教师。主讲教师需要更多地了解学生的学习需求与认知规律,把握课程标准与教材,抓住教学的重点与难点。主讲教师为录制视频课程会与其他教师和教研员一起反复打磨讲课过程,从而不断提升教师教学水平。在人们的固有观念中,往往认为助理教师,或者说"双师型课堂"中上课的一线教师处于从属地位,其教师专业的发展受到限制。事实上,在"双师型课堂"的融合式教学过程中,助理教师需要更多地引导学生自主学习、主动学习,需要更多地与学生展开学习互动,因而能够不断地提升自己的专业能力,包括能不断提升网络学情诊断、教学设计、课堂组织、教学管理、学业评价等能力,以及信息技术应用能力,成为学生学习的教练、学习团队的引领者、学习共同体的组织者、学习活动的服务者、学习环境的设计者和学习数据的洞察者。

二、融合式教学趋势与展望

在信息时代,教育工作者应立足当下,面向未来,落实立德树人根本任务;发展素质教育,促进信息技术与教育教学实践深度融合,推动课堂革命;创新教育教学模式,促进育人方式转变;支撑构建"互联网+教育"与"人工智能+教育"的新生态,发展更加公平、更有质量的教育,加快推进教育现代化。《中共中央关于坚持和完善中国特色社会主义制度 推进国家治理体系和治理能力现代化若干重大问题的决定》指出:"发挥网络教育和人工智能优势,创新教育和学习方式,加快发展面向每个人、适合每个人、更加开放灵活的教育体系,建设学习型社会。"这正是融合式教学的未来发展趋势。

(一) 开发新型数字化教育资源,促进学校教育优质均衡发展

进一步加强融合式教学的开展,构建新型数字化资源体系,促进教师通过网络形成更广泛的学习研究共同体,建设教学资源线上线下融合的新机制,使得教学资源更加优质、更加公平地面向每一个人。一方面要根据学习者特征和教学需要,将新技术、新工具与教育教学合理结合,为学习者开发智能化学习资源,促进学习者个性化和体验式学习;另一方面要根据小学、初中、高中等不同学段的特点,以及不同学科的特征,进一步优化教学资源建设,研制数字化教学资源建设标准,完善审核机制,构建丰富多样的课程资源应用模式。

完善课程资源建设队伍与机制,鼓励多主体多层次合作。组织课程标准专家、教材编写专家、高校专家、教研员、一线教师进行多方协作;组织教师结合教学经验创造性地制作课程资源。课程资源通过相应层级审核后,可根据实际情况和交流协议推进资源共享。探索网络课程资源及社会力量提供的公益性优质学习资源接收机制,将在线课程资源融合到数字教材建设中,促进学生深度学习所需的各类资源的设计与分享。拓展课程资源的类型,将VR/AR、人工智能等新技术、新工具应用于课程资源建设中,适应学习者线上学习的特征与需求。运用5G、物联网等新一代网络技术形成教育资源多样化、选择性、个性化的优势特征。采取广泛征集、渠道多样、网络协同等方式,鼓励中小学教师共享优质教学资源,促进资源建设的持续更新,形成线上线下、随时随地可以应需开启的融合式教学新常态。

(二) 推进"人工智能+教育"的开展,重塑教师专业发展能力

积极推进"人工智能+教育"的开展,加强智能教学助手、智能教学机器人、智能学伴、自动问答、自动实验评价等智能化教育教学工具的研发及推广,帮助教师减少重复性劳动,主动适应人工智能支持的教学方式变革。在融合式教学中,探索并形成具有示范性、可复制性的"AI+教师"的"双师教学"模式,不断提升AI助理教师、真实教师、教学共同体之间的人

机协同水平。加强教师在融合式环境下智能教育素养的提升,一方面改革师范生教育课程体系,融入智能化教育教学方法,开设智能化教学法课程,提高未来教师的智能教育素养;另一方面通过人工智能在教育教学中应用模式、方法与工具等在职教师培训的方式,推动教师积极运用人工智能技术,创新智能技术支持的教学法,推动教育教学、创新人才培养模式改革。推进"人工智能+"教师队伍建设试点示范行动,在中小学、高等学校、职业院校、幼儿园等实验学校(或园所)推进智能教育规模化实验,开发智能教育示范性案例,引领广大教师积极应用人工智能技术。

人工智能技术在教育教学中的应用与发展,使得学校从"人与计算机交互环境"到"人与智能工具交互环境",进入一个人类教师与"智能教师"协同共生的时代。人类教师与"智能教师"将发挥各自的角色优势,协同促进学生的全面发展。联合国教科文组织在《教育中的人工智能:可持续发展的机遇和挑战》研究报告中提出人工智能可作为虚拟教学助理,开展人机协同教学,实施"AI+人类教师"的融合策略。虚拟教学助理可以帮助教师完成一些机械重复性的低技能任务,教师可以将精力专注于高技能的任务,包括学习服务设计与开发、人机协作教育决策、个性化学习指导、综合性学习活动组织、心理健康管理与疏导、生涯规划指导、人工智能教育服务伦理监管等。在智能化教育环境中,各类智能教育教学工具应用为教师从"教书"转向"育人"教育定位的转换提供了支持。在智能教学系统中,借助学习科学开展深度学习,教师的专业发展将出现更加精细化、个性化的岗位分工,追求专业型、极致化以及人与智能工具的协同。因此,从整体趋势看,学校教师的职业定位正在从信息技术应用下的促进者向人工智能技术支持下的专业化、育人化发展。

(三)发挥教育大数据的指导功能,促进自适应学习发展

在大数据时代背景下,世界各国纷纷加紧教育领域的大数据布局,建设教育数据平台。基于教育数据指导教育决策和布局,数据驱动教育改革与发展已是大势所趋。2012年,为推动"大数据"教育应用,美国教育部发布了《通过教育数据挖掘和学习分析促进教与学》,指出要重点发展教育数据挖掘和学习分析技术,通过对教育大数据的挖掘与分析,促进高等院校及K-12学校教学系统的变革。

教育大数据与学习分析技术的结合促进了自适应学习的发展。基于大数据的自适应学习系统,按照学习者学习行为属性定义和采集学习者学习行为数据,按照学习分析目的,调用不同的分析工具与计算模型对数据进行分析,应用数据挖掘和分析的结果,为学习者提供合适的学习指导和学习策略,及时调整学习方法与策略。教师和教学管理者可使用分析的数据结果进行学习指导与干预,提高教学质量。

随着教育大数据技术的发展和数据量的持续增加,依据数据分析与自适应学习系统,在教学层面可探索学科知识图谱与个人知识图谱构建,逐步建立完善的学习者数据共享协议与数据安全层级。融合综合素质评价等学习者数据,还可以构建立体全方位的学习者数字学习画像。构建学习者数字画像共享协议,有助于学习者在各级各类平台学习数据的共享,进一步促进数据驱动的自适应学习体系构建。学习者能够根据知识图谱更有针对性地明确自己的学习起点、已有的知识与能力边界、存在的结构性漏洞等。教学者根据每一个学习者不同的个人知识图谱给予不同的弹性数字教材,促进每个学习者自适应学习。

(四)加强融合式教育教学环境建设,促进学校组织方式变革

计算机和互联网技术的发展创生出"现实空间与虚拟空间"相互融合的教学环境。教育大数据和学习分析技术描绘出在深度融合学习环境中每位学习者的学习画像,每有一位真实学习者,便构建出一位"虚拟学习者"。"人工智能+教育"帮助每位学习者可同时与人类教师和智能教师进行学习与交流。现实与虚拟两个学习空间,真实与虚拟两位学习者,人类与智能两类教师不仅拓展了学校的教育空间,也促进了学校组织方式的变革。

"人工智能+教育"反映的不仅是一种新技术在教育中的应用,更引发了教育样态的重大变化。运用智能教学工具、知识图谱、数字学习画像等信息技术手段,可以促进大规模标准化教育向大规模个性化教育发展;借助物联网与智能传感器等技术,联通"数据孤岛",可以实现线下教育与线上教育的学习数据融通,完善学习者数据追踪与教学成效跟踪,发现教育教学新规律;不断探索知识图谱在学习诊断与个性化推送中的重要作用,可以大量减少教师重复性工作,培养教师的数据意识,并借助人机协同,促进因材施教;将无感测评和嵌入式评价相结合,通过大数据的采集、挖掘、分析和反馈,可以实现"教—学—评"的一致性,全面、精准、及时地促进教学改进,从而促进人工智能技术赋能教师教育教学,激发人机协同下教师专业发展的新角色、新活力。

信息技术的发展与创新给学校变革带来诸多可能,催生出新的学校形态。各级各类学校在满足自身实际教育教学现实需求的基础上,都在积极融合创新方法与先进技术,提升学生个性化学习体验,促进学生更好地发展以适应未来生存。随着数字化、网络化、智能化等新技术、新工具在学习领域的深度应用,以现实与虚拟空间深度融合环境为支撑的学校变革将打破传统班级授课制的方式,以学生适应性发展为目标,形成灵活、多元和个性为特色的组织特征。学校积极推进线上线下、校内校外、正式与非正式学习的有机融合,并利用人工智能、大数据、物联网、虚拟现实等技术优势,探索教育新样态、新模式、新方法,加快发展面向每个人,适合每个人的开放、高效、灵活的新时代教育体系。

附 录 1

"中学生网络学习伴随式评价"工具

"中学生网络学习的伴随式评价及干预机制研究"项目实施过程中,为了比较准确、有效地开展伴随式评价,分析学生网络学习状态,课题组在研究过程中针对中学生学习特征开发了学生网络学习交互评价量表、基于在线情境的问题解决能力评价量表、网络学习态度评价量表,以及中学生网络学习现状调研问卷等评价工具,在验证和试用的基础上,以在线方式将其应用于项目研究中。

一、学生网络学习交互评价量表

网络环境中,人与人之间互动合作的可能性不断增强。但是网络教学中,由于学习者和教师之间存在时间和空间的分离,远程学习中师生或生生的有效交互依旧是网络学习的一项挑战。在伴随式评价中加强学生网络学习交互的评价,加强交互环境与方法改进,可以提高学生网络学习质量。

网络学习过程中,交互成员主要包括:学习者与教学者(或其他专家)的交流;学习者之间的互动。从互动内容来看,学习者与教学者的互动包括了教学者对学习者的学习鼓励、网络研讨、学习总结、评价反馈等;学习者之间的互动主要有:网络研讨、小组合作、协同互助、成果分享等。网络学习交互行为要素的结构示例如图8-1所示。

根据上述分析,参考已有的研究成果,网络学习交互量表采用李克特5点量表的方式进行陈述,并在教学中进行试用和完善,形成网络学习交互评价量表,如表8-1所示。该评价量表在本研究中对学生阶段性在线交互情况进行伴随式评价,使教师可根据评价结果对学生的网络学习进行干预与指导,通过提高网络交互质量提高学生的在线学习质量。

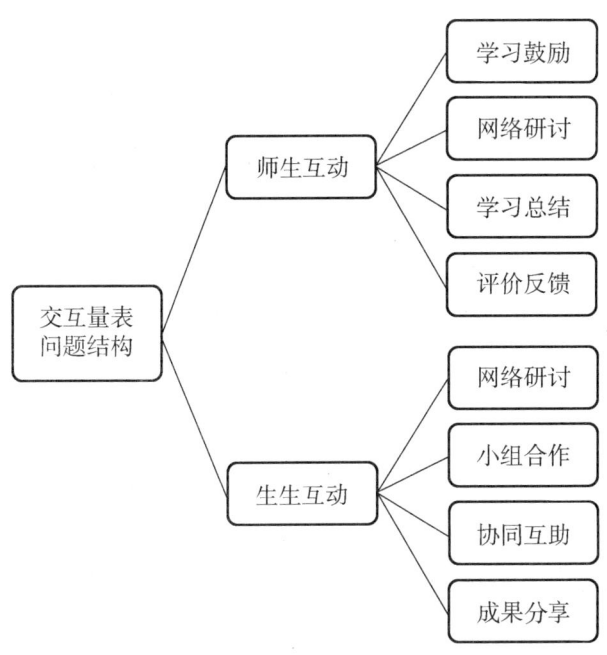

图8-1 网络学习交互行为要素结构示例

表8-1 学生网络学习交互评价量表

	非常符合	比较符合	不确定	比较不符合	非常不符合
1. 我能积极参与教师的网络课程讨论					
2. 我能深入思考教师提出的学习问题					
3. 我能对网络讨论问题进行有效回应					
4. 我能针对教师反馈调整个人网络学习					
5. 我能主动向教师反映个人学习问题					
6. 我能与其他同学分享网络学习经验					
7. 我能和其他同学进行网络研讨交流					
8. 我能与同学在网络研讨中达成学习目标					
9. 我在网络交流中增强了团队合作意识					
10. 我能与小组同学网络合作解决问题					

二、基于在线情境的问题解决能力评价量表

解决问题涉及陈述性知识、智慧技能和认知策略的运用等认知技能。心理学家奥苏伯尔和鲁宾逊提出问题解决的四个阶段,分别为呈现问题情境命题,明确问题目标与已知条

件,填补空隙过程,以及解答之后的检验。信息加工心理学把问题解决的过程分解为问题表征、设计解题计划、执行解题计划和监控四个步骤。

借鉴心理学已有研究成果,本研究从"表示在线问题情境""开发问题解决方案""实施问题解决方案"和"评估问题解决的效果"四个部分描述评价指标,并对每一部分进行细化,如图8-2所示,给出相应的参照案例,用于对在线教学伴随式评价中解决问题过程的评价。

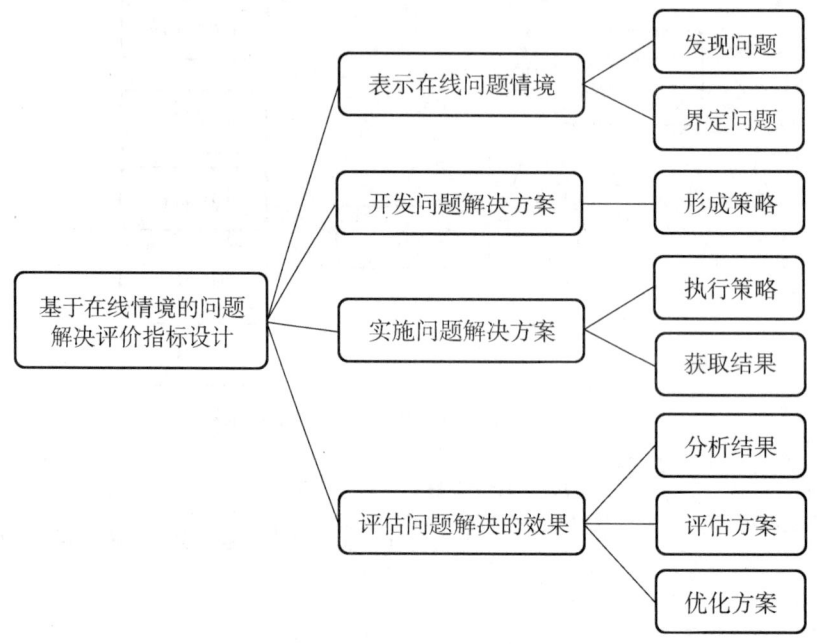

图8-2 问题解决能力表现性结构

根据上述分析,借鉴问题解决能力评价指标已有成果,按照学生在线问题情境的设计特征,本研究基于在线情境问题解决能力评价依据和问题解决能力模型,对学生问题解决能力进行逐项细化,并对学习过程中的能力表现进行分析与判断,进而给予相应的评价和教学指导。在具体应用中,针对不同类型的问题,按照具体情境,对其中的选项进行了语句转换和调整。学生问题解决能力评价量表如表8-2所示。

表8-2 学生问题解决能力评价表

过程阶段	问题解决运用的能力	是	否
发现与界定问题	能根据情境演变的脉络,确定"问题"的意义		
	能准确评估问题的初始状态和预测问题的最终状态		
	能洞察问题的各层次结构,并从结构中发现解决问题的关键		
	能适当和准确地评估可运用的资源和所受到的限制条件		
	能恰当地表述出问题及其中的要素关系		

(续表)

过程阶段	问题解决运用的能力	是	否
形成问题解决方案	能借助推论和想象将问题进行细化		
	能确定解决问题的实施步骤		
	能明确解决每项问题的方法		
	能从过程和方法描述解决问题的具体方案		
执行实现	能按照解决问题的步骤有序执行		
	能在问题情境中实施相对应的方法		
	能应用已有子成果解决后续的问题		
	能够按方案完成问题解决的成果		
评估、优化方案	能推断问题成果与问题要求是否一致		
	能反思问题解决过程中所存在的不足		
	能对现有方案进行优化和调整		

该评价工具在本项目应用过程中，根据在线学习问题情境，对相关语句进行重新描述与组织，以符合具体问题情境的特征。该工具在本项目案例情境中的应用，将学生应用信息技术解决问题能力显性化。随着工具的逐步完善，也促进了对学生利用信息技术解决问题能力的提升。

三、网络学习态度评价量表

态度是个体对特定对象（人、观念、情感或者事件等）所持有的稳定的心理倾向。从行为特征来看，态度表现为趋向与回避、喜爱与厌恶、接受与排斥等，通常是在特殊情境下以特定方式反应的内部准备状态。

心理学界对态度从认知、情感和行为倾向等方面给出了解释。认知成分是指个人对态度对象带有评价意义的叙述，包括对态度对象的认识、理解、相信、怀疑以及赞成或反对等。情感成分是指个人对态度对象的情感体验，如尊敬/蔑视、同情/冷漠、喜欢/厌恶等。行为倾向成分是指个人对态度对象的反应倾向或行为的准备状态，也就是个体准备对态度对象做出何种反映。

要了解一个学生的网络学习态度，可以从网络学习日志中的行为数据进行分析，也可以通过研制评价量表进行解释。根据研究者对态度研究得出的已有特征，本项目从认知、情感和行为倾向来分析学生的在线学习态度，其各要素的结构如图8-3所示。

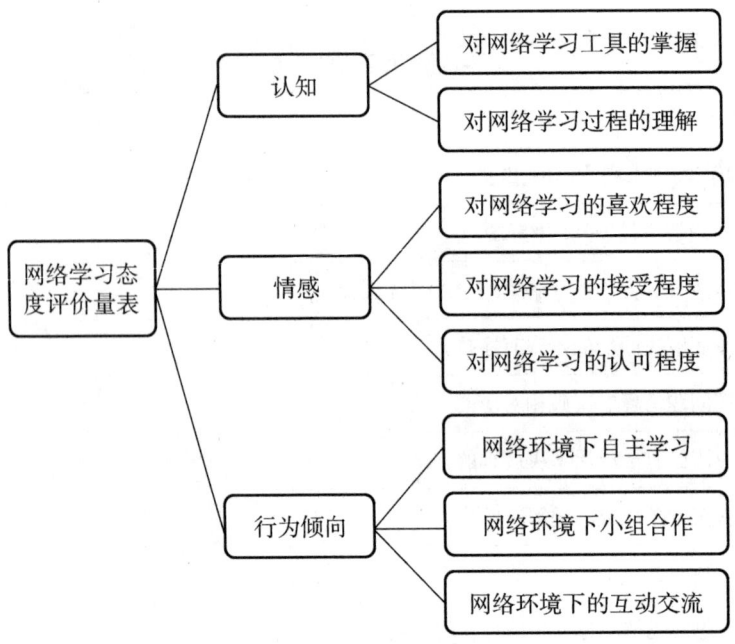

图8-3 网络学习态度要素结构

根据上述分析,借鉴学习态度评价指标已有成果,按照学生网络学习开展的情况,本研究基于网络学习态度的要素结构,对学生网络学习态度的评价内容进行逐项细化,并结合学生网络学习过程中的日志记录进行综合分析与判断,进而给予相应的评价和教学指导。

表8-3 网络学习态度评价量表

	非常符合	比较符合	不确定	比较不符合	非常不符合
1. 我能熟练使用网络学习平台的学习功能					
2. 我很清楚网络学习的各个环节与过程					
3. 我喜欢在网络环境下开展学习					
4. 我可以使用网络学习平台学得更好					
5. 网络学习环境让学习变得更有趣					
6. 我具有持续使用网络学习平台开展学习的动力					
7. 网络学习具有很大潜力					
8. 教师在课堂中应该多使用ICT					
9. 网络学习平台让我成为一个自我指导且独立的学习者					

(续表)

	非常符合	比较符合	不确定	比较不符合	非常不符合
10. 我经常通过网络学习平台进行小组合作学习					
11. 我能积极参与网络学习过程中的研讨活动					

该量表在本项目应用中,可针对不同学习环节和学习进度,按照需要,对其中内容描述进行语句调整与转换,以适合不同阶段学生网络学习态度的伴随式评价。同时,该量表的应用测评成果与在线学习日志的记录数据进行相互验证,在此过程中逐步完善,以此分析和判断学生在线学习态度,从而有针对性地进行学习干预和指导。

四、中学生网络学习现状调研问卷

(一) 中学生网络学习调研问卷设计

(1) 调研问卷类型分析与确定。为能准确地了解中学生网络学习的实际情况和具体表现,本次调研问卷采用半开放性问题的方式。每一道调研问题都给出一些对应问题的常规选项,供被调研者选择,同时也提供开放性填写空间,允许被调研者填写自己的观点。

(2) 调研问题设计与内容结构。依据调研目标,调研问卷中的问题主要包括:学生个人背景、网络学习开展情况、网络学习认可度以及网络学习资源情况四类。调研问卷内容与结构如图8-4所示。

(3) 对调研问卷进行论证与完善。调研问卷初稿完成后,针对其中的问题,进行两次在线教学专家访谈,听取专家对在线问卷中问题的建议。有专家建议适当增加开放性的问题,如影响学生网络学习因素、学生网络学习讨论情况等。也有专家针对当前微视频的应用情况,建议网络学习资源情况调研中,增加微视频相关资源的调研问题。通过专家访谈和集中判断,提高了调研问卷中调研内容的效度。

(4) 调研问卷试用与完善。专家访谈后,调整调研问卷的问题,然后进行50人样本的小范围试用。试用后,针对被调研者提出的语句理解问题和一些表述问题,修改提问方式,用被调研者更易理解的语句与呈现方式进行叙述。再次进行小样本试用后,完成调研问卷定稿。

(二) 中学生网络学习现状调研问卷内容

亲爱的同学:

你好,这段时间我们开展了"中学名校MOOC学习平台"网络学习。为了解大家的学习情况,进行此次网络学习调研。感谢你能抽出时间来填写这份问卷!问卷不记名,请同学

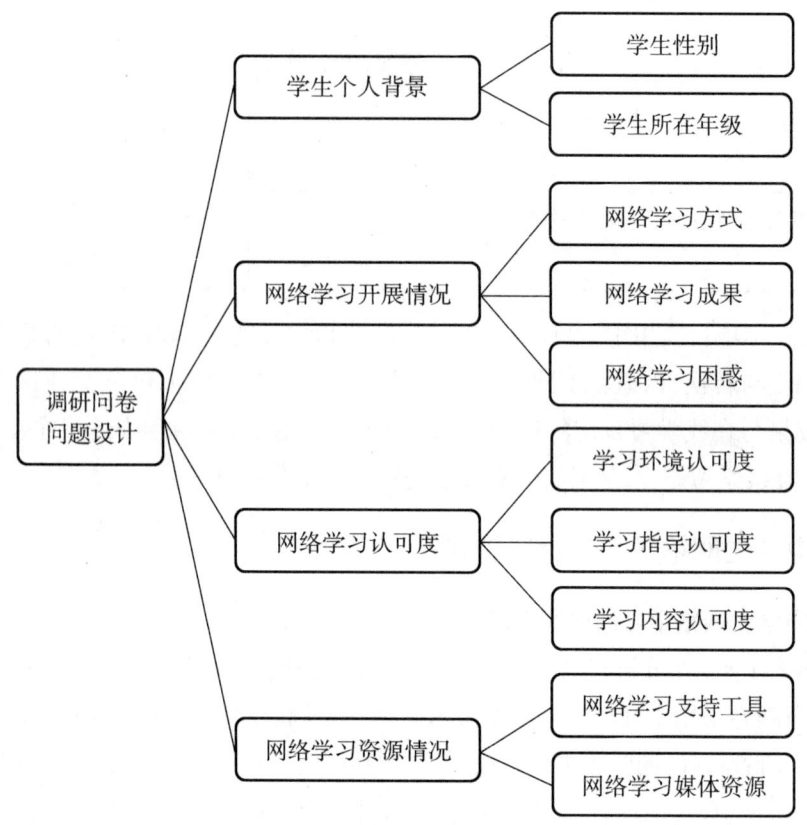

图 8-4 调研问卷内容与结构图

们根据自己的实际情况填写,问题无对错之分,仅用于了解大家这段时间学习的真实情况和感受。你的答卷将对改进教学很有参考价值。

1. 你的性别是(　　)。

　　A. 男　　B. 女

2. 你所在的年级是(　　)。

　　A. 六年级　　　　B. 七年级　　　　C. 八年级　　　　D. 九年级

　　E. 高一　　　　　F. 高二　　　　　G. 高三

3. 你所采用的网络学习方式主要有(　　)。(多选)

　　A. 针对一些"难题"浏览课程资源　　B. 观看教学微视频

　　C. 查阅或下载网络学习资料　　　　D. 其他(请列举)

4. 你对于网络学习的时间安排通常是(　　)。(多选)

　　A. 有计划、有规律地进行网络学习　　B. 利用碎片时间进行网络学习

　　C. 在教师督促或检查之前才会学习　　D. 偶尔浏览一下学习内容

　　E. 其他(请列举)

5. 你在本次网络课程中,完成学习内容的情况是(　　)。

A. 坚持学习一学期,学完课程内容

B. 坚持学习两个月,能够学完一半课程内容

C. 坚持学习一个月,能够学完三分之一课程内容

D. 没有坚持学习或只学了1~2天

6. 你平均每天开展网络学习的时长是(　　)。

　　A. 2个小时以上(包括2个小时)　　B. 1~2个小时(包括1个小时)

　　C. 半个小时至1个小时(包括半个小时)　　D. 半个小时以下

7. 你认为会影响你的网络学习的因素是(　　)。(多选)

　　A. 网络学习方法与技巧　　B. 对网上干扰信息的自控力

　　C. 课程内容的需求程度　　D. 网络学习平台的功能

　　E. 其他(请填写)

8. 你在网络学习过程中遇到的困难有(　　)。(多选)

　　A. 课程内容繁杂,自学困难　　B. 缺少合适的学习工具

　　C. 难以和教师进行有效交流　　D. 网速慢,网络学习不流畅

　　E. 其他(请列举)

9. 网络学习过程遇到问题和困难时,你通常选择解决问题的途径是(　　)。

　　A. 请教指导教师　　B. 查找相关书籍与论文

　　C. 使用搜索引擎进行检索,寻找解决办法　　D. 直接放弃

　　E. 其他(请列举)

10. 你在网络学习论坛中参与学习讨论的情况是(　　)。

　　A. 经常参与　　B. 偶尔参与

　　C. 极少参与　　D. 从不参与

11. 网络学习时,学习相同主题的同学提出学习问题时,你处理方式是(　　)。

　　A. 积极给予解答

　　B. 尽管能够解答,但不予回复

　　C. 虽然不能解答,但积极寻找相关资料给予解答

　　D. 因为不能解答,不予回复

　　E. 其他(请列举)

12. 你选择网络学习的原因是(　　)。

　　A. 为完成教师布置的任务　　B. 学习兴趣驱使

　　C. 其他同学选我也选　　D. 有更多的学习机会

　　E. 其他(请列举)

13. 你对网络学习的依赖程度(　　)。

　　A. 非常依赖　　B. 比较依赖

C. 不依赖 D. 无所谓(可以有,也可以没有)

14. 你认为网络学习对你的学习成长的帮助是( )。

　　A. 没有帮助 B. 一般,稍微有点效果

　　C. 有很大帮助 D. 非常有帮助,学习完全依靠网络学习

15. 你认为网络学习中产生学习效果差异的最主要原因有( )。(多选)

　　A. 学生主观意愿及能力 B. 指导教师的帮助与指导

　　C. 学习资源质量的高低 D. 课程内容的呈现方式

　　E. 其他(请列举)

16. 与面对面课堂学习相比,你认为网络学习效果是( )。

　　A. 从形式到内容都适合中学生学习 B. 学习形式新颖,但学习质量和效率较低

　　C. 学习形式便捷,但不够实用 D. 学习形式过于随意,不适合中学生学习

　　E. 其他(请填写)

17. 传统面授学习和网络学习,你更倾向于( )。

　　A. 坚持只采用传统面授学习 B. 坚持以网络学习为主

　　C. 线上线下混合学习 D. 其他(请列举)

18. 你认为网络学习设计中需要提高的还有( )。

　　A. 学习资源的质量 B. 学习内容的针对性

　　C. 网络互动方式 D. 学习评价方式

　　E. 其他(请列举)

19. 你开展网络学习的环境主要是( )。

　　A. 学校计算机房

　　B. 课上使用移动终端(例如手机、平板电脑等)

　　C. 家庭计算机环境

　　D. 课下使用移动终端(例如手机、平板电脑等)

　　E. 其他(请列举)

20. 微课程学习后的认证对你学习积极性的影响是( )。

　　A. 有很大影响,有认证会更积极主动去学习

　　B. 有较大影响,有认证更愿意去学习

　　C. 有一定影响,有认证会考虑去学习

　　D. 没什么影响

21. 你认为微课程最主要的优点是( )。

　　A. 视频短小、应用灵活 B. 名师授课、课程精品

　　C. 重点突出,易于接受 D. 及时讨论、易于合作

　　E. 其他(请列举)

22. 你认为微课程最主要的缺点是(　　)。
　　A. 缺少约束,监管不足　　　　　　B. 交流困难,不能及时解决问题
　　C. 只是知识讲解,学生难以探究　　D. 课程过于学术,缺少实践性
　　E. 其他(请列举)

感谢你对本项调研工作的支持!

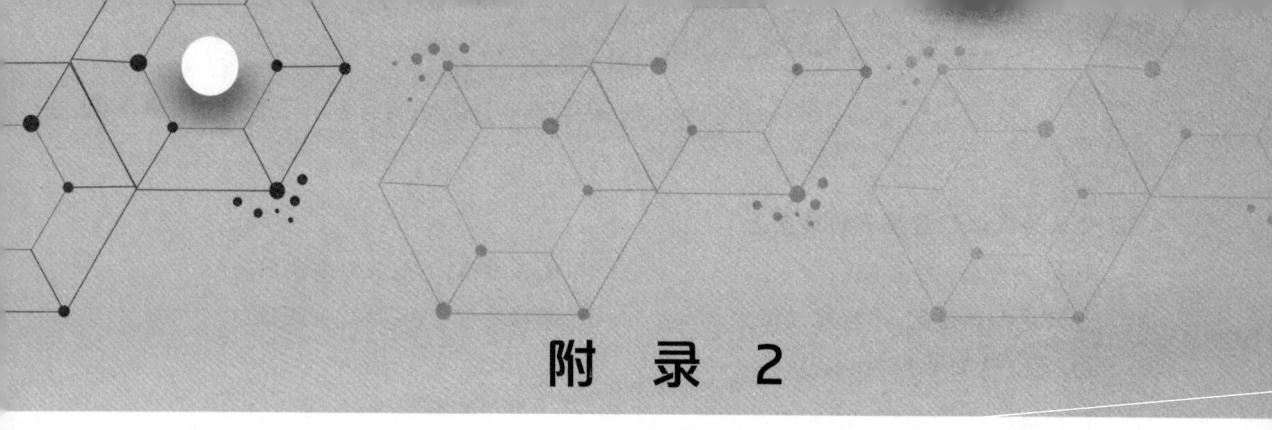

附 录 2

参考文献及参考网址

[1] 安德森.学习、教学和评估的分类学[M].皮连生译.上海:华东师范大学出版社,2008.

[2] 彼得·孔普.如何高效阅读[M].张中良译.北京:机械工业出版社,2015.

[3] 柴艳妹,雷陈芳.基于数据挖掘技术的网络学习行为研究综述[J].计算机应用研究,2018(05).

[4] 崔允漷,夏雪梅.教学评一致性:意义与涵义[J].中小学管理,2013(01):04-05.

[5] 杜世纯,傅泽田.混合式学习探究.中国高教研究,2016(10):52-55+92.

[6] 付亚和,许玉林.绩效管理[M].上海:复旦大学出版社,2018.

[7] 顾小清,查冲平,李舒愫,顾凤佳.微型移动学习资源的分类研究:终身学习的实用角度[J].中国电化教育,2009(07):48-53.

[8] 郭飞雁.基于数据挖掘的在线学习个性化服务方案设计[J].科技风,2018(30).

[9] 何克抗.从 Blending Learning 看教育技术理论的新发展(上)[J].电化教育研究,2004(04):1-6.

[10] 胡铁生."微课":区域教育信息资源发展新趋势[J].电化教育研究,2001(10):61-65.

[11] 胡通海,汪颖.面向成人学习者的微型学习资源分类研究[J].中国远程教育,2011(1):36-39.

[12] 教育部.教育信息化2.0行动计划.2018.

[13] 柯蒂斯·邦克,伊莲·邱.激励和留住网络学习者的100个活动:TEC-VARIETY应用宝典[M].陈青,彭义平译.北京:中央广播电视大学出版社,2016.

[14] 课堂评价与国家科学教育标准编委会.课堂评价与国家科学教育标准[S].北京:科学普及出版社,2006.

[15] 拉尔夫·泰勒. 课程与教学的基本原理[M]. 罗康等译. 北京:中国轻工业出版社,2008.

[16] 劳伦斯·纽曼. 社会研究方法:定性和定量的取向(第五版)[M]. 郝大海译. 北京:中国人民大学出版社,2007:337.

[17] 黎群,唐艳. 对企业文化测评方法的研究[J]. 北京交通大学学报(社会科学版),2007(4):48-52.

[18] 李锋,王吉庆. 旨在促进学习者发展的网络评价:伴随式的视角[J]. 中国电化教育,2018,No.376(05):80-85.

[19] 李锋. 网络教育:从"信息传递"走向"知识建构"[J]. 全球教育展望,2008(07):26-29.

[20] 李辉. 高等教育内涵式发展视界下的教材建设路径——基于美国大学教育教学改革的思考[J]. 高教探索,2014(06):130-133.

[21] 理查德.梅耶. 多媒体学习. 牛勇译. 北京:商务出版社,2006.

[22] 刘勉. 虚拟现实视域下的未来课堂教学模式研究[J]. 中国电化教育,2018(5):30-37.

[23] 吕啸,余胜泉,谭霓. 基于发展性评价理念的网络教学平台学习评价系统设计[J]. 电化教育研究,2011(2):73-78.

[24] 迈克尔·霍恩,希瑟·斯特克. 混合式学习:用颠覆式创新推动教育革命[M]. 聂风华等译. 机械工业出版社,2019.

[25] 米春桥,邓青友,李晓梅,刘毅文,赵嫦花. 基于大数据的个性化教育方法体系构建[J]. 计算机教育,2018(10):133-135.

[26] 牟智佳,武法提,乔治·西蒙斯. 国外学习分析领域的研究现状与趋势分析[J]. 电化教育研究,2016(04).

[27] 宁东兴. 信息化英语自主学习中教师网络反馈问题及对策研究[J]. 洛阳理工学院学报(社会科学版),2012(1):87-90.

[28] 邵敏等. 利用Moodle实现教师个人知识管理[J]. 江苏广播电视大学学报,2007,3.

[29] 邵瑞珍. 教育心理学[M]. 上海:上海教育出版社,2000.

[30] 施良方. 学习论[M]. 北京:人民教育出版社,2006.

[31] 斯蒂金斯. 促进学习的学生参与式课堂评价[M]. 国家基础教育课程改革"促进教师发展与学生成长的评价研究"项目组译. 北京:中国轻工业出版社,2005.

[32] 孙鸿飞,刘洪沛,上官右黎. 电子学档在网络学习监控中的应用研究[J]. 中国远程教育(03综合版),2007.

[33] 王小明. 学习心理学[M]. 北京:中国轻工业出版社,2009.

[34] 王竹立. 网络教育资源为什么存在"数字废墟"——中国网络教育资源建设之难点剖析[J]. 现代远程教育研究,2015(1).

[35] 肖君等. 基于xAPI的网络学习者画像的构建与实证研究[J]. 中国电化教育,2019(1):123-129.

[36] 邢俊升.教育信息化资源库建设问题浅析[J].中国教育信息化,2008(12).

[37] 杨根福.混合式学习模式下网络教学平台持续使用与绩效影响因素研究[J].电化教育研究,2015(7):42-48.

[38] 杨为民.在线学习的现状与发展研究[D].西北师范大学,2007.

[39] 余明媚,李文光,王新辉.网络讨论质量及其影响因素的小学生个案研究[J].中国电化教育,2010(3):47-51.

[40] 袁振国.人工智能助推教育回归本源[M].文汇报,2018(05).

[41] 莎兰·B·麦瑞尔姆.质化方法在教育研究中的应用[M].于泽元译.重庆:重庆大学出版社,2008.

[42] 张华.课程与教学论[M].上海:上海教育出版社,2000.

[43] 张生,韩盼盼,齐媛.小学生网络学习平台使用意愿及其影响因素的研究——以教客学习平台为例[J].中国电化教育,2017(9).

[44] 郑君.课堂教学反馈行为类型及其实施原则[J].当代教育科学,2010(06).

[45] 郑晓薇,高悦.O2O教学模式下的过程性评价设计研究[J].中国教育信息化,2017(1):20-24.

[46] 钟启泉.教学实践与教师专业发展[J].全球教育展望,2007(10):8-14.

[47] 钟启泉.从seci理论看教师专业发展的特质[J].全球教育展望,2008(02):9-25.

[48] 周世杰,李锋.上海中学生网络学习现状调研与对策研究[J].上海课程教学研究,2018(6).

[49] 祝郁.过程性数据改变传统教学评价模式[J].福建教育:小学版(A版),2014(11):6.

[50] 佐藤学.学习的快乐:走向对话[M].钟启泉译.北京:教育科学出版社,2004:38-43.

[51] 佐藤学.构建学习共同体的学校教育改革[J].发现,2007(07):44.

[52] 孔企平.教学策略的转型:从独白走向对话[J].全球教育展望,2006(6):42-45.

[53] 上超望,韩梦,刘清堂.大数据背景下网络学习过程性评价系统设计研究[J].中国电化教育,2018(5):90-95.

[54] 钟启泉.学习评价的模式与方法——日本教育学者梶田叡一教授访谈[J].全球教育展望,2007(8):8-12.

[55] 祝智庭,孟琦.远程教育中的混合学习[J].中国远程教育,2003(10).

[56] Airasian P.W.课堂评估:理论与实践[M].徐士强译.上海:华东师范大学出版社,2008:143-145.

[57] Arter,J. & McTighe,J.课堂教学评分规则——用表现性评价准则提高学生成绩[M].国家基础教育课程改革"促进教师发展与学生成长的评价研究"项目组译.北京:中国轻工业出版社,2005.

[58] Gredler,M.E.学习与教学——从理论到实践[M].张奇等译.北京:中国轻工业出版

社,2007:237.

[59] Horn, M. B. & Staker, H. 混合式学习:用颠覆式创新推动教育革命[M].北京:机械工业出版社,2019.

[60] Khan,B. 电子学习的设计与评价[M].张建伟等译.北京:北京师范大学出版社,2005.

[61] Linn R. L.&Gronlund N. E. 教学中的测验与评价[M].董奇译.北京:中国轻工业出版社,2003.

[62] Popham W. J. 促进教学的课堂评价[M].董奇译.北京:中国轻工业出版社,2003.

[63] R. M.加涅.教学设计原理[M].王小明等译.上海:华东师范大学出版社,2005:90.

[64] Roberston,S. I. 问题解决心理学[M].张奇译.北京:中国轻工业出版社,2004:3-4.

[65] Smith P. L. & Ragan,T. J. 教学设计(第三版)[M].庞维国等译.上海:华东师范大学出版社,2008.

[66] Marzano,R. J. & Pickering,D. & Pollock,J. E. 有效课堂:提高学生成绩的实用策略[M].张新立译.北京:中国轻工业出版社,2003.

[67] Wiggins G. 教育性评价[M].国家基础教育课程改革"促进教师发展与学生成长的评价研究"项目组译.北京:中国轻工业出版社,2005:94.

[68] Aguinis,H. Performance management. Upper Saddle River,NJ: Pearson/Prentice Hall,2009.

[69] Ainsworth, L. "Unwrapping" the Standards: A Simple Process to Make Standards Manageable. Lead+ Learn Press,2003.

[70] Alghamdi, E. A. & Rajab, H. Unmonitored students self-created WhatsApp groups in distance learning environments: A collaborative learning tool or cheating technique. International Journal of Research,2016(2):71-82.

[71] Allen,I. J. & Seamen,J.. Grade Change: tracking online education in the United States.https://www.onlinelearningsurvey.com/reports/gradechange.pdf.2014.

[72] Anderson, John R. Cognitive psychology and its implications.New York. W.H. Freeman. 1980:25.

[73] Andrade,H. G. Using rubrics to promote thinking and learning. Educational leadership: journal of the Department of Supervision and Curriculum Development,N.E.A,2000(5):13-18.

[74] Attwell G. Evaluating E-learning A Guide to the, Evaluation of E-learning,http://www.pontydysgu.org/wp-content/uploads/2007/11/eva_europe_vol2_prefinal.pdf.2016

[75] Beatriz E. &Florián G. Adaptive Evaluation Based on Competencies.http://ceur-ws.org/Vol-495/paper8.pdf.2017.

[76] Ben Csapó & Joachim Funke. The development and assessment of problem solving in 21st-century schools. The nature of problem solving: Using research to inspire 21st Century Learning.2017.

[77] Benson, R. & Brack, C. Online learning and assessment in higher education: A planning guide. Elsevier.2010.

[78] Bonk J. C. The Emergence and Design of Massive Open Online Courses (MOOCs).http://publicationshare.com/pdfs/MOOCs_Reiser_book_by_Bonk_Reeves_Reynolds_Lee_Final_with_citation.pdf.2017.

[79] Brown, R. Blending learning: Rich experiences from a rich picture. Training and Development in Australia,2003(3):14−17.

[80] Chappuis, S. Assessment for learning: An action guide for school leaders. Assessment Training Institute.2004.

[81] Driscoll, M. Blended learning: Let's get beyond the hype. E-learning,2002(4):1−4.

[82] Garrison, D. R. & Kanuka, H. Blended learning: Uncovering its transformative potential in higher education. The internet and higher education,2004(2):95−105.

[83] George Siemens. Connectivism: A Learning Theory for the Digital Age.Instructional technology & Distance Learning,2005(1):3−10.

[84] http://research.moodle.net/54/1/17%20-%20Mazza%20-%20MOCLog%20-%20Monitoring%20Online%20Courses%20with%20log%20data.pdf

[85] Koç, S. & Liu, X. & Wachira, P. (Eds.). Assessment in online and blended learning environments. IAP.2015.

[86] Koller, D. & Ng, A. & Do, C.&Chen, Z. Retention and Intention in Massive Open Online Courses: In Depth, [DB/OL], https://er.educause.edu/articles/2013/6/retention-and-intention-in-massive-open-online-courses-in-depth,2013-7-3. 查阅日期[2020-5-21].

[87] Lynch, R. & Dembo, M. The relationship between self-regulation and online learning in a blended learning context. The International Review of Research in Open and Distributed Learning,2004(2).

[88] M. D. Roblyer. Integrating Educational Technology into Teaching. Prentice Hall,2003:190−191.

[89] Mazza R. MOCLog-Monitoring Online Courses with log data.2012.

[90] McGrew, L. A. A 60-second course in Organic Chemistry. Journal of Chemistry Education,1993(7):543−544.

[91] Mill Davis.Semantic Wave 2008 Report Industry Roadmap to Web 3.0 [DB/OL],http://www.docin.com/p-151228477.html

[92] Mining, T. E. D. Enhancing teaching and learning through educational data mining and learning analytics: An issue brief. In Proceedings of conference on advanced technology for education,2012:1−64.

[93] Mitchell, R. Testing for learning: How new approaches to evaluation can improve American schools. Simon and Schuster.1992.

[94] OECD. PISA 2003 Assessment Framework-Mathematics, Reading, Science and Problem Solving knowledge and skills. [2018-9-25]. https://www.pisa.oecd.org,2004.

[95] Polanyi, M. The study of man (p. 31). Chicago: University of Chicago press,1959.

[96] Rivard, R. Inside Higher Ed: Mooc-sceptical provosts [DB/OL]. (2013,07) https://www.timeshighereducation.com/news/inside-higher-ed-mooc-sceptical-provosts/2005042.article. 2020-03-02,2013.

[97] Romero, C., & Ventura, S. Data mining in education. Wiley Interdisciplinary Reviews: Data Mining and Knowledge Discovery,2013(1):12-27.

[98] Sara Arnold-Garza. The Flipped Classroom Teaching Model and Its Use for Information Literacy Instruction.Communication in Information Literacy,2014(1):7-21.

[99] Schwartz, D. L., Tsang, J. M., & Blair, K. P. The ABCs of how we learn: 26 scientifically proven approaches, how they work, and when to use them. WW Norton & Company,2016.

[100] Shieh, D. These lectures are gone in 60 seconds. Chronicle of Higher Education,2009 (26):A1,A13.

[101] Singh H., & Reed C. Centra Software. A white paper:Achieving success with blended learning.http://www.leerbeleving.nl/wbts/wbt2014/blend-ce.pdf,2019 March 5.

[102] So, H. J. & Brush, T. A. Student perceptions of collaborative learning, social presence and satisfaction in a blended learning environment: Relationships and critical factors. Computers & education,2008(1):318-336.

[103] Thomas Lehmann. Influence of Student Learning Styles on the Effectiveness of Instructions [DB/OL]. https://files.eric.ed.gov/fulltext/ED542718.pdf,2019.03.02.

[104] Torrance, H. Assessment as learning? How the use of explicit learning objectives, assessment criteria and feedback in post-secondary education and training can come to dominate learning. Assessment in Education,2007(3):281-294.

[105] U.S. Department of Education. Future ready learning: Reimagining the role of technology in education. http://tech.ed.gov,2016.

[106] U.S. DEPARTMENT OF EDUCATION. Reimagining the Role of Technology in Education: 2017 National Education Technology Plan Update,2017.

[107] Underdald, J. & Cayetano, J. P. & Stevens, R. Practice makes Perfect: Assessing and Enhancing Knowledge and Problem-Solving Skills with IMMEX Software. http://www.immex.com/pubs/iste.pdf,2001.

[108] Watson, J. Blended Learning: The Convergence of Online and Face-to-Face Education.

[109] Promising Practices in Online Learning. North American Council for Online Learning, 2008.

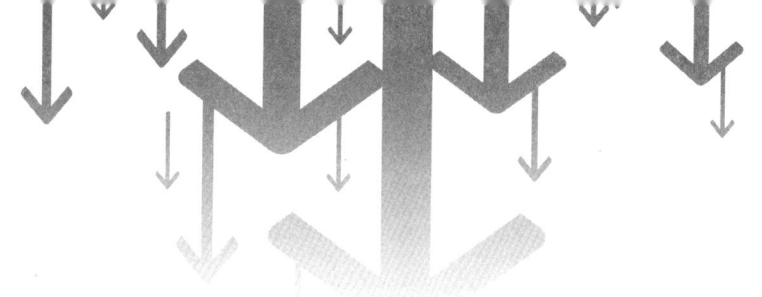

后 记

"互联网+教育"创造出一个全新的教学生态系统，它不仅改变着师生教与学的行为，也转变着师生教与学的观念。在信息时代，系统地研究网络环境下的教与学是一项挑战性任务，更是一件有意义和有趣的事。

我对网络教学的研究始于"全国中小学计算机教育研究中心"（以下简称"研究中心"）的工作。当时，"研究中心"每年组织全国中小学信息技术与课程整合观察活动。活动中，我跟随"研究中心"的领导与老师们观摩和整理了大量的信息技术与课程整合案例（其中有很多优秀课例是关于利用网络开展课堂教学的），受益良多。随后，我陆续发表了《网络教学：从"信息传递"到"知识建构"》《旨在促进学习者发展的在线学习评价：伴随式的视角》等论文，这些论文为本书的撰写打下了基础。

2020年初，突如其来的新冠肺炎疫情打乱了学校正常教学秩序，在"停课不停学"的号召下，网络教学成为学校开展教学的一条重要渠道。在此期间，我尝试将网络教学的研究成果应用于实际教学中，并在实践中进行检验和完善，然后将研究成果结集成册，逐步形成了本书的初稿。本书的完成得到了上海市高校"立德树人"人文社会科学重点研究基地——信息科技教育教学研究基地的大力支持。

本项目的研究得到了王吉庆先生的关心和指导，让我在"山穷水尽"时又能"柳暗花明"。而妻子海芳和女儿辰瑶的支持，让我总能满怀信心地战胜研究中的困难。在研究期间，周世杰校长、薛张盛老师、隋珊珊同学参加了本书的案例调查工作，并对调研数据进行了整理与分析。耿雅静和王希两位同学进行了读稿，提出了很多有益的建议。本书的出版得益于出版社的大力支持，出版社编辑认真审阅并提出的一些建议让本书增色许多，在此一并表示感谢。

李 锋

于曹杨五村梅花园

2021年2月7日